21 世纪法学系列教材

环境法学概要

| 第二版 |

Environmental Law in a Nutshell

主　编　｜　吕忠梅

撰稿人　｜　吕忠梅　刘　超
（以撰写章节先后为序）　陈海嵩　张　宝
　　　　　　　　　　　　邱　秋

法律出版社
——北　京——
始创于 1954 年

好书，同好老师和好学生分享

图书在版编目（CIP）数据

环境法学概要／吕忠梅主编． -- 2版． -- 北京：法律出版社，2025． -- ISBN 978 - 7 - 5244 - 0580 - 1

Ⅰ．D912.604

中国国家版本馆 CIP 数据核字第 202559WV66 号

环境法学概要（第二版）
HUANJING FAXUE GAIYAO(DI - ER BAN)

吕忠梅 主编

责任编辑 罗　欣
装帧设计 孙　杨　苏　慰

出版发行 法律出版社	开本	787 毫米×1092 毫米 1/16
编辑统筹 法律教育出版分社	印张	15.75　　字数 300 千
责任校对 晁明慧	版本	2025 年 8 月第 2 版
责任印制 刘晓伟	印次	2025 年 8 月第 1 次印刷
经　　销 新华书店	印刷	固安华明印业有限公司

地址：北京市丰台区莲花池西里 7 号（100073）
网址：www.lawpress.com.cn　　　　　　　　销售电话:010 - 83938349
投稿邮箱:info@ lawpress.com.cn　　　　　　客服电话:010 - 83938350
举报盗版邮箱:jbwq@ lawpress.com.cn　　　　咨询电话:010 - 63939796
版权所有·侵权必究

书号：ISBN 978 - 7 - 5244 - 0580 - 1　　　　　定价：39.00 元

凡购买本社图书，如有印装错误，我社负责退换。电话:010 - 83938349

出 版 说 明

法律出版社作为中国历史悠久、品牌积淀深厚的法律专业出版社,素来重视法学教育图书之出版。

"21 世纪法学系列教材"作为本社法学教育出版的重心,延续至今已有二十余年。该系列一直以打造新世纪新经典教材为己任,遍揽名家新秀,覆盖法学各科,因其卓越品质而颇受瞩目并广受肯定。该系列也一直根据法学教育的改革方向和发展变化的客观需要,不断进行调整重组,以便更好地为法学师生服务。

中国的法学教育正面临深刻变革,未来的法学教育势必以培养德法兼修的高素质法治人才为目标,以素质教育与职业教育相结合、理论教育与实践教育相结合、知识教育与应用教育相结合、国际视野与本土特色相结合为导向,法学教育图书的编写与出版也由此进入更新与创新的时代。

为顺应法学教育的改革方向和培养目标,顺应学科交叉融合和数字技术的发展态势,本社将应时而动,为不同学科、不同层次、不同阶段、不同需求的法学师生量身打造法学教材及教学辅助用书。或革新,或全新,以厚基础、宽口径、多元化、开放性为基调,力求从品种、内容和形式上呈现崭新风采,增强教材的时代性、科学性、实效性和可读性,致力于打造"理想信念塑造、专业知识传授、实践能力培养"三位一体的法学教材与教学辅助用书,为法学师生提供更好的教本与读本。

"好书,同好老师和好学生分享。"本社在法学教育图书出版上必将继往开来,以精益求精的专业态度,打造全新"21 世纪法学系列教材",传播法学知识,传承法学理念,辅拂法律教育事业,积累法律教育财富,服务万千法学师生和明日法治英才。

法律出版社
2025 年 6 月

作者简介

吕忠梅 法学博士,中国政法大学民商法学院兼职教授、博士生导师。现任十四届全国人大常委会委员、全国人大环境与资源保护委员会副主任委员,中国法学会副会长、中国法学会环境资源法学研究会会长。主持国家社科基金重大项目、国家高端智库项目等国家级、省部级科研项目50余项,国际国内合作项目20余项,获得省部级以上科研成果奖励20余项。代表性著作有《环境法新视野》《梦想与行动——中国环境法典之证成》等10余部,在《中国社会科学》《中国法学》《法学研究》等刊物发表《论公民环境权》《习近平法治思想的生态文明法治理论》等300余篇,主编教材10余部。先后获评国务院有突出贡献的青年专家、中国杰出中青年法学家、中国法治人物、中国法治名家等荣誉,国家"万人计划"哲学社会科学领军人才、中宣部文化名家暨"四个一批"人才。

刘　超 法学博士,教授、博士生导师。现为华侨大学法学院院长、党委副书记。入选国家级人才工程专项计划、"闽江教育领军人才"闽江学者特聘教授、福建省高层次人才等。兼任中国法学会环境资源法学研究会常务理事,福建省法学会副会长,福建省法学会法学教育研究会会长,福建省法学会环境资源法学研究会副会长。主持国家社科基金项目3项(重点、一般、青年项目各1项),主持省部级重大、重点、一般和青年项目20余项,主持地方委托立法项目20余项。出版学术专著8部。在《中国社会科学》等CSSCI来源期刊上发表学术论文80余篇,在《人民日报》发表理论文章5篇,近20篇论文被《中国社会科学文摘》《人大复印报刊资料》转载。

陈海嵩 法学博士,武汉大学法学院教授、博士生导师。教育部人文社会科学重点研究基地——武汉大学环境法研究所副所长;湖北省"楚天学者"特聘教授、湖北省首批法学法律专家;国家社科基金重大招标项目首席专家;美国耶鲁大学高级访问学者。主要研究方向为环境资源法、生态文明制度。在法学权威、核心刊物上发表论文60余篇,发表SSCI论文4篇;出版环境法专著4部。主持国家社科基金重大、重点项目、一般项目共计4项,主持国家高端智库、教育部、司法部、中国法学会等省部级科研项目10余项。研究成果获得多项省部级奖励。

张　宝　法学博士,中南财经政法大学教授、博士生导师。法学院副院长,湖北省高等学校人文社会科学重点研究基地、湖北省高级人民法院和中碳登双碳法治研究基地——双碳法治与经济研究院执行院长。兼任中国法学会环境资源法学研究会理事兼副秘书长、中国环境科学学会环境法学分会副主任委员、湖北省法学会环境资源法学研究会副会长兼秘书长等。主持国家社科基金重点项目、青年项目、后期资助项目等各类项目50余项,出版《环境规制的法律构造》《环境侵权的解释论》等,在《环球法律评论》等发表论文50余篇,被《新华文摘》《中国社会科学文摘》《人大复印报刊资料》等转载10余篇,获湖北省十大优秀中青年法学工作者、中达环境法青年学者奖等10余项。

邱　秋　法学博士,公共管理博士后,湖北经济学院法学院教授、中南财经政法大学博士研究生合作导师。湖北省高等学校人文社会科学重点研究基地——湖北水事研究中心主任;湖北省首批法学法律专家,湖北省中青年科技创新团队负责人,湖北省政府特殊津贴专家。兼任长江海商法学会副会长、湖北省法学会环境资源法学研究会副会长。主要研究方向为环境资源法、水事政策与法律。主持国家社科基金项目、中国博士后基金特别资助项目等20余项省部级以上项目,主持国家和地方委托项目20余项。在《法学评论》等权威、核心刊物上发表论文40余篇;出版环境法专著4部,年度报告8本。研究成果获得多项省部级奖励。

第二版说明

本教材于 2014 年《环境保护法》实施后为本科学生编写,注重博观而约取,强调环境法学基础理论阐释、环境法知识体系建构、环境法治实践解读。据了解,数十所大学连续多年使用本教材。老师和同学们的充分肯定,是我们不断修改和完善这本教材的动力。

党的十八大以来,习近平生态文明思想和习近平法治思想形成和不断发展,中国生态文明建设和生态环境保护发生了历史性、转折性、全局性变化。在生态环境法治领域,2018 年《宪法修正案》明确了"推动物质文明、政治文明、精神文明、社会文明、生态文明协调发展,把我国建设成为富强民主文明和谐美丽的社会主义现代化强国,实现中华民族伟大复兴"的国家目标,以宪法为核心的生态环境保护法律体系不断完善,生态环境执法、司法体系日益健全,生态环境保护社会氛围逐渐浓厚,为建构中国自主的环境法学科体系、学术体系、话语体系提供了坚实的哲学基础、宪法依据和实践经验,也为本教材的修改积累了丰富的素材。

为适应新时代环境法教学的新需求,本教材在秉持立足中国环境法治实践沃土、以法言法语建构中国环境法学基础理论体系初心的基础上,结合中国生态环境法理论与实践的最新发展,进行了如下修改和完善:

1. 运用习近平法治思想和习近平生态文明思想的世界观、方法论,紧扣"用最严格制度最严密法治保护生态环境"新要求,以将生态文明建设纳入法治轨道为交汇点,将法言法语诠释的"生命共同体"等标识性概念、"最严法治"等原创性理论、"人与自然和谐共生中国式现代化"的价值目标作为哲学基础,建构中国自主的环境法知识体系。

2. 全面梳理环境立法、环境执法、环境司法和中国参与国际环境治理的最新成果,总结中国环境法治发展规律,全面提升对环境法基本范畴、权利基础、制度体系和运行环节的理性认知,促进中国自主的环境法知识体系成熟定型。

3. 分析世界各国环境法治以及环境法学的发展趋势,总结联合国推进可持续发展法治化成果,合理借鉴人类生态环境保护的共同成果,创新和发展中国环境法基础理论,诠释中国智慧、中国方案与世界的关系以及对全球环境治理新秩序的贡献,为形成中国环境法话语体系、传播中国环境法治成就奠定教育教学基础。

需要特别说明的是,党的二十届三中全会作出了"编纂生态环境法典"的重大决定。全国人大常委会已经启动了《生态环境法典》编纂程序,《生态环境法典(草案)》已经过十四届全国人大常委会第十五次会议一审并向社会公开征求意见,各项工作正在有序推进之中。从立法理论上看,法典编纂本身就是知识体系建构活动。我主持的中国法学会环境资源法学研究会"中国环境法典编纂研究"大型研究课题,完成的外国环境法典翻译、中国环境法典编纂基础理论研究成果,提出的生态环境法典方案论证及其专家建议稿,为本教材的修订奠定了理论基础。我也深知在这个节点上修改教材,既有充分吸纳《生态环境法典》编纂理论研究成果之利,也有不能完全离开现行法律新建理论体系之弊。考虑到《生态环境法典》编纂需要时间且法典出台后的解读还有一个过程,难以及时满足教学新需求,因此,我们对此次修改作了统筹考虑,对于法典编纂过程中已经研究相对成熟的理论尽可能进行了吸纳,对于尚未成熟的理论以及法典编纂完成后将予以废止、修订的现行法律,留待下次继续修改。

关于本次修改,作者原有分工不变,以保持教材的延续性,并促进作者不断深化对环境法理论的认识。

希望能够为老师和同学们提供一本好教材!期待在不久的将来,《生态环境法典》顺利通过后,本教材能够再上新台阶!

吕忠梅
2025 年 6 月 25 日
于北京星火西路八号院

编 写 说 明

改革开放三十多年来,我国在经济发展与社会建设上取得了举世瞩目的成就,但也付出了沉重的环境代价。放眼世界与历史,现代环境法产生于西方资本主义国家,带有鲜明的亡羊补牢的特征。前车之鉴,理应昭示我国环境法治建设摒弃见兔顾犬而重视未雨绸缪的制度理念与路径,在经济社会发展和大国崛起中承担保驾护航的功能。实际上,我国改革开放以来的现代化建设中,环境法从未缺位,但其效果却饱受诟病,在一路争议与质疑中跌撞前行。自1979年《环境保护法(试行)》以来的环境立法与执法实践也给了我们建立中国环境法学知识体系的对象与样本,使得我们既可以检讨环境法的缺陷,因为承认不足是前进的动力;也可以展开"同情之理解",建立"制度自信"、归纳"中国经验"。2014年4月24日,全国人大常委会十二届八次会议通过的《中华人民共和国环境保护法修订案》应该说是对我国环境法实践深刻反思的结果,也是我们继续前行的新起点。当前,在深化生态文明体制改革、建设"美丽中国"的宏大背景下,环境法治建设正在以全新的理念与前所未有的力度展开。我们在这样的时代背景下编写这本教材,不能只是提供一个空洞的环境法知识框架,而是要紧密结合中国的环境法治实践,归纳提炼中国的环境法知识体系,为解决中国环境法实践问题提供理论指引。

1. 本教材定位为环境法学概要,主要阐释环境法学的基本概念、基础理论和基本制度。从环境法的基本范畴、权利基础、制度体系和运行环节等方面总结环境法的知识体系。

2. 本教材按照环境法的理论逻辑安排内容,不严格区分总论与分论。按照法学逻辑对国内外的环境法理论与实践进行梳理,以对环境法律规范的梳理与条文解析为依据与佐证,阐释环境法基本理论、基本制度和重要实践。

3. 本教材注重理论创新,尽可能地吸收国内外最新理论研究及立法成果。充分吸纳各学科、各领域关于环境保护问题的研究的最新成果,尤其是法学不同学科的环境法理论研究成果与立法进展,并将其融入环境法知识体系之中。

4. 本教材关注社会实践,以中国三十多年的环境法治实践为重要研究对象,高度重视环境法理论对实践的解释与引领,从环境社会事件、环境执法过程、环境司法实践中抽象与提炼环境法理论、制度,回应环境法制度创新需求。

5. 本教材坚持法言法语表达，务求实现环境法知识与法理学和相关法学知识的"无缝对接"，使学习者既能将环境法融入法律大家族，形成相对完整的法律知识体系；又能发现环境法作为法律家族新成员的活泼与清新，理解环境法的青春梦想与追求，感受环境法知识的独特魅力。

为了实现目标，我们精心挑选了作者并根据其专长与特点进行了分工：吕忠梅负责撰写导论和统稿；刘超负责撰写第一章、第三章；陈海嵩负责撰写第二章、第六章；张宝负责撰写第四章、第七章；邱秋负责撰写第五章。除主编以外的各位作者都是近年来环境法学界的实力派新秀，也是本科教学一线的主力军。

客观地说，本着编写一本好教材的愿望与追求，我们进行了艰苦的努力，三易其稿，反复修改，希望能够呈现一本兼顾理论系统性与知识完备性、既展示一般法学规律又体现环境法个性特色的教材。但是，我们也深知，由于能力与精力所限，遗憾肯定存在，错漏也会难免，期望读者诸君在使用的过程中，多予批评，不吝指正！

吕忠梅

2016 年 5 月 28 日

目　录

导　论 …………………………………………………………………（ 1 ）

第一章　环境法概述 …………………………………………（ 28 ）
第一节　环境法的概念 ………………………………………（ 28 ）
第二节　环境法的演进 ………………………………………（ 33 ）
第三节　环境法的体系 ………………………………………（ 49 ）

第二章　环境法基本原则 ……………………………………（ 62 ）
第一节　环境法基本原则概述 ………………………………（ 62 ）
第二节　保护优先原则 ………………………………………（ 66 ）
第三节　预防原则 ……………………………………………（ 70 ）
第四节　系统治理原则 ………………………………………（ 75 ）
第五节　公众参与原则 ………………………………………（ 79 ）
第六节　原因者负担原则 ……………………………………（ 84 ）

第三章　环境法律关系 ………………………………………（ 91 ）
第一节　环境法律关系概述 …………………………………（ 91 ）
第二节　环境法律关系的构成 ………………………………（ 98 ）
第三节　环境法律关系的运行 ………………………………（111）

第四章　环境权 ………………………………………………（118）
第一节　环境权的产生和发展 ………………………………（118）
第二节　环境权的含义和性质 ………………………………（125）
第三节　环境权的效力与保障 ………………………………（132）

第五章　环境法基本制度 ……………………………………（142）
第一节　环境法基本制度概述 ………………………………（142）

第二节 "规范确认型"环境法基本制度 …………………………… (147)
第三节 "改革确认型"环境法基本制度 …………………………… (163)

第六章 环境法律责任 …………………………………………………… (171)
第一节 环境法律责任概述 ……………………………………………… (171)
第二节 环境民事责任 …………………………………………………… (175)
第三节 环境行政责任 …………………………………………………… (184)
第四节 环境刑事责任 …………………………………………………… (190)
第五节 专门环境法律责任 ……………………………………………… (196)

第七章 环境司法和环境诉讼 …………………………………………… (205)
第一节 环境司法和环境诉讼概述 ……………………………………… (205)
第二节 环境私益诉讼 …………………………………………………… (220)
第三节 环境公益诉讼 …………………………………………………… (228)

导　论

一、环境

（一）环境与环境要素

环境法要实现保护和改善环境、促进人与自然和谐共生的目标，首先需要明确环境法保护的是什么样的环境，因此，厘清"环境"的内涵尤为必要。在汉语中，"环境"一词内涵丰富，不同的词典可能会有不同解释，但也有共同点，即"环境"需要相对于某一中心事物才能界定。比如，《汉语大词典》将环境界定为：第一，周围的地方；第二，环绕所管辖的区域；第三，周围的自然条件和社会条件。[1]《现代汉语大词典》对环境的界定是：第一，周围的地方；第二，周围的自然条件和社会条件。[2]其他词典也基本上是从（中心事物）的周围地方、周围的情况和条件去定义环境。[3]具体到不同学科中，"环境"也有不同的具体指涉。比如，物理学所讲的环境是"物质运动时通过物质空间的场所"；生物学中的环境是"一切有机体生存所必需的外部条件的总和"；地理学中的环境是围绕人类的自然现象的总和；[4]等等。在环境科学里，中心是人，环境是以人为中心的客观存在，这个客观存在主要是指：人类已经认识到，直接或间接影响人类生存与发展的周围事物。[5] 这种客观存在，既包括我们

---

[1]《汉语大词典》，上海辞书出版社2008年版，第640页。
[2]《现代汉语大词典》，上海辞书出版社2008年版，第1968页。
[3] 比如，《大辞海》对环境的界定是：第一，环绕所辖的区域、周匝；第二，指周围的情况和条件。参见《大辞海》，上海辞书出版社2011年版，第1385–1386页。《现代汉语词典》对环境的界定是：第一，周围的地方；第二，周围的情况和条件，参见中国社会科学院语言研究所词典编辑室编：《现代汉语词典》，商务印书馆2012年版，第565页。《商务国际现代汉语词典》对环境的界定是：第一，周围的地方；第二，指周围的情况和条件，参见商务国际辞书编辑部编：《商务国际现代汉语词典》，商务印书馆国际有限公司2013年版，第448页。《辞海》对环境的界定最为详细，其具体界定为：第一，环绕所辖的区域、周匝；第二，一般指环绕人类生存和发展的各种外部条件和要素的总体。在时间上与空间上是无限的。分为自然环境和社会环境。其内容有：合理利用自然资源，防止环境污染；在产生环境污染后，做好综合治理；保护人群健康，促进经济、社会与环境的全面、协调、可持续发展。涉及经济学、法学、卫生学、地质学、化学、物理学、生物学、海洋学、水文学、土壤学、气象学、生态学、遗传学以及环境工程等各学科。参见《辞海》，上海辞书出版社2009年版，第947页。
[4] 战友主编：《环境保护概论》（第2版），化学工业出版社2010年版，第1页。
[5] 曲向荣主编：《环境学概论》（第2版），科学出版社2015年版，第1页。

能够感受到的自然,如阳光、空气、土壤、河流、湖泊、海洋、森林、草原、野生动物等,也包括经人工改造过的状态,如城市、村落、水库、港口、公路、铁路、空港、园林等。

环境是由不同的基本物质构成的综合体,这些物质被称为环境要素,包括自然环境要素和人工要素。自然环境要素也叫环境基质,是指构成环境整体的各个相互独立、性质不同而又服从总体演化规律的基本物质组分,主要有水、大气、生物、土壤、岩石和阳光等。环境要素组成环境结构单元,环境结构单元又组成环境整体或环境系统。如空气、水蒸气等组成大气层,大气层组成大气圈;河流、湖泊、海洋等各种形态的水体组成水圈;岩石和土壤构成岩石—土壤圈;动物、植物和微生物组成生物群落,全部生物群落构成生物圈。大气圈、水圈、岩石—土壤圈和生物圈这四个圈构成了人类的生存环境——地球环境系统。人工要素是指由人工形成的物质和能量,包括城市规划、住宅设计和配套、公共服务设施、交通、供水、供气、绿化等。自然环境要素是人工要素的基础。因此,在环境法中,研究的重点是自然环境要素及其构成的生态系统功能保护,如《水污染防治法》《大气污染防治法》是针对污染物对环境要素的影响,《湿地保护法》《青藏高原生态保护法》《野生动物保护法》则是针对自然环境要素构成的生态系统功能的立法。在这个意义上,自然环境因素保护具有基础性作用。

自然环境要素之间的紧密联系和互相作用,是人类认识与改造环境的自然规律基础,也是环境立法、执法、司法必须尊重的基本规律,主要有如下几点:

1. 最小限制律。又称最差限制律,是指一定区域的环境质量不能由环境诸要素的平均状态决定,而是受环境诸要素中那个与最优状态差距最大的要素所控制。换言之,环境质量的好坏并不取决于环境诸要素的平均水平,而是由诸多环境要素中处于最差状态的环境要素决定,且不能由其他处于良好状态的环境要素来补偿。例如,出现雾霾天时,我们感受到的是环境质量整体不好,而不仅仅是空气质量差。

2. 环境要素等值性。指各环境要素规模或数量差异对于环境质量的限制并无本质不同。也就是说,任何环境要素对于环境质量的限制,只有当它们处于最差状态时,才具有等值性。仍以雾霾为例,PM2.5可能比PM10及更大颗粒污染物的数值要低,但其一旦达到最差状态,就会形成严重污染。

3. 环境的整体性。人类生存的环境并不是各环境要素的简单叠加,而是各环境要素在相互联系与相互作用基础上形成的整体,这个相互联系和作用的整体在单一环境要素效应基础上产生质的飞跃,使环境的整体性大于诸环境要素之和。如空气严重污染,不仅会对人的健康产生影响,也会对水体、植物、动物等其他环境要素产生影响,导致水体污染、动植物生病甚至死亡。

4. 环境要素的相互依赖性。虽然环境诸要素在地球演化史上的出现有先有后,但它们相互之间紧密联系、相互依赖。一方面,通过能量在各要素间传递,或者以能量形式在各环境要素间的转换实现；另一方面，物质在环境要素之间的传递和转化将各环境要素紧密联系在一起。比如，植物生长需要阳光、空气和水，通过光合作用完成能量转换和物质传递。

(二) 环境的分类

法律是在对人的行为进行类型化的基础上形成的规则，环境法要实现保护和改善环境、促进人与自然和谐共生的目标，也需要对人与环境相关的行为进行类型化。因为环境法涉及人与自然的关系，理解环境的分类，是学习和运用环境法的基础。

1. 自然环境与人为环境

依组成环境的物质与人类活动关系而进行分类。自然环境又称为天然环境，指地球在发展演化过程中自然形成、未受人类干预或只受人类轻微干预，尚能保持自然风貌的环境要素或生态系统，如野生动植物、原始森林等。人为环境又称人工环境，指由于人类活动在自然环境基础上形成的环境要素或生态系统，如水库、道路、公园和城市等。这种分类最先被《斯德哥尔摩宣言》(《人类环境宣言》) 采用，后为各国立法所接受。我国《环境保护法》第2条规定："本法所称环境，是指影响人类生存和发展的各种天然的和经过人工改造的自然因素的总体，包括大气、水、海洋、土地、矿藏、森林、草原、湿地、野生生物、自然遗迹、人文遗迹、自然保护区、风景名胜区、城市和乡村等。"该法就采用了这一分类方法。

2. 大气环境、水环境、土壤环境等

依自然环境要素所作的分类，主要有大气环境、水环境、土壤环境、生物环境等。大气环境又称大气圈，是自然环境的组成要素之一，也是一切生物赖以生存的物质基础，大气是由多种气体、水汽、液体颗粒和悬浮固体杂质组成的混合物，这些物质在地球引力作用下形成对流层、平流层、中间层、暖层和逸散层等不同的结构形式。水环境也称水圈，指地球表面的各种水体，包括海洋、江河、湖泊、沼泽、冰川等地表水、大气水和地下水。土壤环境指岩石经过物理、化学、生物的侵蚀和风化作用，以及在地貌、气候等诸多因素的长期作用下形成的地球陆地表面具有肥力、能生长植物和微生物的疏松表层，由矿物质、动植物残体腐烂分解产生的有机物质以及水分、空气等固、液、气三相组成。生物环境指地球表面除人类以外的其他所有生物，包括所有的动物、植物、微生物等。这种分类对于环境立法曾经具有重要意义，尤其是在控制环境污染方面，世界各国都采用过这种分类方式制定环境保护单行法，如美国的《清洁空气法》《清洁水法》；我国的《大气污染防治法》《水污染防治法》《土壤污染法治法》；等等。

3. 聚落环境、地理环境、地质环境、宇宙环境

依对人的生活影响远近而作的分类。聚落环境是人类聚居和生活场所的环境，

亦可称生活环境,进一步可分为院落环境、村落环境和城市环境。地理环境是围绕人类的自然现象的总体,位于地球表层,即水圈、土圈、大气圈和生物圈相互制约、相互渗透、相互转化的交错带上,其厚度为10~30千米。地质环境是指地理环境中除生物圈以外的其余部分,为人类提供丰富的矿物资源和能源。宇宙环境是指地球大气圈以外的环境,又称星际环境。这种分类将自然因素和人为因素综合考虑,是环境法综合考虑"人类社会—生态环境"巨大复杂系统、研究人类活动对环境的影响、研究环境法律行为的重要方法。环境法具体制度中对人类影响环境行为的控制,会采用这种方法,如环境规划、环境影响评价、环境标准等制度都需要根据污染物对人的生活影响远近来确定城市、工厂的选址及生产、生活行为。

(三)环境的功能

环境的功能是环境要素及其构成的环境状态对人类生产和生活所承担的职能和作用,内容非常广泛,可概括为如下方面:

1. 为人类提供生存的基本要素。人类、其他生物都是地球演化到一定阶段的产物,生命活动的基本特征是生命体与外界环境的物质交换和能量交换。空气、水和食物是人体获得物质和能量的主要来源。清洁的空气、洁净的水、无污染的土壤和食物是人类健康和世代繁衍的基本环境要素。

2. 为人类提供从事生产的资源基础。自然环境要素是人类劳动创造财富的对象,在经济学上被称为自然资源。自然资源分为可耗竭资源(不可再生资源)和可再生资源两大类。可耗竭资源指环境蕴藏量不再增加的资源,持续开采可能使储藏量为零,出现耗竭状态,主要是煤炭、石油、天然气等能源和金属等矿产资源。可再生资源指能够通过自然力保持增长率、恢复或增加蕴藏量的资源,如太阳能、大气、森林、水体、各种野生植物等。但可再生资源的可持续性会受到人类利用方式的影响。人类合理开发利用,资源可以恢复、更新、再生,甚至不断增长。不合理的开发利用就会导致可再生过程受阻,使蕴藏量不断减少,乃至枯竭。如水土流失或盐碱化会导致土壤肥力下降,农作物减产;过度捕捞使渔业资源枯竭,降低鱼群的自然增长率。也有些可再生资源不受人类活动影响,当代人消费不会使后代人消费减少,如太阳能、风能等。

3. 对废物的消化和同化。人类在生产生活过程中,会产生一些废物并排放到环境中。环境可以通过各种各样的物理(稀释、扩散、挥发、沉降等)、化学(氧化和还原、化合和分解等)、生物降解等途径来消化、转化这些废物。只要污染物在环境中的含量不超出环境的自净能力,环境质量就不会受到损害。环境自净能力(环境容量)与环境空间的大小、环境要素的特性、污染物本身的物理和化学性质有关。环境空间越大,对污染物的自净能力就越大,或环境容量就越大。对具体污染物而言,其物理和化学性质越不稳定,环境自净能力就越大。

4. 为人类提供精神愉悦。环境不仅能为人类的生产生活提供物质资源,还能满足人们对舒适、优美、高雅等精神上的需求。清洁的空气和水不仅是生产要素,也是人类健康愉快生活的基本要求。优美的自然、和谐的环境是人文艺术的源泉,音乐、绘画、体育、文学、舞蹈等都是自然与人交流、交融的呈现。舒适优美的环境使人愉悦,保持健康,充满活力。

二、环境问题与环境保护

(一)环境问题

环境法因解决环境问题的需要而兴起,学习环境法,必须首先理解什么是环境问题以及环境问题产生和发展的原因。

1. 环境问题及其分类

环境问题是由自然原因或者人类活动引起的环境质量下降、生态系统破坏等不利于人类的变化,并直接或者间接影响人类生存和发展的现实或潜在问题。根据环境问题产生的不同原因,可以将其分为两类:(1)原生环境问题或第一环境问题,指由于自然环境本身运动变化而造成的环境状况变化,如火山爆发、冰川运动、地震、洪水、台风、旱灾、虫灾等。原生环境问题是自然规律演化的结果,人类无法控制,其危害后果也难以为人们所估量,一般而言,人类对这类环境问题只能采取预防措施,以尽量减少危害后果。(2)次生环境问题或第二环境问题,指因人类违背自然规律的行为作用于自然界所引发的环境条件变化,如水污染、大气污染、森林砍伐、草原过度放牧等。这类环境问题主要由人类活动引起,可以通过对人类活动的规制来减少或避免其发生,同时还可以采取有效手段进行治理。环境法需要解决的主要是次生环境问题。

次生环境问题进一步还可以分为环境污染和生态环境破坏。环境污染是由于人类任意排放污染物和有害物质所引起的环境质量下降,不利于人类及其他生物正常生存和发展的现象,主要表现为各种环境污染。生态环境破坏是由于人类不合理地开发、利用自然环境,过量地向环境索取物质和能量,使自然环境的恢复和增殖能力受到破坏以及生态系统服务功能丧失的现象,主要表现为水土流失、森林减少、草原退化、水源枯竭、湖泊死亡、气候异常和生物多样性减少等。

2. 环境问题的产生和发展

从历史的进程来看,原生环境问题在人类出现之前就存在,次生环境问题则与人类的起源与进化如影随形。人类社会在改造自然环境和利用自然资源的过程中逐步发展,在与环境的相互作用中共同前进。自然环境是人类生产生活活动的物质基础,人类的发展必然伴随着对环境的影响,人类学会使用火、狩猎、种植,既是对自然认识和利用的进步,也是对自然环境施加的影响。在从动物到人的漫长演化史中,在人类数量较少、生产力水平低下、科技不发达的早期,人对环境的影响基本上可以被环境的自净作用所抵消和化解,次生环境问题很少发生。可以说,在近代工业革命之前人类活动造成的环境影响并不足以形成次生环境问题,或者现代意义上的环境问题。在此背景下,人类发展目标、社会政策及法律选择的重点在于如何鼓励科技创新、推动生产力发展,以更好地利用自然为人类服务,而不会将人类开发、利用和改造自然的活动造成的对环境的影响作为"环境问题"予以规制,因此,可以说,没有环境问题,也就没有环境法。

随着人类文明史从蒸汽时代到电气时代再到当今数字时代,科技水平和生产力水平的飞跃式发展,使人类开发利用自然的需求空前拓展、能力空前提高、范围空前扩大,导致严重的环境污染、资源耗竭和生态恶化,直接威胁着人类的生存。今天人类面临的环境问题,在漫长的历史进程中不断形成和发展:

(1) 环境问题的萌芽。原始社会时期,生产力水平极度低下、科技极不发达,人类穴居树栖,使用简单的石器工具采集捕食野生动植物,以原始生产活动和生理代谢过程与自然环境进行物质交换和能量流动,基本靠自然界恩赐度日,对自然界难有大规模的改造利用。这一阶段的环境问题主要是为了满足人口增长的需要,在聚集区过量采捕野生动植物等。总体上看,由于数量稀少、生产力水平落后、活动范围狭窄,人类在原始阶段并未对自然环境造成大的影响,但环境问题开始萌芽。

(2) 环境污染的出现。农牧社会时期,随着农业和畜牧业的发展,生产力水平开始提高、科技缓慢发展,人类认识和改造自然的能力逐步增强。生活方式上的结庐而居,对自然资源有了更为丰富的需求;随着科技不断进步和生产力水平提高,人类利用自然和改造自然的能力得到增强,可以从自然中获取生产生活资料并加以改造利用。这一阶段的环境问题主要是因为开垦土地、砍伐森林、破坏草原引起的水土流失、森林破坏、草原退化以及土地荒漠化、盐碱化;不适当地兴建水利而引起的土壤沼泽化;城市和手工业作坊兴起后,环境污染开始出现。

(3) 环境质量恶化。第一次工业革命后,蒸汽机、内燃机相继出现,科学技术迅猛发展,大机器生产替代手工业生产,人类对于自然的开发利用能力达到空前程度。各种机器的使用,需要大量的煤炭石油和天然气作为原料或燃料,一些工业发达城市和工矿企业在生产过程中排放大量的废水废渣废气,造成严重的环境污染。20世纪30年代到60年代,出现了比利时马斯河谷烟雾事件、美国洛杉矶光化学烟雾事件、英国伦敦烟雾事件、美国多诺拉烟雾事件、日本富山痛痛病事件、日本熊本水俣病事件、日本四日市哮喘病事件、日本米糠油事件[6]等多起因环境污染引发的公众健康受害事件,在短时间内引发成千上万人的非正常死亡,环境污染物所具有的致畸、致癌、致突变后果更是直接威胁到人类的可持续生存与发展。

3. 环境问题的全球化

环境问题产生之初,表现为某个国家或地区的环境状况恶化、环境质量下降。随着时间的延长和地球生态系统的演进,一些老的环境问题尚未完全解决,又出现了新的环境问题,或者老问题又以新的形式出现,如大气污染物和温室气体排放引发全球气候变化,微塑料污染等;局部环境问题开始向全球性环境问题蔓延,如一些国家跨境转移污染物导致海洋污染,生态破坏引起生物多样性减少等。在现代化进程中,根据近年来联合国环境规划署(UNEP)、政府间气候变化专门委员会(IPCC)、国际科学理事会(ICSU)和生态系统评估机构(如生物多样性和生态系统服务政府间科学政策平台)发布的相关报告,以及《联合国气候变化框架公约》《生物多样性公约》及其相关议定书,还有正在谈判中的《塑料污染公约》等国际法文件,当前最具有严重性、紧迫性的全球性环境问题是:

(1)全球气候变化。由于人口的增加和人类生产活动的规模越来越大,向大气释放的二氧化碳(CO_2)、甲烷(CH_4)、一氧化二氮(N_2O)、氯氟碳化合物(CFC)、四氯化碳(CCL_4)、一氧化碳(CO)等温室气体不断增加,大气组分发生变化,气候逐渐变暖,从北极冻土到热带珊瑚礁都在遭受气候变化的严重影响。根据政府间气候变化专门委员会2023年的评估报告,全球平均气温较工业化前上升1.1℃(IPCC,2023),北极海冰面积每十年减少13%(NASA,2022)。温室气体排放增加、全球海平面上升、极端天气频繁等气候变化对人类健康造成了巨大威胁,据统计,全球因高温导致的死亡人数每年已超过1万人,其中大多数是老年人和儿童;同时,气候变化也加剧了大气污染、水质污染、土壤污染等问题,造成呼吸系统疾病、过敏反应、皮肤病等。气候变化还会影响自然生态系统,使溶解在水里的寄生虫病、由蚊子携带的疾病等感染传播的危险性增加。

(2)生物多样性丧失。在漫长的生物进化过程中会产生一些新的物种,同时,随着生态环境条件的变化,一些物种会消失,生物多样性在不断变化。但近百年来,由于人口的急剧增加和人类对资源的不合理开发,加之环境污染等原因,地球上的各种生物及其生态系统受到了极大的冲击,生物多样性受到了很大的损害。根据世界自然基金会(WWF)发布的《地球生命力报告2022》,当前物种灭绝速度较自然水平快100～1000倍,传粉昆虫减少导致全球农作物减产风险达75%。森林砍伐、湿地

---

[6] 这些事件是我国自20世纪70年代开始陆续向国内介绍的西方国家环境问题,被合称为"震惊世界的八大公害事件",也是我国最早的环境保护研究成果。

破坏导致生物栖息地、迁徙地严重缩减,威胁生态链的稳定性。

(3)海洋污染。人类活动使近海区的氮和磷增加50%~200%;过量营养物导致沿海藻类大量生长;波罗的海、北海、黑海、东中国海等出现赤潮。海洋污染导致赤潮频繁发生,破坏红树林、珊瑚礁、海草,使近海鱼虾锐减,渔业损失惨重,威胁3亿人的生存。根据世界卫生组织2023年的报告,每年约800万吨塑料入海,北太平洋垃圾带面积达160万平方千米,微塑料已侵入人类胎盘。日本福岛核污染水排海计划引发周边国家对碘-129超标的担忧。

(4)森林退化。森林的减少使许多动物失去了栖息地,对二氧化碳的吸收减少,加剧气候危机。根据联合国环境规划署的报告,2021年全球损失1540万公顷森林,相当于韩国国土面积。森林退化使其涵养水源的功能受到破坏,造成水土流失和风沙。刚果盆地非法伐木使森林覆盖率年均下降0.5%,亚马逊雨林二氧化碳吸收量下降30%,加剧气候危机。

(5)淡水资源危机。根据世界卫生组织的报告,全球21亿人缺乏安全饮用水,每天有数千名少年儿童因饮用水卫生状况恶劣而营养不良甚至死亡;地下水超采导致地下水位严重下降乃至地面沉降。水污染已经成为目前世界上最为紧迫的卫生危机之一,在那些人口急剧增长的发展中国家尤为严重。据统计,排放至水体的污染物已达两千多种,主要为有机化学物、碳化物、金属物,多种污染物对人体有害,有近百种污染物存在致癌、疑癌、促癌、突变风险。淡水资源危机还会直接影响粮食生产和农作物安全,造成巨大经济损失。

(6)空气污染。空气污染的主要因子为悬浮颗粒物、一氧化碳、臭氧、氮氧化物、铅等,对人类健康、自然环境和社会经济发展都会产生深远的影响。空气污染可能引发人的呼吸系统疾病、心血管疾病,影响神经系统,还可能增加患癌症的风险,影响生殖健康,影响儿童的生长发育等。有研究报告指出,PM2.5致全球每年420万人早逝。与此同时,空气污染还会导致植物受害、生态系统破坏、全球气候变化等。空气污染导致的健康问题会增加医疗费用,引起疾病和早逝会导致劳动力短缺,降低人们的生活质量,影响经济社会的发展。

(7)土地退化。土地退化包括水土流失、荒漠化、盐碱化、沙化等多种类型,每种退化都会带来一系列严重的环境和社会经济问题。目前,全球有33%的土地出现中度至严重退化,导致土壤肥力降低,作物产量减少,影响粮食安全;土壤结构破坏和植被减少导致水土流失影响水质,导致地下水位下降、水资源枯竭;森林砍伐、泥炭地变干、过度耕种和放养等人类活动会增加温室气体排放,气候变化也通过干旱、高温等极端天气,进一步加速土地退化。土地退化会破坏生态系统的结构和功能,导致生物多样性丧失,增加自然灾害风险;还可能导致暴力冲突和人口迁移,影响人类的身心健康,破坏社会经济稳定。

(8)塑料污染。当前,塑料污染问题日益严峻,在环境、人体健康、农业和粮食安全等多个方面都产生了严重危害。据统计,全球塑料消耗量正以每年8%的速度增长,2030年塑料的年消耗量将达到7亿多吨。从喜马拉雅冰川到马里亚纳海沟都能见到废弃塑料,给人们的视觉带来不良刺激,影响整体美感,破坏景观;塑料垃圾进入海洋污染动物生存环境,残留在农田里抑制农作物的生长发育;塑料垃圾大量填埋会污染地下水,焚烧会产生有害气体,堆放过程中会产生甲烷等可燃气,可能引起火灾事故。塑料具有难降解性,环境中长期存在的微小塑料颗粒可能通过摄食和呼吸等途径进入人体,会在动脉内积聚,可能增加罹患心脏病、中风等疾病的风险,或为精神疾病潜在发病原因,对胎儿和儿童发育会构成影响,还可能导致生殖问题。

(9)核安全管理。核污染是一种严重的环境污染形式,对人类健康和环境可能造成多方面的影响。高剂量的辐射暴露可能导致急性放射病,暴露于放射性物质可能增加患癌症的风险、导致基因突变、抑制免疫系统功能、影响生育能力和生殖健康;长期暴露于较低剂量的辐射也可能导致肿瘤、心血管疾病和神经系统障碍等慢性损害。核污染也会直接影响土壤、水源、植被等环境要素,导致土壤污染、水体污染、空气污染等环境问题,对生态系统造成严重影响。切尔诺贝利阴影区至今仍能检测到放射性铯-137,全球核废料总量预计在2050年达12万吨,核安全问题成为当代人类的重大关切。

(二)环境保护

为应对日趋严峻的环境问题,联合国大会1966年通过决议,提出在全球范围内开展环境问题大讨论。经过多个国家、多个学科领域、多种社会团体的反复研讨,在1972年召开的联合国第一次人类环境会议上,提出了环境保护的概念,指称所有为保证自然资源的合理开发利用、防止环境污染和生态破坏,以协调社会经济发展与环境的关系,保障人类生存和发展为目的而采取的行政、经济、法律、科学技术以及宣传教育等措施和行动,是人类针对环境问题而提出的积极对策。《斯德哥尔摩宣言》指出:"保护和改善人类环境是关系到全世界各国人民的幸福和经济发展的重要问题,也是全世界各国人民的迫切希望和各国政府的责任。"人类有权在一种能够过有尊严和幸福生活的环境中,享受自由、平等和充足的生活条件,并且负有保护和改善这一世代和将来世世代代的环境的庄严责任。[7] 1992年,联合国环境与发展会议通过的《里约环境与发展宣言》,在进一步强调环境权的基础上,将环境保护与可持续发展紧密联系起来。《里约环境与发展宣言》原则4明确提出,为了实现可持续发展,环境保护应

---

[7] 万以诚、万妍选编:《新文明的路标——人类绿色运动史上的经典文献》,吉林人民出版社2000年版,第10-11页。

成为发展进程中的一个组成部分,不能将其同发展进程孤立开来看待。

1. 环境保护的内涵

(1)环境保护是针对环境问题提出的积极对策。在人类社会早期阶段,人们直接依赖生态系统而生存,对自然充满敬畏。对于出现的一些原生环境问题,人类唯恐避之不及,不存在环境保护的需求。随着人类社会发展、科技水平提高和生产力进步,工业文明使人类可以利用世界范围内的各种生态系统来满足其生产生活需求。人们在经济利益的驱动下,违反自然规律,导致第二环境问题出现乃至直接威胁人类的生存和发展,这才有了提出环境保护的必要。

(2)环境保护是多种环境保护措施的总称。环境保护是预期应对环境问题,环境问题具有复杂多样性,要求综合采取多种措施。这些措施从性质上看,包括科学技术、法律、经济、行政、宣传教育等;从实施主体看,包括国际社会、国家、政府、企业、社会团体、个人等,任何主体在环境问题面前既不能独善其身,也不可置身事外。

(3)环境保护是人类的有意识行为。环境保护是人类为应对环境危机所采取的有意识行动,行为实施的效果要受到特定绩效标准的考核或者要接受自然规律的检验。同时,这类行为有明确的指向,以解决环境问题、维护生态安全,促进人类可持续发展为根本诉求。在现实生活中,有一些行为主观上出于其他目的,虽然客观上也能够实现环境保护的结果,但不属于环境保护措施,"例如,征收消费税、采取计划生育措施等客观上有利于保护环境,但其直接目的是控制消费、控制人口增长,因此不属于环境保护的范畴"[8]。

2. 环境保护的内容

(1)环境污染防治。在严峻的环境问题中,最严重也是最早影响社会稳定的是环境污染。西方国家工业革命之后,伴随着城市化工业化进程加快,采矿、冶炼、机械加工、化学工业等生产过程排放的污染物,不仅造成了环境质量的恶化,而且对人的生命健康造成威胁,由此成为最引人关注与重视的环境问题。现实生活中,污染防治的主要内容是防治在生产生活过程中向环境排放的各种污染物质导致的污染和对人及生态系统的危害。

(2)生态系统保护。生态系统是"植物、动物和微生物群落和它们的无生命环境作为一个生态单位交互作用形成的一个动态复合体"[9]。人类对生态系统的破坏在原始社会时期产生,随着人类活动影响自然界的范围与深度的拓展日益严重,发展成为继污染之后严峻的环境问题。尤其值得注意的是,严重的环境污染会产生生态破坏的后果。因此,生态系统保护不仅要防治人类不合理开发利用自然资源引起的生态退

---

[8] 高家伟:《欧洲环境法》,工商出版社2000年版,第4页。
[9] 《生物多样性公约》序言。

化,包括防止过度采伐、乱捕滥猎、过度放牧、不合理引进物种、过度开垦等,也要防止环境污染引发的生态系统失衡。

实际上,环境污染和自然环境破坏都是人类不合理开发利用环境的结果,过量地掠夺自然环境造成自然环境破坏,将过量索取的物质和能量不加以充分利用而使其成为废物进入环境又会造成环境污染,因而,不能将环境污染和自然环境破坏截然分开。两者也互为因果,严重的环境污染可以导致生物死亡从而破坏生态平衡,使自然环境遭受破坏;自然环境的破坏则降低了环境的自净能力,加剧污染的程度。环境污染与自然环境破坏互相联系、互相作用,是环境法要解决的主要课题。

三、人与自然的关系

(一)人与自然共乘一只"飞船"

20世纪80年代后期,美国在亚利桑那州的沙漠高原上,建了一座占地约0.9公顷、耗资约3000万美元的一个密封实验室——"生物圈二号",以实验建立自给、自足,由人类操纵的生活基地的可能性。按照设计,8名自愿者将在实验室里生活两年。这里除阳光外,一切生活物资都由他们自己生产,其中有小型海洋、雨林和沙漠、沼泽构成的复杂生态系统。在这个人工世界里,一切将反复循环:人类产生的二氧化碳将被植物所吸收,植物放出的氧气,供人体呼吸之用;人体排泄的废物当作农作物生长的肥料,或作为饲料繁殖水藻等水生植物;水生植物用来喂养鱼类;鱼类供人食用……这种前所未有的大规模设计的目的在于保持各种生命循环的平衡,避免生态平衡的破坏。在这个密封的实验室中生活,必须建立极限、适度和循环观念;还要建立新的价值体系,人们的思维,在空间上必须至少能覆盖这个占地13.5亩的环境中的每个局部和整体的相互关系,在时间上必须顾及目前的活动与长久生存利益的影响。人们必须在大时空上研究怎样使人类的各种活动同自然界的各种物质运动协调起来。[10] 这个实验,因为一名自愿者严重受伤需要出来治疗而提前终止,但却可以给人许多启示。

将"生物圈二号"扩大567.78亿倍,就是我们生存的地球。整个地球是一只宇宙飞船,它以"生物圈二号"的生态系统在运转。在地球上的生物生存的几十亿年内,各种构成生命物质的化学元素已经并继续从非生物环境经过生物又回到非生物环境中。现在组成我们身体的化学元素,过去曾组成过当时的鱼类、树木甚至恐龙等;这些元素将来还会组成未来的无数的动物和植物。因此,地球上的一切物质在本质上都是公有的,任何个人都不可能把某一块物质永远占为己有。这种本质上公有的物质,如果受到只图近利者的破坏,就会对地球上正常的自然秩序造成混乱,而混乱的危害必然反

---

[10] 赵营波:《大协调学》,浙江教育出版社1990年版,第1-3页。

弹给制造混乱者,使之最终受到大自然的惩罚。

然而,人类在过去的时代,却并未意识到地球是一只"宇宙飞船"。而是像一个年少无知的牧童,将地球看成一个无限大的牧场,根本不用担心草会被羊群吃光,仿佛大自然提供的一切资源都是取之不尽、用之不竭的;这里污染了,还有别处。"假如我们把生命在地球上已经存活了30亿年缩短为一天(24小时),那么'人'在这里经过的时间似乎不到半分钟。我们知道人类同其他生物共享地球这个行星才是过去24小时的几秒钟。然而在这几秒钟内,人类已经直接地滥用了数百物种使之濒临灭绝的境地,如此激烈地改变了地球的环境,以致数千个物种濒临危机。这样就打乱了或者严重破坏了自然界错综复杂的平衡,使大多数物种都受到严重影响。"[11]

人类是同一条船上的乘客,必须共同维护整体利益和公共秩序,如果哪个人在他自己占据的区域内把船底凿个洞,那么,全船人员包括他自己在内,都会因他的疯狂行为而葬身于海底。全球环境、气候、经济、社会、政治都紧密地联系在一起。任何国家,都不能超出或逃脱这种联系。

将我们目前生活的地球看作"生物圈二号"的扩大体,可以设想:要在这个容易看到各种极限的世界里舒适地长久生活,必须自觉地把人体自身新陈代谢同生态系统的物质循环和谐地融为一体;必须使生态系统中的水循环、氧循环、氮循环、微量元素循环等物质运动相互和谐地融为一体;必须使生态系统中各物种间的物质循环和能量流动处于相互协调的状态;必须自觉地把人类生活的废弃物排放量控制在环境容量和自然分解净化能力的负荷以内;人们必须自觉地将对各种资源的开采控制在资源更新周期和环境时序容量之内;人们对资源的消耗量、燃烧量、耗能量、产热量都必须自觉地控制在适度的范围以内;必须使空气中各种气体和水汽含量保持在维护适宜气候的要求之内。为此,必须正确处理人类与自然的关系。

(二)人与自然的生态平衡

"整个地球是一个大的封闭系统,它是由许许多多细小的生产环节相互关联所组成;每一个小环节产物或废物的输出也是另一个小环节的原料输入。人类也是这个庞大系统中的一个小环节。在此系统中,人们用之于斯,取之于斯。"[12]人在生物圈中生存,是生物中的一种,和生物圈共存。人和生物圈中其他生命的同一性,决定了人与其他生物一样,必然受到生态规律的限制。

---

[11] [美]A. W. 哈尼:《植物与生命》,龙静宜等译,科学出版社1984年版,第45页。
[12] [美]V. F. 韦斯科夫:《人类认识的自然界》,张忌三译,科学出版社1975年版。转引自赵营波:《大协调学》,浙江教育出版社1990年版,第109页。

1. 人类生存环境不可替代

人类对大自然有着各种奢望,并将幻想编成了无数美丽动人的神话和童话加以表达。但仔细想来,如果自然界真的实现了这些愿望,则会带来难以承受的后果。假如陆地是由黄金构成的,人类就会饿死;假如谷米、面粉铺满大地,河流中流淌的是奶汁,人们不用劳动就可以掬手取食,那么,超过人类繁殖速度亿万倍的微生物和小动物就会迅速充满世界,使人类无立锥之地。万幸的是,大自然只是为人类提供了可以种植庄稼的土壤,人类必须通过劳动才可以不断获得新鲜食物,还有一个清洁的立身环境。

大自然经过艰辛而漫长的运动演化,为人类提供了精密调节的生存环境。我们生活的这个星球,与太阳保持着恰当的距离,使得它既不像水星那么热,也不像火星那么冷;大气层维护着热平衡的周期性适当波动的温和气候;土壤中均匀分布着多种有益于植物生长的元素,同时把绝大部分危害生命的元素运输到一定区域的地层深处;不断进行着物质和能量循环的生物圈为人类提供食物;有供人类饮用和灌溉的河流;有供人类呼吸的含氧适当的空气;河流、海洋、陆地、湿地、冰川等构成适宜人类生存的环境所不可缺少的一切,都不需要人类劳动,就可以无偿地得到。大自然还为人类提供了可经劳动加工成生活资料的各种自然资源。

生命的出现绝非平凡,地球上导致出现人类的那一系列偶然事件的概率只有 10^{-8}。[13] 可是,直到今天,人类才知道自己怎样从大自然中产生,生存的环境由各种物质循环运动在相互精密调节中构成,并且不可以替代,离开了现存的地球环境,人类将失去生存的基本条件,因而应当珍惜大自然为人类生存创造的物质条件,不能把大自然无偿供给的财富当作可以无限滥用的物质和能量,甚至为了取得最近、最直接的个人或团体利益而破坏这些自然财富。生活在大自然怀抱中的人类,由于违背自然规律已受到一次又一次的惩罚,以至于到了毁灭自己生存环境的临界线,人类已没有再犯错误的余地。全球性气候变化、生物多样性减少、环境污染等问题正在警告我们,不要把自己引向世界的末日。

2. 人类与自然息息相关

人类早期对自然现象的观察富有成效,但对它们的生态意义却不清楚,"螳螂捕蝉,黄雀在后"的故事我们耳熟能详,但却不了解背后的自然规律。

生态系统是由食物链构成的有着物质循环、能量流动和信息传递功能的开放性系统。在这个系统中,每一个生物种群与很多其他的种群发生着联系。联系的多样性使人眼花缭乱,错综复杂的细则又使人感到奇妙。一个动物,如一只鹿,依靠植物得到食物,而植物又从土壤细菌那里获得营养,反过来这些细菌又靠生活在土壤上的动物所排泄出来的有机粪便生存。同时,鹿又是山狮的食物;昆虫可能以植物的汁液为生,或

---

[13] [苏]N.C.什克洛夫斯基:《宇宙 生命 智慧》,延军译,科学普及出版社1984年版,第309页。

者从植物的花那里收集花粉为食；另外一些昆虫则吸吮动物的血液，细菌可能靠动物和植物的内部组织生存；真菌腐蚀着死亡的植物和动物的机体。所有这些，都多次重复，种群之间彼此建立起复杂而严格的关系，形成了地球上巨大的生命之网。

在生态系统中，任何一种事物都与别的事物相关，通过生物的生殖、哺乳、养育、共生、竞争等关系相互补偿，并且呈现出一种循环性，但这种规律是人们经历了相当长的时间后才认识到的。过去，曾有人把猫引进澳大利亚，以为可以消灭鼠害，却最终造成了"猫害"；也有美国人给巴拿马送去丽体鱼供观赏，结果却使巴拿马渔民生活无着。通过多年的观察和研究以及生态学的出现，人类才认识了生态系统的相关性和循环规律，如淡水系统中的循环为：鱼—有机排泄物—可致腐烂的细菌—无机物—藻类—鱼。再如，在加拿大的动物捕猎史上，兔子和山猫的种群以几十年为一转折。兔子很多时，山猫繁殖得也很快，但山猫种群的增大越来越多地影响兔子的种群，使它减少；兔子变得稀少时，就没有足够的食物维持大量的山猫；山猫开始死去，兔子所受的威胁也就较小，数量又开始增加。如此循环往复。这些变化成为简单循环的组成部分，在这种循环中，山猫种群无疑与兔子种群有关，而兔子种群反过来与山猫种群有关。[14]

实际上，生物圈是控制着地球的三个巨大系统——空气、水和土壤圈层的环境循环。在每个系统中都生活着千百万不同种群的生物，每个种群都有适用于它的特殊环境生态位，而且每一个种群，在它整个生命的过程中，都影响着它的中介环境的物理和化学性质。

人类——这一生命形式的复杂物质运动，是地球生态系统的组成部分，也有自己的生存环境，也要通过食物链参与环境的物质循环、能量流动和信息传递，人类与自然的息息相关性，也就是通过这种食物链表现出来的。"人生活在巨大的自然体系中，同时，也是这个巨大的自然体系中最主要的部分，虽然人的食物主要来源于仅仅大约100种植物和动物，但是有几千个物种，包括微生物，相互作用提供了主要食物来源所需要的环境。据估计，在美国至少有15万个动植物借吸收、转移日光来维持生命。另外，其中有某些作为有分解能力的物质，分解废物和死的有机体，而制造出像碳、氮和其他能够为植物有效再利用的要素并经过食物系统的食物链而供给动物。"[15]

从起源上看，人是在地球演变过程中从其他生物种群中进化而来的灵长类动物。人与其他动植物一样，都是由地球上C、H、N、O等元素组合而成。人与其他动物有共同的祖先——单细胞生物，最早的人类与另外一种动物也有相同的父亲和母亲。来源于自然的人与所有生物一样，有生命周期、有竞争本能，以生存为第一需求。但与植物为了

---

[14] [美]巴里·康芒纳：《封闭的循环——自然、人和技术》，侯文蕙译，吉林人民出版社1997年版，第25－26页。

[15] [美]P.亨德莱主编：《生物学与人类的未来》，上海生物化学所等译，科学出版社1979年版，第425页。

生存进化出有毒的汁液或鲜艳的颜色假装有毒、动物为了生存进化出锋利的爪牙或发达的肌肉不同,人为了生存进化成地球上会利用动物、植物,并把动植物的能力变成自己能力的"最高级动物"。在这个过程中,人从来源于动物,到区别于动物,再到通过劳动改造动植物、改造世界,越来越会思考、会学习、会创造,获得了强大的适应自然和改变自然的能力,成了能够有自由意识活动、追求更高发展目标的生物。[16]

遗憾的是,人类在还没有弄清楚生物圈的复杂的整体性联系的时候,已经开始了对森林的大规模砍伐;还没有认识到大气循环机制及气候的各种成因时,已经开始了对矿物性燃料的大量开采和燃烧;还不知道地球化学环境的组成和动态平衡规律时,已经生产出了大量的人造化合物叠加到自然界的物质运动之上。正如环境保护的先知们所警醒的:"现在每个人从胎儿未出生直到死亡,都必定要和危险的化学药品接触,这个现象在世界历史上还是第一次出现。合成杀虫剂使用才不到20年,就已经传遍动物界及非动物界,到处皆是。我们从大部分重要水系甚至地层下肉眼难见的地下水潜流中都已测到了这些药物。早在数十年前施用过化学药物的土壤里仍有余毒残存。它们普遍地侵入鱼类、鸟类、爬虫类以及家禽和野生动物的躯体内,并且潜存下来。"[17]

3. 自然对人类发展的限制性

多年前,中央电视台曾经有过一个"动物世界"的栏目,其片头是一只高速奔跑的猎豹正在捕捉羚羊,在猎豹的强壮与剽悍面前,羚羊毫无逃脱之力。这个镜头的震撼力非常强,令人记忆深刻;但是,这个镜头仅仅表现了动物生存状态的一个方面。

印度猎豹经过大约1000万年的进化,可以超出100公里的时速奔跑。鸟类也经过了几百万年、几千万年的进化,能够远距离飞翔。鲸由陆生哺乳动物进化到能在几百米的深水中潜游,也需要几百万年、几千万年的进化过程。生物物种的进化过程,生态规律的制约如影随形,呈现出生存环境的有限性。假如印度猎豹采取集群捕食方式,或者善于长跑,很快就会杀尽食光可食的动物,导致短期内繁殖数量猛增,接踵而来的便是本种属的灭绝。幸好猎豹只会单独捕食,并且只是短跑健将,它虽然可以追上羚羊但并不能百发百中;正是因为有这些"不足",猎豹才能够长期生存下来。换言之,在自然演化过程中,只有保持一定的平衡,这个种属才能长久地生存。在自然演进的过程中,有些物种接受了大自然长时间的"优待",因其能力的退化,不能适应突然失去优裕待遇的挑战而面临灭绝,如熊猫;也有些物种因为食物链的突然断裂而灭绝,如恐龙。[18]

---

[16] 张奎良:《马克思人的本质概念的演绎程序》,载《马克思主义研究》2014年第11期。
[17] [美]蕾切尔·卡逊:《寂静的春天》,吕瑞兰、李长生译,吉林人民出版社1997年版,第39页。
[18] [日]稻田献一:《关于人文、社会科学的振兴》,载《学术月报》1982年第12期。

在生物圈中,种群不可能长期连续地呈几何级数增长。当种群在一个有限的空间中增长时,随着种群密度的上升,对空间内资源和其他生活必须条件的种内竞争也将增加。这必然要影响种群的出生率和存活率,从而降低种群的增长率,一直到停止增长,甚至种群下降。实际上,各种生物的繁殖和活动,各种物体的运动,都在自然界的调控之中。一个细菌在4天半可以繁殖10^{36}个细菌,按照这样的速度,完全可以填满所有的海洋。只是它们繁殖到一定密度时,就得不到必需的养分而不得不停止繁殖,地球才不会被它们弄得很糟糕。生物圈中任何一个物种的爆炸性增长,必然会给自己造成爆炸性的灭亡。

自然界的有限性通过影响生物生存的方式表现出来。一般而言,动物的需求除食物外,主要是生存的基本条件。鸟儿从自然里索取一些枯枝败叶搭窝、狐狸寻找一个安睡的树洞、老虎霸占一个山洞……然而,任何物种索取自然财富的数量,都会受到生态规律和各种自然规律的调节。假如鸟儿把世界上2/3的树木都做成了窝,天空中将不再有它们自由飞翔的矫姿;假如狐狸把森林中1/3的大树都挖出了树洞,地球上也不再有它们美丽的足迹;假如虎豹霸占了森林的每一寸土地,组成它们身体的物质,将一定会被新的形式彻底重新组合。大自然就是以它们的特殊"语言"——生态平衡与失衡的种种现象,表达着它的有限性。

其实,人类在进化过程中,失去了许多动物所应具有的生存本领。除人类外,有足动物都必须一离开母体就能站立并且奔跑,以逃脱沦为"他人"腹中物的命运;要有灵敏的视觉和听觉,还要有抵御自然界各种恶劣条件的能力、有尽快独立摄取食物的能力;等等。但人类的婴儿要经过7~8个月才能独立站立,要1岁左右才学会行走;独立地为自己获取食物则需要十几年甚至几十年的时间;人的体力极为有限,平均输出功率为100瓦,即使是奥运会冠军,也不过时速36公里。如果人类没有其他生存本领,在完全的自然环境中恐怕根本无立足之地。幸好人类在进化中形成了智力,可以依靠独特的理性才能探索知识,用微小的体力掌握超过自身体力千万倍的能力。人类发明了汽车,可以轻而易举地达到时速100公里,并且比猎豹更有持久力;人类可以乘坐飞机在天上飞,也可以操纵潜艇比鲸更加持久地在水中潜航;可以使用各种仪器设备,查出狗不能分辨的微量物质。其他动物需要进化几百万年、几千万年才能获得一种或两种优越能力,人类在300年左右,就获得了其他生物几乎所有的能力,甚至是凌驾于其他生物之上的能力……

人类的智慧,是人类进步的源泉,但若使用不当,则极有可能成为毁灭人类的力量。假若人类以为可以随心所欲地向大自然索取而不知满足,可以漫无边际地开采自然财富,可以把构成自己生存环境的基本物质,也拿来作为"生活资料",或者为增加个人的"生活财富"而破坏了人类的生存环境。那么,自然界的有限性将使人类受到惩罚。人类会由最富裕的物种地位,落到彻底贫穷的地位——濒临消亡,在追求最大富裕的道路上,实现了最彻底的贫穷。

大自然的有限性决定了人类发展的有限性。人类生存的地球,是浩渺太空中的一只小小的"飞船",人口的无限繁殖,经济的无机增长,必将最终耗尽"飞船"内的有限资源,人类生产与生活所排出的废物会造成"船舱"被污染;如果我们把"飞船"的"舱盖"毁掉用来生产首饰或其他装饰品,其毁灭性后果不言自明。地球这只"飞船"要能维持全体"宇航员"长期生活,首先必须使每一个生活在其中的成员懂得地球的各种极限。生物圈,"是生命为自己在地球表面建造的家园"[19]。人类必须重新认识自己在自然中的地位,理解人与自然的"共生、共荣、共控"关系,[20]"生态环境没有替代品,用之不觉,失之难存"[21]。应树立人与自然是生命共同体的理念,实现人与自然和谐共生的可持续发展。

四、可持续发展与生态文明

(一)可持续发展

1. 可持续发展的内涵

人类对自己与环境关系的认识,随着环境问题的严峻和扩展而不断深化,可持续发展作为一种全新的发展观,随着人类对全球环境与发展问题的广泛讨论而提出。于1962年出版的《寂静的春天》的开篇讲述了在一个原本自然和谐的城镇中,牛羊病倒死去、田野树林陷入无声、人们为死亡阴影所笼罩,这个有关"明天的寓言"向世人发出警问,"是什么东西使得美国无数城镇的春天之声沉寂下来了呢"[22],引发世界范围内的人类发展观争论。1972年,英国经济学家芭芭拉·沃德和美国生物学家勒内·杜博斯受联合国人类环境会议秘书长莫里斯·斯特朗委托,完成了《只有一个地球——对一个小小行星的关怀和维护》的报告,该报告立足于地球的发展前景,从社会、经济和政治等不同角度评述经济发展和环境污染对不同国家产生的影响,呼吁各国人民重视维护人类赖以生存的地球。[23] 同年,罗马俱乐部发表《增长的极限》明确

---

[19] Barry Commoner, *The Closing Circle: Nature, Man and Technology*, Bantam Books, 1974. 原文为"Environment is a house for living - things on the earth"。"house"一词具有十分丰富的含义并且非常贴切地表达了生态系统的结构和功能特性,但在中文里很难找到一个如此传神达意的词汇,在侯文蕙的中译本中使用的是"家园"([美]巴里·康芒纳:《封闭的循环——自然、人和技术》,侯文蕙译,吉林人民出版社1997年版,第7页)。此处采用该表达,但仍有些意犹未尽的感觉。
[20] 张云飞:《"生命共同体":社会主义生态文明的本体论奠基》,载《马克思主义与现实》2019年第2期。
[21] 习近平:《推动我国生态文明建设迈上新台阶》,载《求是》2019年第3期。
[22] [美]蕾切尔·卡森:《寂静的春天》,吕瑞兰、李长生译,上海译文出版社2008年版,第1-3页。
[23] [美]芭芭拉·沃德、勒内·杜博斯:《只有一个地球——对一个小小行星的关怀和维护》,《国外公害丛书》编委会译校,吉林人民出版社1997年版。

提出"全球均衡状态"与"均衡状态中的增长"的概念。[24] 1983年12月,联合国成立由挪威首相布伦特兰夫人为主席的"世界环境与发展委员会",1987年,该委员会发表《我们共同的未来》的报告,提出了三个鲜明的观点,即环境危机与能源危机和发展危机不可分割、地球资源和能源远不能满足人类发展的需要、人类必须为当代人和后代人的利益改变发展模式。以此为基础,报告提出了"可持续发展"的概念——既满足当代人的需要,又不对后代人满足其需要的能力构成危害的发展。[25] 报告指出,我们需要有一条新的发展道路,这条道路不是一条仅能在若干年内、在若干地方支持人类进步的道路,而是一直到遥远的未来都能支持全球人类进步的道路。[26] 可持续发展理念提出后,经过《里约环境与发展宣言》、《21世纪议程》和《2030年可持续发展议程》的不断重申、强调和发展,标志着国际社会对于世界发展转型形成了两点重要共识:一是传统工业化发展模式必须向可持续发展模式转变;二是现有的国际话语体系与世界秩序正在发生重大转变,全球治理的议程设置也随之发生变革,需要构建与之相适应的新全球治理体系。可持续发展的内涵逐渐明确,已形成包括17个目标在内,统筹经济、社会、生态等全人类生活各方面、各领域的综合性目标体系,达成了《联合国可持续议程(2015—2030)》,这些目标旨在提出一套以平衡环境保护、社会发展和经济发展(可持续发展三大支柱)之间关系为目的的具体的可实施方案,[27] 既能普遍适用于所有国家又充分考虑世界各国的国情、能力和发展水平差异,同时尊重国家政策和优先目标,促使新的可持续发展目标行动达成共识,进一步通过强化治理机制推动经济、社会和环境可持续发展均衡实现。[28] 可持续发展概念自诞生以来,越来越得到社会各界的关注,其基本思想已经被国际社会广泛接受,并逐步向社会经济的各个领域渗透。在国际治理体系中,可持续发展已经成了当代人类最大的"发展共识"。[29] 在学术研究方面,一些国际组织和各相关学科的学者也从不同角度进行了定位和定义。因不同学科有不同的关注重点,可持续发展不仅有多种定义,而且有多视角的研究成果和人才培养方案。[30] 但各种研究都没有也不能脱离可持续发展的本质,其基

---

[24] [美]丹尼斯·米都斯等:《增长的极限——罗马俱乐部关于人类困境的报告》,李宝恒译,吉林人民出版社1997年版,第148、132-135页。
[25] 世界环境与发展委员会:《我们共同的未来》,王之佳等译,吉林人民出版社1997年版,第52页。
[26] 世界环境与发展委员会:《我们共同的未来》,王之佳等译,吉林人民出版社1997年版,第5页。
[27] 董亮、张海滨:《2030年可持续发展议程对全球及中国环境治理的影响》,载《中国人口·资源与环境》2016年第1期。
[28] 董亮、张海滨:《2030年可持续发展议程对全球及中国环境治理的影响》,载《中国人口·资源与环境》2016年第1期。
[29] 郇庆治:《重聚可持续发展的全球共识——纪念里约峰会20周年》,载《鄱阳湖学刊》2012年第3期。
[30] 如哲学家、生态学家、经济学家、社会学家、自然科学家都在从不同角度研究可持续发展,出现了可持续发展伦理学、可持续发展生态学、可持续发展经济学、可持续发展社会学等学科分类,有不少大学设立可持续发展专业。

本共识是:可持续发展缘起于环境保护但又大大超越了单纯的环境保护,作为指导人类走向 21 世纪的发展理论,将环境问题与发展问题有机地结合起来,是一个有关社会经济发展的全面思考,回答的是人类走向何方的战略性问题。它强调可持续经济、可持续生态和可持续社会三方面的协调统一:在经济可持续方面,可持续发展并不否定经济增长,并且认为节约资源和保护环境是新的经济增长点,因此,必须追求高质量的经济发展,彻底改变"高投入、高消耗、高污染"的不可持续生产模式和消费模式;在生态可持续发展方面,可持续发展承认自然环境的价值,强调环境保护但不是将经济发展与环境保护完全对立,因此,必须转变发展方式,追求经济社会发展与自然承载能力相协调,实现人与自然和谐共生的发展;在社会可持续发展方面,可持续发展不强求"齐步走"或单一目标,但强调发展的本质是改善人类生活质量,提高人类健康水平,创造一个保障人的全面发展的社会环境。可持续发展是一个系统,生态可持续是基础,经济可持续是条件,社会可持续是目的,要求人类在发展中讲究经济效率、关注生态和谐和追求社会公平,最终实现人的全面发展。

实际上,与传统的发展观把人的利益作为唯一的价值尺度不同,可持续发展要求建立一种人与自然共生、共荣、共控的和谐发展关系,并且通过规范和完善社会经济活动实现经济、社会、生态效益的统一。可持续发展具有一些与传统法律明显不同的特征:首先,可持续发展坚持以人为本,强调当代人相互之间、当代人与后代人之间的公平正义,延展了法律公平的内涵;其次,可持续发展强调人与自然的伙伴关系,要求法律调整"人—自然—人"关系,扩充了法律关系的要素;最后,可持续发展强调共同但有区别的责任,要求建立人类自身新秩序,建构地球生命共同体治理规则。[31] 这些恰是环境法从传统法律中分离并获得独立价值与地位的"密码"。

在很长一段时间内,环境保护被认为与可持续发展密不可分,甚至被认为是区分可持续发展与传统发展的分水岭和试金石。[32] 随着人类对环境问题认识的不断加深,尤其是将"环境"的概念由原来的"污染"扩大到"生态""资源""环境"的三位一体,[33] 21 世纪的可持续发展理论也有了很大的进步,在继续保持环境、经济、社会协调发展核心理念的基础上,开始注重可持续发展与环境保护脱钩,更加强调拓展可持续发展的时间、空间维度,强调市场、社会、政府的共同参与。[34] 今天的可持续发展以经济、社会、生态效益有机协同为目标,不断优化人与自然和人与人的关系,以获得人类生存和发展的可持续性。它要求在时间上实现当前利益与未来利益的统一,在空间

---

[31] 吕忠梅主编:《环境法原理》(第 2 版),复旦大学出版社 2017 年版,第 65 页。
[32] 吕忠梅主编:《环境法原理》(第 2 版),复旦大学出版社 2017 年版,第 65 - 66 页。
[33] 吕忠梅:《环境法典编纂视阈中的人与自然》,载《中外法学》2022 年第 3 期。
[34] 诸大建:《用国际可持续发展研究的新成果和通用语言解读生态文明》,载《中国环境管理》2019 年第 3 期。

上实现整体利益与局部利益的统一,在文化上实现理性尺度和价值尺度的统一。[35] 在这个意义上,可持续发展并未彻底走向"生态中心主义";但是,也不能简单地将可持续发展等同于"人类中心主义",它对传统"人类中心主义""大国歧视"进行了批判与超越。[36]

2. 可持续发展对传统法律的"革命"

传统法律秉持的人类中心主义立场强调人与自然的对立、强调人的强大与自然的弱小,忽视人与自然的和谐与统一,是人类破坏自然环境的哲学基础。把人看作理性动物,导致人类征服自然、驾驭自然的狂妄;把人看成自然界的高贵者,使人误以为自己是大自然的主宰;把人看作满足欲望的动物,令人猖獗地掠夺自然。传统法律将"人"假定为"经济人",将自然环境作为法律关系的客体,自觉或不自觉地成了人类破坏自然、掠夺自然的"帮凶"。在这个意义上,保护生态环境不仅需要把伦理道德从人类社会扩展到自然界,更需要对现有的法律观进行反思,建立符合新的法律观的人类行为规则。可持续发展为建立这种新的行为规则提供深入认识和引导人与自然关系的认识论和方法论。

首先,可持续发展为重构主客体关系提供可能。人类在改造自然的活动中产生了人与人的关系和人与自然的关系。在人与人的社会关系中,人创造出了自己的社会本质;人在与自然的相互作用中也能够在人性中打上自然的烙印,产生不同于动物的反映人与自然关系的基本行为模式。[37] 可持续发展要求对于生命和自然进行全新理解,在某种程度上承认了客体的主体性,以"可持续"解决时间问题,以"发展"解决空间问题,为环境法理性和价值双重尺度的整合提供了可能,[38] 实现主客体关系的重构。

其次,在主客体关系中引入历史向度,为代际公平提供指引。人类的时空观与时代紧密相连,农耕文明面向过去,工业文明面向现在,生态文明面向未来。可持续发展以未来思维思考人与自然之间的历史联系,思考人与自然的现实状况,思考人与自然的未来发展。可持续发展对主客体关系引入了历史的向度,不仅要有过去,还要有未来作为引导,开启了法律的未来意识,为建立和维护代际公平规则提供基础。

最后,在空间拓展中体现新的公平观,为建构新的国际秩序提供基础。可持续发展要解决发达国家的过度发展和发展中国家的发展不足两类问题。因此,可持续发展需要解决的是发展中的空间问题。传统的经济社会发展秩序建立在发达国家的"实力"之上,造成南北对立、贫富两极分化严重,发展中国家遭受严重的经济破坏。因

---

[35] 吕忠梅主编:《超越与保守:可持续发展视野下的环境法创新》,法律出版社2003年版,第3页。
[36] 吕忠梅主编:《超越与保守:可持续发展视野下的环境法创新》,法律出版社2003年版,第13页。
[37] 曹孟勤:《新人性观与生态伦理——关于生态伦理之哲学基础的重新认识》,载《学术研究》2003年第2期。
[38] 吕忠梅主编:《超越与保守:可持续发展视野下的环境法创新》,法律出版社2003年版,第4-10页。

此,可持续发展要求两类国家的主体地位平等,公平、公正地占有和分配经济资源,公平地对待全人类、公平地占有和分配人类资源,这种主体和客体之间横向联系的建立,为全球环境治理规则奠定了空间基础。

(二)生态文明

1. 生态文明的提出

与可持续发展一样,生态文明的提出也是源于对工业革命以来所造成的生态危机的反思。1978 年,德国法兰克福大学政治学教授伊林·费切尔发表《论人类生存的环境:兼论进步的辩证法》一文,为批判工业文明和技术进步主义而使用了"生态文明"一词。[39] 20 世纪八九十年代,不少中外学者基于不同的文化语境,同时但又独立地使用"生态文明",用以解释对人与自然关系的重新认识,强调人与自然的和谐共生。在我国,公认的是 1987 年,由生态学家叶谦吉从生态学和生态哲学的角度提出了生态文明的概念,他认为:生态文明是既获利于自然又还利于自然,既改造自然又保护自然,在人与自然之间保持着和谐统一的关系。[40] 同年,刘思华教授也提出:社会主义现代文明是物质文明、精神文明、生态文明的内在统一与协调发展。[41] 1995 年,美国作家、评论家罗伊·莫里森出版《生态民主》一书,首次明确提出,只有通过人们的自觉努力,工业文明才可能迈向生态文明,他还提出了生态文明建设三个相互依存的基石——民主、平衡与和谐。[42] 2007 年 5 月,我国人学家张荣寰将生态文明定性为世界伦理社会化的文明形态,提出中国需要"中华民族生态文明发展模式",世界需要"生态文明进程"。[43]

"生态文明"理论被视为人类思想史上的巨大进步。但在很长时间内,局限于思想界和学术圈,外界对其关注度不高。西方学者主要是基于对资源环境的热切关注和焦虑,在西方文化框架内对工业文明社会生产方式和价值观念进行反思,通过抽象和思辨,讨论生态伦理、生态正义等问题,认为人类文明必将发生转型并走向新的文明形态,以拯救西方文明危机,这缺乏实践性与现实性。也有一些学者将生态学理论同马克思主义结合,提出了从唯物史观出发的生态社会主义理论,一方面批判资本主义生产方式对生态环境的破坏,同时也要求人们按自然规律办事,反对无限地追求高消费,

---

[39] [西德] I. 费切尔:《论人类生存的环境——兼论进步的辩证法》,孟庆时摘译,载《哲学译丛》1982 年第 5 期。
[40] 徐春:《对生态文明概念的理论阐释》,载《北京大学学报(哲学社会科学版)》2010 年第 1 期。
[41] 刘思华:《对建设社会主义生态文明论的若干回忆——兼述我的"马克思主义生态文明观"》,载《中国地质大学学报(社会科学版)》2008 年第 4 期。
[42] [美] 罗伊·莫里森:《生态民主》,刘仁胜、张甲秀、李艳君译,中国环境出版社 2016 年版,第 6-8 页。
[43] 田昊:《生态民主:生态文明建设的制度保障》,载《山东青年政治学院学报》2015 年第 2 期;邵红、李爱芳:《可持续发展视域下的生态文明建设研究》,载《世纪桥》2013 年第 15 期。

注重提高生活质量等,企图找到一条既能解决生态危机,又能走向社会主义的道路。[44] 这种理论对于中国生态文明理论研究也产生了有价值的影响,但总体上还不够系统、不成熟,有许多空想的成分。[45]

在中国,"生态文明"真正引发广泛的讨论与重视,也是在党的十七大报告明确提出建设生态文明之后,[46]许多理论来自对中国生态文明建设实践的观察和思考,取得了丰硕的理论成果。特别是党的十八大以来,习近平总书记从坚持和发展中国特色社会主义的全局和战略的高度出发,创造性地提出一系列新理念、新思想和新战略,形成了系统完整的习近平生态文明思想,以人类整体利益与长远利益的实现为追求,遵循"人与自然生命共同体"价值观,强调人与自然的和谐共生与共同发展,重点回答了生态文明建设的时代之问、世界之问,"生态文明建设功在当代、利在千秋"[47]。

2. 生态文明的基本内涵

生态文明以尊重和维护自然为前提,以人与人、人与自然、人与社会和谐共生为宗旨,以建立可持续的生产方式和消费方式为内涵,以引导人们走上持续、和谐的发展道路为着眼点。其基本认识、实现方式与可持续发展异曲同工,或者说,可持续发展是生态文明的观念基础。

(1)生态文明强调人的自觉与自律,强调人与自然环境的相互依存、相互促进、共处共融,既追求人与生态的和谐,也追求人与人的和谐,而且人与人的和谐是人与自然和谐的前提。这种文明观同以往的农业文明、工业文明具有相同点,它们都主张在改造自然的过程中发展物质生产力,不断提高人的物质生活水平。但它们之间也有明显的不同,即生态文明突出生态的重要,强调尊重和保护环境,强调人类在改造自然的同时必须尊重和爱护自然,而不能随心所欲,盲目蛮干。

(2)生态文明同物质文明与精神文明既有联系又有区别。生态文明既包含物质文明的内容,又包含精神文明的内容:生态文明并不是要求人们消极地对待自然,在自然面前无所作为,而是在把握自然规律的基础上积极地利用自然、改造自然,使之更好地为人类服务,在这一点上,它与物质文明是一致的。生态文明还要求人类要尊重和爱护自然,人类要树立生态观念,自觉约束自己的行动,这又与精神文明相一致,或者说它就是精神文明的重要组成部分。但是,就生态文明的内容,无论是物质文明还是精神文明都不能完全包容,它具有相对的独立性。

---

[44] 广州市环境保护宣传教育中心编:《马克思恩格斯论环境》,中国环境科学出版社2003年版,第224–238页。
[45] 钟望:《论习近平生态文明思想对生态社会主义的理论超越》,载《江南社会学院学报》2020年第4期。
[46] 党的十七大报告明确提出:"建设生态文明,基本形成节约能源资源和保护生态环境的产业结构、增长方式、消费模式。循环经济形成较大规模,可再生能源比重显著上升。主要污染物排放得到有效控制,生态环境质量明显改善。生态文明观念在全社会牢固树立。"
[47] 本书编写组编著:《党的十九大报告学习辅导百问》,党建读物出版社、学习出版社2017年版,第41页。

(3)生态文明的核心是公正、高效、和谐和人文发展。公正,就是要尊重自然权益实现生态公正,保障人的权益实现社会公正;高效,就是要寻求自然生态系统具有平衡和生产力的生态效率,经济生产系统具有低投入、无污染、高产出的经济效率和人类社会体系制度规范完善运行平稳的社会效率;和谐,就是要谋求人与自然、人与人、人与社会的公平和谐,以及生产与消费、经济与社会、城乡和地区之间的协调发展;人文发展,就是要追求具有品质、品位、健康、尊严的崇高人格。公正是生态文明的基础,效率是生态文明的手段,和谐是生态文明的保障,人文发展是生态文明的终极目的。

3. 生态文明与可持续发展的关系

20世纪中叶以后,面对日益严重的环境问题,人们意识到"生态危机是工业文明的'结构性特征'"[48],在反思传统发展观的基础上提出了可持续性理论。与此同时,也有人意识到,"可持续性不仅是一种新的发展观,而且是一种新的文明观"[49]。从人类文明的发展的视角提出了生态文明理论,强调解决生态危机必须超越工业文明,走向生态文明。

一个非常有意思的现象是,各种有关生态文明的论著中,被认为是代表可持续发展理论的一些重要著作和国际文件,如《寂静的春天》《沙乡年鉴》《增长的极限》《人类环境宣言》《我们共同的未来》等也都被认为是其思想来源。1992年,在巴西里约热内卢召开的联合国环境与发展会议所通过的《21世纪议程》是人类建构生态文明的一座重要里程碑,它不仅使可持续发展思想在全球范围内得到了最广泛和最高级别的承诺,而且还使这一思想由理论变成了各国人民的行动纲领和指南,[50]为生态文明建设提供了重要的理念与制度基础,表明其理论的同源性。同时,许多中国学者都对生态文明与可持续发展的关系进行了论述。[51] 比较有代表性的观点有:可持续发展跟生态文明在提出背景与目标理念上具有内在一致性,都是对工业革命以来生态环境遭受大肆破坏的深刻反思,也都是对人与自然和谐理念的阐释。[52] 生态文明理念的提出不仅是为了解决生态危机和环境问题,更是回答了人类作为自然的一员应以怎样的理念和发展哲学实现可持续发展的问题。[53] 作为一种源于中国古代哲学和生产实践的

---

[48] 杜明娥、杨英姿:《生态文明:人类社会文明范式的生态转型》,载《马克思主义研究》2012年第9期。
[49] 王森洋:《可持续性发展——一种新的文明观》,载《毛泽东邓小平理论研究》1997年第1期。
[50] 1993年,联合国专门设立可持续发展委员会(CSD)以审议《21世纪议程》的执行情况,同时还有100多个国家设立可持续发展委员会,中国、日本、美国、英国、瑞典等数个国家还制定了国家层面的《21世纪议程》或与之相似的国家可持续发展战略。参见郭日生:《全球实施〈21世纪议程〉的主要进展与趋势》,载《中国人口·资源与环境》2011年第10期。
[51] 刘宗超:《生态文明观与中国可持续发展走向》,中国科学技术出版社1997年版;徐春:《可持续发展与生态文明》,北京出版社2001年版;全国干部培训教材编审指导委员会组织编写:《生态文明建设与可持续发展》,人民出版社、党建读物出版社2011年版。
[52] 孙新章等:《以全球视野推进生态文明建设》,载《中国人口·资源与环境》2013年第7期。
[53] 钱易主编:《生态文明建设理论研究》,科学出版社2020年版,第42—49页。

发展范式,生态文明具有统领性、整体性、多元性、包容性和可持续性等特征,其中最为鲜明的特征是可持续性;[54]作为人类文明的一种高级形态,生态文明坚持可持续发展的理念和要求,从文明的高度来实现人与自然、环境与经济、人与社会的协调发展。[55]生态文明建设有利于可持续发展目标的实现,可持续的生产方式和消费模式必将带来生态文明的结果,两者互为因果,相辅相成,相互促进。[56] 由此可见,在中国,生态文明理论更多关注实践性、现实性问题,将其与国家任务、国家战略紧密相连。原因在于,中国的生态文明建设实践中,将可持续发展作为价值目标予以大力推进。

中国不仅与西方国家几乎同时提出了生态文明理论,而且形成了理论与实践的集大成者——习近平生态文明思想。其是中国共产党将马克思主义原理与中国国情相结合、与中华优秀传统文化相结合的理论与实践结晶,生态文明建设在中国的治国理政实践中,与可持续发展交相辉映,具有引领全球生态环境治理的重大意义。"如果说工业文明是西方社会对人类发展的革命性创新,那么,中国的生态文明建设则是东方智慧对全球可持续发展的根本性贡献。"[57]这种贡献集中体现为通过"生态文明"的双重定位,丰富了可持续发展的方式与时代内涵:一是立足"物质文明—精神文明—政治文明—社会文明—生态文明"的国家发展布局,将生态文明作为治国理政的重要方式;二是沿着"原始文明—农业文明—工业文明—生态文明"的文明演进方式,将生态文明视为人类文明发展的高级形态。[58] 基于此,一方面,生态文明建设作为治国理政的重要方式,将可持续发展目标纳入"五位一体"的治国理政总体布局,有助于丰富全球可持续发展的实践模式;另一方面,生态文明作为人类文明发展的高级形态,赋予可持续发展新的时代内涵,有助于推动全球生态环境治理体系向新的更高文明形态转型。2016年5月,第二届联合国环境大会上发布《绿水青山就是金山银山:中国生态文明战略与行动》报告,为全球可持续发展、为人类更加美好的未来作出应有的贡献。在联合国《2030年可持续发展议程》勾画的人类(people)、地球(planet)、繁荣(prosperity)、和平(peace)、伙伴关系(partnership)这个"5P"愿景中,在世界自然保护联盟(IUCN)发布的《IUCN基于自然的解决方案全球标准》《IUCN基于自然的解决方案全球标准使用指南》中,都不难发现中国生态文明理论与实践的影响。

当今中国之所以能够在全球可持续发展进程中率先实现生态文明建设的巨大超越,既是因为改革开放以来与世界各国交流互鉴过程中对工业文明的反思与超越,也是因为对中国古代农业文明中灿烂而深邃的生态文化的传承与复兴。虽然可持续发

---

[54] 潘家华:《生态文明:一种新的发展范式》,载《中国经济学人(英文版)》2015年第4期。
[55] 周生贤:《积极建设生态文明》,载《求是》2009年第22期。
[56] 谢永明、余立风:《生态文明与可持续发展关系探讨》,载《环境与可持续发展》2012年第4期。
[57] 潘家华:《新时代生态文明建设的战略认知、发展范式和战略举措》,载《东岳论丛》2018年第3期。
[58] 夏光:《生态文明与制度创新》,载《理论视野》2013年第1期。

展是由西方国家政治家针对现代环境问题提出的新发展理念,但从其对"人是万物的尺度""主客二分"进行哲学反思的本质看,中国古代哲学中的"天人合一"所蕴含的"大"与"久""人与天地相参""和而不同""道法自然"等,与可持续发展强调的系统性、综合性、可持续性观念和价值追求完全契合,具有"古今共情"之旨趣。可持续发展是既满足当代人的需要,又不对后代人满足其需要的能力构成危害的发展,要求人类承认自然的主体性,以"可持续"延伸时间、以"发展"拓展空间,超越"主客二分"哲学,其中包含的生态安全、种际和谐、代际公平理念,与中华优秀传统生态文化中的"天蕴万物有时,地生财有限""仁民爱物""仁爱万物""长虑顾后、而保万世"同音同韵,是可持续发展的"洋为中用"文化基础。

4. 生态文明与可持续发展在中国相互促进

从时间上看,"可持续发展"出现在中国环境保护的相关文件中早于"生态文明"。1992年6月,中国政府代表团参加里约热内卢联合国环境与发展会议并签署《里约环境与发展宣言》,1994年3月国务院通过《中国21世纪议程》明确了中国的可持续发展战略。1995年9月,党的十四届五中全会正式将可持续发展战略写入中共中央《关于制定国民经济和社会发展"九五"计划和2010年远景目标的建议》,此后,从"九五"计划到"十一五"规划,均将"可持续发展"作为国家战略,在社会建设的相关部分加以安排。

2005年国务院《关于落实科学发展观加强环境保护的决定》首次在国家文件中提出建设"生态文明"。党的十七大报告将"建设生态文明,基本形成节约能源资源和保护生态环境的产业结构、增长方式、消费模式"纳入小康社会建设的总体目标之中。党的十八大报告将生态文明建设纳入"五位一体"的治国理政整体布局。党的十八大以来的相关文件中,生态文明建设与经济建设、政治建设、文化建设、社会建设高度融合的态势十分明显。

自"十二五"规划开始,将生态文明建设与可持续发展指标体系相结合的趋势更加明显。"十三五""十四五"规划纲要都明确了将联合国《2030年可持续发展议程》与中国国家中长期发展规划有机结合的指标体系;[59] 2016年9月,中国发布《中国落实2030年可持续发展议程国别方案》;2017年8月,中国发布全球首个落实2030年可持续发展议程国别进展报告,即《中国落实2030年可持续发展议程进展报告》。[60] 党的十九大报告继续强调,建设生态文明是中华民族永续发展的千年大计,明确提出人与自然和谐共生的现代化目标。党的二十大报告提出"中国式现代化是人与自然

---

[59] 《中华人民共和国国民经济和社会发展第十三个五年规划纲要》,载《人民日报》2016年3月18日,第1版。
[60] 杨晓华、张志丹、李宏涛:《落实2030年可持续发展议程进展综述与思考》,载《环境与可持续发展》2018年第1期。

和谐共生的现代化"的科学论断,明确了中国式现代化的生态向度。党的二十届三中全会通过的《中共中央关于进一步全面深化改革　推进中国式现代化的决定》对实现"人与自然和谐共生的现代化"进行全面部署,并明确提出了法治保障要求。

可见,中华民族永续发展是中国生态文明建设的终极追求,也是可持续发展"既满足当代人的需要,又不对后代人满足其需要的能力构成危害"的核心价值体现。从国家战略层面看,在"五位一体"总体布局中,生态文明建设是其中一位;在新时代坚持和发展中国特色社会主义的基本方略中,坚持人与自然和谐共生是其中一条;在新发展理念中,绿色发展是其中一项;在三大攻坚战中,污染防治是其中一战;在到本世纪中叶建成社会主义现代化强国目标中,美丽是其中一个。[61] 这表明,加强生态文明建设,是为了解决中国的不可持续发展问题。[62] 将生态文明建设纳入经济建设、政治建设、文化建设、社会建设全过程,本质上是为了实现可持续经济、可持续生态和可持续社会三方面的协调统一,为实现中华民族伟大复兴夯实生态环境基础。

延伸阅读　推动绿色发展,促进人与自然和谐共生

大自然是人类赖以生存发展的基本条件。尊重自然、顺应自然、保护自然,是全面建设社会主义现代化国家的内在要求。必须牢固树立和践行绿水青山就是金山银山的理念,站在人与自然和谐共生的高度谋划发展。

我们要推进美丽中国建设,坚持山水林田湖草沙一体化保护和系统治理,统筹产业结构调整、污染治理、生态保护、应对气候变化,协同推进降碳、减污、扩绿、增长,推进生态优先、节约集约、绿色低碳发展。

(一)加快发展方式绿色转型。推动经济社会发展绿色化、低碳化是实现高质量发展的关键环节。加快推动产业结构、能源结构、交通运输结构等调整优化。实施全面节约战略,推进各类资源节约集约利用,加快构建废弃物循环利用体系。完善支持绿色发展的财税、金融、投资、价格政策和标准体系,发展绿色低碳产业,健全资源环境要素市场化配置体系,加快节能降碳先进技术研发和推广应用,倡导绿色消费,推动形成绿色低碳的生产方式和生活方式。

(二)深入推进环境污染防治。坚持精准治污、科学治污、依法治污,持续深入打好蓝天、碧水、净土保卫战。加强污染物协同控制,基本消除重污染天气。统筹水资源、水环境、水生态治理,推动重要江河湖库生态保护治理,基本消除城市黑臭水体。

---

[61] 孙金龙、黄润秋:《回顾光辉历程　汲取奋进力量　建设人与自然和谐共生的美丽中国》,载《中国生态文明》2021年第3期。
[62] 卢风:《绿色发展与生态文明建设的关键和根本》,载《中国地质大学学报(社会科学版)》2017年第1期。

加强土壤污染源头防控,开展新污染物治理。提升环境基础设施建设水平,推进城乡人居环境整治。全面实行排污许可制,健全现代环境治理体系。严密防控环境风险。深入推进中央生态环境保护督察。

（三）提升生态系统多样性、稳定性、持续性。以国家重点生态功能区、生态保护红线、自然保护地等为重点,加快实施重要生态系统保护和修复重大工程。推进以国家公园为主体的自然保护地体系建设。实施生物多样性保护重大工程。科学开展大规模国土绿化行动。深化集体林权制度改革。推行草原森林河流湖泊湿地休养生息,实施好长江十年禁渔,健全耕地休耕轮作制度。建立生态产品价值实现机制,完善生态保护补偿制度。加强生物安全管理,防治外来物种侵害。

（四）积极稳妥推进碳达峰碳中和。实现碳达峰碳中和是一场广泛而深刻的经济社会系统性变革。立足我国能源资源禀赋,坚持先立后破,有计划分步骤实施碳达峰行动。完善能源消耗总量和强度调控,重点控制化石能源消费,逐步转向碳排放总量和强度"双控"制度。推动能源清洁低碳高效利用,推进工业、建筑、交通等领域清洁低碳转型。深入推进能源革命,加强煤炭清洁高效利用,加大油气资源勘探开发和增储上产力度,加快规划建设新型能源体系,统筹水电开发和生态保护,积极安全有序发展核电,加强能源产供储销体系建设,确保能源安全。完善碳排放统计核算制度,健全碳排放权市场交易制度。提升生态系统碳汇能力。积极参与应对气候变化全球治理。

习近平：《高举中国特色社会主义伟大旗帜　为全面建设社会主义现代化国家而团结奋斗——在中国共产党第二十次全国代表大会上的报告》

思 考 题

1. 环境问题为什么产生？当代人类面临哪些严重的环境问题挑战？
2. 如何正确认识人与自然的关系？我们应该以什么样的态度对待自然？
3. 中国为什么要提出生态文明？中国的生态文明建设与联合国提出的可持续发展是什么关系？

第一章 环境法概述

| 本章导读 |

环境法作为一个新兴的法律领域，主要是调整人们在开发利用、保护改善环境的活动中所产生的环境社会关系的法律规范体系；作为一个独立的法学学科，环境法是对环境立法、与环境有关的法律现象的基本规律的总结归纳。本章从三个方面概述环境法的基本内容：首先是解析环境法的概念，厘清环境的法学意义，剖析环境法概念的具体内涵；其次是梳理环境法演进的历史脉络，分析其发展变化规律；最后是归纳环境法的规范体系，类型化列举环境法律规范的多种法律渊源。

第一节 环境法的概念

一、环境的法学意义

"环境法"属于在科技概念"环境"的基础上形成的专业概念，认识"环境法"，需要首先解释作为事实概念的"环境"，进而在此基础上阐释环境法学中的"环境法"。

（一）"环境"与"生态环境"

作为一个汉语名词，"环境"在我国历史文献中已被广泛使用，泛指相对并影响某中心事物的周围事物。《辞海》将其解释为：第一，环绕所辖的区域；第二，一般指围绕人类生存和发展的各种外部条件和要素的总体。[1] 在环境科学里，中心是人，环境是以人为中心的客观存在，这个客观存在主要是指：人类已经认识到，直接或间接影响人类生存与发展的周围事物。以此概念内涵为基础，自从1978年《宪法》第11条第3款"国家保护环境和自然资源"的表述首次在宪法中规定环境法意义上的"环境"概念之

---

[1] 陈至立主编：《辞海》（第7版）（缩印本），上海辞书出版社2022年版，第932页。

后,"环境"作为保护对象进入多部单行法,成为环境法上的核心概念。

与此同时,在我国生态文明建设的政策文件与法律体系中,"生态环境"也成为一个高频词汇。但"生态环境"长期以来是一个在内涵与指涉方面都争议较大的概念,既有概念的存废之争,也有在赞成继续使用该概念的前提下对其是"生态+环境"的并列结构还是"生态的环境"的偏正结构的内涵之争。[2] 虽有争论,但经过充分讨论,尤其是高频率的广泛使用赋予了该概念生命力,生态学的较多研究渐渐在该概念的"生态的环境"意义上达成了共识,认为"生态环境是有生物网络(个体、种群、群落)、有生命活力、有互动关系、有空间格局、有生态过程(代谢、繁衍、进化)、有人类影响、有组织能力的环境"[3],这一描述性界定,实际上强调的是,生态环境是指影响特定生物体(包括但不限于人类)的由生态系统各要素及其形成的生态关系构成的外界条件的总和。其内涵可以从三个方面把握:第一,它是一个偏正结构的概念,概念亦指称一种"中心—周围事物"的结构;第二,"生态环境"中"环境"对应的"中心"是特定生物体,既包括人类,也包括其他生物,所以,"生态环境"实际上包括"人类生态环境"与"(其他)生物生态环境"两类;[4] 第三,"生态环境"这一概念还强调作为相对于中心(人类与其他生物)的外界条件的"生态"由许多生态因子相互联系、相互影响、综合作用而成。[5]

以此为前提和背景,我们再观照法律上的"生态环境"概念。自从1982年《宪法》第26条首次使用"生态环境"概念后,随后的多部生态环境立法中均使用"生态环境"概念,使之从科技概念演进为一个法律概念。首先,"生态环境"一词在立法中虽有出现,但始终没有获得环境立法中"保护对象"的含义。[6] 其次,进入立法中的"生态环境"概念也遵循"人类中心主义"的基本立场,因此,法律语境中的"生态环境"的"中心"就自动从生态学语境中的"人类与其他生物"限缩为人这一类主体,相应地,本源意义上的"人类生态环境+(其他)生物生态环境"就只有人类生态环境这一种内涵。

---

[2] 对于"生态环境"概念多种观点的梳理参见刘晓丹、孙英兰:《"生态环境"内涵界定探讨》,载《生态学杂志》2006年第6期。
[3] 王如松:《生态环境内涵的回顾与思考》,载《科技术语研究》2005年第2期。
[4] 若以人类为主体,生态环境可定义为"对人类生存和发展有影响的自然因子的综合";若以生物为主体,生态环境可定义为"对生物生长、发育、生殖、行为和分布有影响的环境因子的综合"。参见王孟本:《"生态环境"概念的起源与内涵》,载《生态学报》2003年第9期。
[5] 《辞海》对"生态环境"的解释:"影响人类与生物生存和发展的一切外界条件的总和。由许多生态因子综合而成,包括生物因子和非生物因子。前者有植物、动物、微生物,后者有光、温度、水分、大气、土壤和无机盐等。在自然界,各种因子不是孤立地对人类与生物起作用,往往是相互联系、相互影响,起综合作用。"陈至立主编:《辞海》(第7版)(缩印本),上海辞书出版社2022年版,第1998页。
[6] 吕忠梅:《环境法典编纂方法论:可持续发展价值目标及其实现》,载《政法论坛》2022年第2期。

(二)"环境"的法律定义

1."环境"的法律定义方式

梳理各国立法对"环境"的规定,主要有以下几种方式:

(1)概括性地将环境在立法上作类型化描述。例如,1991年《保加利亚环境保护法》和1987年《葡萄牙环境基本法》将环境的范围定义为"现实中所有的自然环境和人类环境"。在环境立法中概括性地对环境予以类型化描述的优点在于为法律中保护的"环境"的范围提供一个较有弹性的拓展空间,但不利于清晰地了解法律保护的环境的具体范围。

(2)采用类别化方法在立法上作列举式描述。例如,1969年《美国国家环境政策法》将环境分为自然环境和人为环境两大类,并列举为"包括但不限于空气和水(包括海域、港湾、河口和淡水)以及陆地环境(包括森林、干地、湿地、山脉、城市、郊区和农村环境)"。1993年《日本环境基本法》列举了大气、水、土壤、森林、农地、水边地、野生生物物种、生态系统的多样性。采用这种方法的还有1990年《英国环境保护法》。由于类别化和列举式描述没有对环境作定性解释,因此,需要由单项法律重新规定或者由立法机关或司法机关根据实际情况对未在立法中列举的物质或者要素作出解释。[7]

(3)采用概括加列举方式在立法中予以界定。我国2015年1月1日开始实施的《环境保护法》第2条规定:"本法所称环境,是指影响人类生存和发展的各种天然的和经过人工改造的自然因素的总体,包括大气、水、海洋、土地、矿藏、森林、草原、湿地、野生生物、自然遗迹、人文遗迹、自然保护区、风景名胜区、城市和乡村等。"这种定义就是比较典型的概括加列举方式,其概括的内容为"本法所称环境,是指影响人类生存和发展的各种天然的和经过人工改造的自然因素的总体",列举的内容是"包括大气、水、海洋、土地、矿藏、森林、草原、湿地、野生生物、自然遗迹、人文遗迹、自然保护区、风景名胜区、城市和乡村等"。这种定义方式的优点是:第一,通过概括,对我国环境法所保护的环境的范围进行了性质界定,提炼出了法律上所保护的环境的概念内涵、基本性质、特征与范围。今后,随着认识的深入、研究的进步和人类改造利用自然范围的拓展,出现新的环境要素或者环境空间时,这一条作为兜底规定,就可以为立法机关、司法机关进行扩大解释提供弹性空间。第二,通过列举,明晰现行环境法律保护的环境要素的具体内容,体现法律的明确性。

2."环境"的法学内涵

进一步分析我国《环境保护法》第2条关于"环境"的定义,也可以理解环境法保

---

[7] 汪劲:《环境法学》(第4版),北京大学出版社2018年版,第1—2页。

护与规制的"环境"的内涵：

（1）环境法上定义的"环境"限于自然因素。在环境科学上，环境是指相对并影响某中心事物的周围事物，环境科学中的环境也是指人群周围的境况及其中可以直接、间接影响人类生活和发展的各种自然因素和社会因素的总和，[8]但《环境保护法》中环境的内涵与范围被限缩于自然因素，不包括社会因素。

（2）自然因素既包括天然的自然因素，也包括经过人工改造的自然因素。

（3）这些自然因素进入法律保护与规制的范围是因为其能够影响人类的生存和发展。法律作为人类行为规则，其所保护的"环境"带有鲜明的价值目的，即这些环境要素是否影响到人类的生存与发展。因此，环境法上保护的"环境"是在自然科学规律基础上结合社会规律予以的范围界定。申言之，环境法上的"环境"作为法律的保护对象，必须体现环境法所调整的社会关系的特点，环境科学上的各种环境要素并非全部或现在都能成为环境法的保护对象，那些目前人类尚无力保护或对其认识有待深化的环境要素尚未进入环境法保护范围。

二、环境法的概念及内涵解析

我们采用"环境法"的概念并将其定义为：环境法是调整人们在开发利用、保护改善环境的活动中所产生的环境社会关系的法律规范体系。对于这个概念，可从两个方面加以理解。

（一）环境法的属性与特征

1. 环境法是调整社会关系的法律规范

这是环境法的本质属性。法是调整社会关系的规范，通过规范人们的行为达到调整社会关系的目的。[9]环境法预期通过保护和改善环境，实现保障公众健康、促进经济社会可持续发展的立法价值，虽然形式上是针对环境而建立的规范体系，但本质上依然是对人与人之间形成的社会关系的调整。环境问题是一种社会问题，也需要用调整社会关系的法律手段来加以解决。因此，环境法不同于直接作用于自然环境的技术规范，不是依循自然规律而制定的技术规程或者操作标准，而是依循社会规律而制定的行为规则或者法律制度。

2. 环境法是调整间接社会关系的法律规范

这是环境法的学科特色。环境问题的社会性表现为因人参与生态系统的物质循环、能量流动、信息传递，可能在非直接接触的情况下发生联系，从而形成了有自然环

---

[8] 《中国大百科全书·环境科学》，中国大百科全书出版社2002年版，第134页。
[9] 张文显主编：《法理学》（第4版），高等教育出版社、北京大学出版社2011年版，第45页。

境过程加入其中的社会关系,具体表现为"人—自然—人"的关系。这一特性导致了环境法所调整的社会关系的间接性,换言之,这种社会关系必须以自然环境作为媒介才能形成。比如,某河流上游企业排污,下游居民受害,企业的排污行为与下游居民之间的法律关系加入了河水流动、污染物的迁移转化等因素和过程,如果没有河流,企业与居民之间不能形成社会关系。这种社会关系的形成不是因为污染者对受害者的直接侵害,而是通过将污染物、废弃物排放到自然环境中,其他主体在受到污染与破坏的自然环境中生存生活所遭受的权益损害。

3. 环境法是由国家强制力保障实施的社会规范

这是环境法的规范特性。法律规范区别于其他社会规范的首要之点在于:法律规范是由国家制定或认可的普遍适用于一切社会成员的规范。法既然是由国家制定或认可的,它必然具有国家意志的属性,因此具有高度的统一性、极大的权威性。[10] 环境法当然具有法律规范的基本特征,其实施由国家强制力予以保障。但是,正确理解法的强制实施性对于环境法尤有必要:(1)环境法具有一般的法律规范的特征,当前一些具体环境法律规范存在可操作性、可实施性不强等问题,这并不是环境法律规范的内生属性,而是立法技术欠缺和法律实施不力等外在因素所导致的。2014年修订的《环境保护法》在环境法律规范的可操作性与可实施性上有了较大改善与进步。(2)环境问题是综合性问题,需要多种措施共同发力,因此环境法中既有必须强制实施的权利义务,也有一些激励性、倡导性措施,如宣传教育、经济激励、环境合同、环境责任保险等,这些措施进入环境立法是多措施并举解决环境问题的需要,这些制度的实施更多在于激发主体的内在动力而非施以强制。

(二)环境法与传统法律规范的沟通与协调

在环境问题产生之初,污染诉讼进入法院,法官试图运用既有法律加以解决,但各种努力均难以达到对受害人充分、合理救济的效果。其原因在于原有的法律权利及其保障方式不能覆盖新的利益需求,这就需要在理论上和立法实践中解决是否承认新权利以及如何行使新权利的问题,当然,随之而来的是新权利得到承认以后的保障问题。而承认新权利的过程实际上是对已有权利的重新"划界",这必然涉及如何对待已有法律的问题。

如何进行法制创新以及构建新的制度规范,可供选择的方法有两种:(1)对原有的法律规则进行拓展,如对于因环境污染造成的侵权行为,在民法上经历了从一般侵权的过错责任向特殊侵权的无过错责任、严格责任拓展。(2)通过新的立法重新界定权利边界,对已有规则进行限制,并通过打破公法与私法的界限而实现沟通与协调,如

---

[10] 《法理学》编写组编:《法理学》(第2版),人民出版社2020年版,第41页。

环境法规定的资源使用许可证制度,就是对民法上的所有权的限制;与此同时,也在民法上宣示主体的环境保护一般义务,以实现制度间的沟通与协调。

事实上,环境法作为古老的法律之树上发出的新枝,也必须吸收传统法律的养分才能更好生长。[11] 以环境侵权为例,环境法出现以前,侵权法承担了解决环境问题的重任;到现在环境法已经非常完备,但侵权法仍然发挥着不可替代的作用。

一方面,环境法可以沿用部分传统侵权救济机制。环境侵权中因环境污染或生态破坏涉及对个人财产权、人身权损害的部分可以适用既有的侵权救济机制,因为它们在性质上与传统侵权有共通性,在机制运行目的上预期实现的也是对环境私权的救济,既有侵权法规定的特殊侵权类型、无过错归责原则、举证责任倒置以及诉讼时效延长等具体设计,可以基本满足这部分环境侵权救济的需要。我国《民法典》侵权责任编第七章就专门规定了"环境污染和生态破坏责任",第1229条明确规定:"因污染环境、破坏生态造成他人损害的,侵权人应当承担侵权责任。"

另一方面,环境法需要对传统侵权救济机制进行创新。民法意义上的侵权救济机制主要针对个人利益损害,但环境污染和生态破坏的许多情形是对公共利益的损害,有些时候这种公共利益不能归属于任何个人或者现实存在的人。比如,长江被污染或被破坏将使现在和将来生活在长江流域的所有人受害,从生态系统的角度考虑,长江生态系统的崩溃还可能给整个中华民族带来灾难,这涉及不特定多数人、现代人和后代人的多种利益,无法归于民法意义上的"侵权",需要通过创新将侵犯环境公共利益的行为纳入侵权救济的范畴。于是,出现了环境法对环境公共利益的专门保护规范,环境公益诉讼、生态修复等制度得以发展。

第二节 环境法的演进

一、环境法产生的原因

现代意义上的环境法,最早出现于20世纪五六十年代的美国。环境法的产生由现实环境问题催生,带有浓厚的问题指向特性,同时,也有法律体系自身的原因。

(一)环境法产生的现实背景

人类社会经过几次工业革命,科技迅猛发展,生产力水平迅速提升,在经济社会发

---

[11] 吕忠梅、刘超:《戴上眼镜读书、摘下眼镜对话——师生共评汪劲教授的〈环境法学〉》,载《人大法律评论》2009年卷,法律出版社2009年版。

展水平和规模大幅度提升和增长的同时,对自然环境开发利用的需求也与日俱增。第二次世界大战后,人类进入了和平时期,美国、日本和西欧取得了令世人瞩目的经济成就,且经济全球化趋势明显。这个阶段,现代工业迅猛发展,城市化进程加快,人口急剧膨胀,向环境中排放的污染物大大超过了自然界的纳污能力和自净能力,也极度消耗着各种自然资源。环境问题严重威胁人类的生存与发展,逐渐成为20世纪下半叶开始最为严峻的社会问题,迫使人类开始重视经济发展的负面效果和社会发展中的伴生问题,反思经济增长方式,制定专门法律规制经济社会发展中的环境问题。

(二)环境法产生的法律原因

传统法律制度体系在解决环境问题时存在诸多缺陷,需要进行专门的环境立法。

1. 传统民法无法有效解决环境问题

民法在解决环境问题时存在诸多内生困境,表现为:(1)民法中的一些原则不能适用于环境问题解决。比如,民法秉持私法自治,其精髓在于确认并保障法律主体的自由。私法自治显然不能适用于环境保护和解决环境问题,如果实行完全的意思自治,环境污染和生态破坏行为将无法得到制止。(2)民法中的一些基本制度不能适用于环境问题解决。比如,所有权理论是民法的基石,在所有权原则下,主体享有独占、排他的对世权;但是,即便是完全属于私人所有的自然环境,也承载着生态服务的公共功能,如果所有权人排斥一切干预而任意处分权利客体,必然出现对环境造成破坏而不会得到法律制裁的情形。

2. 传统行政法无法有效解决环境问题

传统行政法在应对环境问题时也存在很多困境:(1)传统行政法重在调整行政权力的取得、行使及对其监督过程中发生的各类社会关系,对行政机关的权力行使进行严格的限制与控制。但层出不穷、复杂多样的环境问题,要求政府能够比较灵活地针对具体环境问题行使行政权力,传统行政法在此时显得束权有余、赋权不足。(2)传统行政法的重要功能是基于行政管制目的设定行政权力,单方面干预行政相对人的权利义务,对相对人形成拘束力。这种以管制为目的的权力设定与行使方式难以有效解决环境问题。因为人类活动造成的环境影响并不是传统法律视野中的违法行为,而是经济社会发展过程的伴生物或者副产品。因此,环境保护要求的是"治理"而非"管制",在"治理"中,需要更多主体的积极主动参与,需要非权力手段的适用,需要注重发挥市场机制的作用。

3. 传统刑法无法有效解决环境问题

运用刑事手段规制导致重大环境问题的行为,实现环境保护非常重要。但是传统的刑法规范在解决环境问题时也存在不少问题,表现为:(1)传统刑法的立法指导思想或宗旨是保障与救济人身权或财产权,且这种保护立足经济性判断。但自然环境对于人类的价值不仅是经济上的,更重要的是生态价值,环境违法行为对自然环境的生态价值侵害没有充分有效地表达在刑法规范中。(2)传统刑法所规定的犯罪行为多为故意对人身或财产的直接侵害,但环境污染或生态破坏行为具有先作用于环境,然后通过环境的迁移转化间接致害于其他主体权益的机理,使传统犯罪的构成要件难以完全在环境犯罪中套用。(3)传统刑罚多为人身刑,以此兼顾惩处犯罪行为与救济受害主体权益的价值,但这种纯粹事后评价的刑罚手段,不仅本身难以契合环境保护的事前防范与过程控制的需求,而且刑事责任的追究也没有指向环境的治理与修复。

二、世界其他国家环境法的历史演进

环境法并非凭空出现,它是伴随着环境问题的日渐加剧导致的规则需求从量变到质变的最终结果。环境法作为法律家族中的新成员,本身也处在不断发展完善的过程中。

(一)零星环境保护规范时期

第一次工业革命之前,在世界各国的法律中,也有一些客观上可以带来保护环境效果的法律规范,这些法律具有几个明显的特征:(1)在目的上,这些法律的目的不是应对"环境问题"和保护环境,只是在客观上起到了环境保护的作用;(2)在体系上,并没有专门的应对环境问题的法律规范,一些有关规范散见于各种立法中,零星出现。

这一时期,社会经济发展以农牧业为主,人类生产生活活动对环境的影响力度较弱,对环境的开发利用规模与幅度较小,涉及的区域与范围不大。因此,没有产生现代意义上的"环境问题",也不可能出现我们今天所指称的环境法。但是在一些法律中,可以看到一些零星散布的与环境有关的法律规范,表明早期的法律也注意到了人与自然的关系问题。比如,公元前2000多年的《乌尔纳姆法典》中有关土地使用的规定;公元前18世纪的《汉谟拉比法典》中有关土地、森林、牧场的耕种、垦荒和保护的规定,以及防止污染水源和空气的某些规定;公元前3世纪古印度的《摩奴法典》关于荒地、矿山和湖泊、山川的规定;公元1306年英国国会关于禁止伦敦工匠和制造商在国会开会期间用煤,以防止煤烟污染的文告;德国1448年的《森林条例》;法国在1669年路易十世曾颁布过森林和水方面的法令;古希腊的一些城市颁布过不许在夜间喧闹的禁令;俄国彼得大帝曾规定严厉的保护森林措施,1719年曾对污染、堵塞涅瓦河和其他河流规定严厉的处罚措施;等等。[12]

---

[12] 具体列举参见蔡守秋主编:《环境资源法学》,人民法院出版社2003年版,第47页;颜运秋主编:《环境资源法学》,中南大学出版社2009年版,第17页。

(二)城市环境卫生保护立法阶段

第一次工业革命之后至20世纪五六十年代,世界上一些国家颁布了以保护城市发展为主要目的的法律,其中涉及城市的环境卫生问题。这一阶段的有关法律规范有以下特点:(1)没有出现直接针对整体意义上的"环境问题"、以环境保护为立法目标的法律;(2)为应对城市化进程加快和人口密集带来的城市问题,出现了以保护城市环境卫生为目的、客观上能够规制局部环境污染和区域性环境污染的法律规范;(3)开始出现单行法。

人类逐次进入都市化和工业化社会后,废水、废气、噪声和垃圾等问题日益严重,城市环境卫生状况恶化。为应对这些问题,一些国家开始了专门立法。英国国会于1863年颁布《制碱业管理法》,1857年颁布《防烟法》,1860年颁布《公共改良法》,1876年颁布《河流污染防治法》,1934年颁布《特别地区(开发和改良)法》。19世纪初期和中期,美国宪法确立联邦资源管理制度和卫生安全保护措施的制度框架,为快速处理土地纠纷,还制定了有关矿业、木材、沙漠土地等系列法律:1864年制定《煤烟法》,1866年制定《矿业法》,1870年制定《木材种植法》《木材和石头法》,1872年制定《沙漠土地法》,等等。日本则出现了地方性的规则,1888年,大阪市因纺织厂煤烟污染发生市民防止煤烟运动,因此,大阪府制定了《煤烟管理令》。1912年,日本制定《工场法》对煤烟的排放进行规制。

这一时期,也有国家开始制定保护自然资源的法律,如法国、奥地利、比利时、俄国等国在19世纪先后制定保护森林的法律。19世纪末20世纪初,一些国家颁布法律建立国家公园和国家自然保护区。日本在1874年建立自然公园制度,1898年制定《森林法》,1919年制定《狩猎法》,1920年在《都市计划法》中规定"风致地区保全制度",1932年制定《国立公园法》。

(三)现代环境立法时期

20世纪五六十年代至今,世界范围内环境问题爆发,环境立法进入蓬勃发展的时期。这一阶段的环境立法主要具有以下特点:(1)环境问题在世界上普遍发生,各国开始重视环境立法,在立法目的、立法价值和立法规律等方面呈现共性,一国的环境法制度很快得到多国借鉴;(2)环境立法直接应对"环境问题",以环境保护为目的和价值标准;(3)出现环境保护领域的基础法和综合性立法,标志着环境法的独立;(4)环境法律体系的构成与内涵尚在不断发展变化之中。

1. 美国

美国《1948年联邦水污染控制法》,也被称为美国《清洁水法》,向州提供联邦资金发展污染控制计划。美国国会于1963年通过《清洁空气法》,于1965年通过《固体废物处置法》。这些法律建立了环境保护的联邦监管架构并沿用至今。美国1969年颁布《国家环境政策法》，首次指令所有的联邦机关，让环境保护成为它们使命的一部分。1972年，制定了《联邦水污染控制法》和《海洋保护、研究与保护区法》（又称《海洋倾倒法》），1976年，通过了《资源保护和恢复法》。

20世纪80年代后，美国的环境法立法有了新发展。1984年通过《危险和固体废物修正案》，1986年颁布美国《综合环境法响应、补偿和责任法》（又称《超级基金法》）。为回应化学品泄漏造成数人死亡的印度博帕尔事件，1986年通过《应急预案和社区知情权法》。为应对石油泄漏事故，1990年颁布《石油污染法》。1990年通过《清洁空气法修正案》，将温室气体作为空气污染物纳入法律监管。1996年修订了《安全饮用水法》。

2. 日本

20世纪50年代以后，日本发生了痛痛病、水俣病、哮喘等健康受害事件。为此，从20世纪50年代开始，日本密集出台公害立法，如1959年《水质综合保护法》和《工场排水法》，1962年《煤烟控制法》，尤其是系列严重公害事件促成的1967年《公害对策基本法》，日本开始走上综合性的有计划防治公害的道路。

在日本，最为突出的是在1970年年底的第64届国会上，一次通过了制定和修改的14部环境法律，内容涉及公害基本对策、费用负担、海洋污染、水质污染、大气污染、农地污染、噪声控制、废物处理、公害犯罪、下水道、农药、自然公园、毒品及剧毒物品、道路交通灯方面，因此有"公害国会"之称。之后，日本相继制定《环境厅设置法》《公害等调整委员会设置法》《关于特定工场整备防止公害组织的法律》《自然环境保全法》《公害健康损害补偿法》《恶臭防止法》等环境法律，[13] 形成了以公害防治为鲜明特色的环境立法体系，也形成了公害法这一新的法律领域。[14]

进入20世纪70年代后，日本的公害防治法律制度与政策出现反复，陷入停顿甚至是后退时期。20世纪90年代，日本环境法制走出停滞、倒退时期，进入完善期。[15] 其标志是1993年制定《环境基本法》，使环境法制在通往"可持续发展"理念的途中迈出了重要的一步，形成了以可持续发展为指导的环境法体系。

3. 欧盟

1993年11月1日，欧洲联盟（欧盟）正式成立，追求建立统一的欧洲环境法，成为环境法领域最富创造性的奋斗目标。欧盟成员国、欧盟机构和欧盟公民所适用的环境法有三种类型：一是成员国国内环境法；二是欧盟环境法；三是国际环境法。本书主要

---

[13] 汪劲：《环境法学》（第4版），北京大学出版社2018年版，第36页。
[14] ［日］原田尚彦：《环境法》，于敏译，法律出版社1999年版，第18页。
[15] 罗丽：《从日本环境法理念的转变看中国第二代环境法的发展》，载《中国地质大学学报（社会科学版）》2008年第3期。

介绍欧盟成员国国内环境法和欧盟环境法。

欧盟成员国中,德国环境法发展较为迅速和具有代表性。第二次世界大战后,德国只有少量的环境法律,如1957年《水资源法》和1959年《核能法》。到20世纪60年代,环境法的概念正式出现。德国的环境立法大致分为两个阶段:第一阶段是20世纪70年代到80年代,第二阶段为20世纪80年代至今。环境法在20世纪70年代成为独立的法律领域,是德国环境立法的转折点。在1970年之前,德国环境保护法律任由各州自行规定,此后德国开始行使联邦的立法权,制定了《联邦污染防治法》、《联邦自然保育法》、《废弃物清理法》(后于1994年修订为《循环经济与废弃物法》)、《联邦森林法》等多部法律。顺应国际环境保护理念变化,德国从20世纪80年代开始进入环境立法新阶段,环境立法更多关注环境保护的综合性,对环境保护中共同适用的部分进行立法,如1990年制定《环境影响评价法》,1990年颁布《环境责任法》和1994年的《环境信息法》等。[16]

从20世纪60年代到90年代,欧洲各国除制定作为环境基本法的《环境保护法》或《联邦污染控制法》之外,在污染防治与生态保护方面也制定了更为细致的法律规范。

欧盟环境法体系包括欧盟基础条约、欧盟签署或参加的国际环境条约、欧盟机构制定的欧盟法规(包括条例、指令和决定)、其他具有法律规范性的文件、其他相关法律渊源等。欧盟环境法体系包括成文法和判例法,但以成文法为主。成文法有宪法性规范、条例、指令、决定、决议、标准等形式,包括国家级环境法、欧盟级环境法和国际级环境法,但以欧盟级环境法最具有特色。[17]

(1)基础条约。在欧盟环境法体系中,宪法性规范即建立欧洲共同体或欧盟的基础条约,起着根本性、指导性的作用。例如,《单一欧洲法》和《欧洲联盟条约》中专门有"环境条款"即第130R条,明确了环境保护的定位。

(2)条例、指令、决定等。欧盟签署的国际条约(欧盟与第三国和其他国际组织缔结的国际协定)以及欧盟机构制定的条例、指令、决定等形式构成了一个相当完善的有机体系。其中,条例具有普遍而直接的适用性、具有全面的约束力,一经颁布即在成员国内发生完全的效力,成员国不得采取任何国内立法或行政措施变更条例的内容或变通实施。比如,近年来,欧盟在化学品管理方面颁行了系列条例。指令对每个成员国有法律约束力,但是留给成员国的国家当局以形式和方法的选择权。比如,欧盟在

---

[16] 夏凌:《德国环境法的法典化项目及其新发展》,载《甘肃政法学院学报》2010年第2期。
[17] 对欧盟环境法的立法特点、形式与历程的梳理与介绍参见蔡守秋:《欧盟环境法的特点及启示》,载《福建政法管理干部学院学报》2001年第3期;蔡守秋、王欢欢:《欧盟环境法的发展历程与趋势》,载《福州大学学报(哲学社会科学版)》2009年第4期;王欢欢:《欧盟环境法的新近发展与不足及其对中国的启示》,载《中国地质大学学报(社会科学版)》2010年第2期。

噪声污染和土壤污染控制、水体保护及海洋环境保护等方面都颁布有指令。决定的各个组成部分对它所指向的对象都具有约束力,可以对成员国发布,也可以自然人和法人为其对象,是一种对特定个人有效的、对接受者具有直接法律影响的规则和条件。比如,欧盟在环境信息公开方面,发布了1994年《有关公众获取委员会文件的94/90决定》、1997年《有关公众获取理事会文件的97/731决定》等。

(3)环境标准。环境标准是欧盟环境法的重要组成部分。这些环境标准不仅具有与环境法规一样的效力,而且也遵循同样的立法程序。根据《建立欧洲原子能共同体条约》第30条的规定,共同体制定的有关防治放射性污染的基本标准具有很高的法律地位。这与大多数国家的国内环境标准有重大区别。

(4)行动计划。环境行动总体规划具有重要的法律地位。根据《欧洲联盟条约》第130S(3)条的规定,理事会应根据第189B条提及的程序和经征询经社委员会的意见,通过总体行动规划,提出应予实现的优先目标。制订总体行动计划后,即要求根据环境总体行动规划进一步制定实施总体规划所需要的措施(包括条例、指令和决定),因此,它是一种层次较高的法律文件,它具有特别的法律地位和立法指引功能。

(四)现代环境法典化时期

欧洲国家自20世纪末开启了环境法法典化的浪潮。[18] 本部分简要梳理世界上其他国家已经编纂完成以及正在编纂进程中的环境法典。

1. 外国的环境法典

(1)《瑞典环境法典》

1992年里约联合国环境与发展会议之后,瑞典环境立法正式进入了法典化阶段,1997年12月,瑞典社会民主党政府提出一项环境法典草案,得到了环境政党和左翼党的支持,随后向议会提交了政府议案。议会于1998年春审议,并于6月通过了该议案。《瑞典环境法典》于1999年1月1日正式生效。《瑞典环境法典》融入了15项环境立法,由7编33章组成,近500个条文,在"部件"组织形式上分为编、章和条三级,结构整体可分为总则与分则。具体而言:第一编是"总则";第二编是"自然保护";第三编是"关于特定活动的特殊规定";第四编是"案件与事项的审查";第五编是"监督等";第六编是"处罚";第七编是"赔偿等"。[19]

(2)《法国环境法典》

法国官方的环境法法典化尝试开始于1989年。1990年10月,法国环境部通过国家环境计划公布了环境法法典化的计划。1992年,法国环境部落实了法典化的工

---

[18] 李艳芳、田时雨:《比较法视野中的我国环境法法典化》,载《中国人民大学学报》2019年第2期。
[19] 《瑞典环境法典》,竺效等译,法律出版社2018年版,"译者序"。

作机构和机制安排,自此,法国环境法法典化工作正式启动。1999年12月16日,法国议会采取委任立法的方式,通过法律授权法国政府以法令形式通过包括环境法典在内的九部法典的法律部分。2000年9月18日,法国政府通过法令,宣告政府依据授权通过了环境法典的法律部分,法律部分获得通过时只有六卷。2003年,议会通过法律,在法律部分中增加了关于南极环境保护的第七卷,形成了《法国环境法典》法律部分分为七卷的形式。环境法典的法律部分获得通过后,法国环境部陆续开展环境法规的编纂工作。2007年,法规部分最后提交审议的一卷获得通过,标志着法国环境法法典化工作完成。

《法国环境法典》由法律部分、法规部分和附录三部分构成。法律部分又分为七卷,每卷下设编、章、节、分节、段等层级和具体的条文。《法国环境法典》法律部分的七卷总体呈"总—分"结构:第一卷为总则,第二卷至第七卷为分则。七卷的主要内容如下:第一卷"共同规定",包括八编内容;第二卷"自然环境",包括两编内容;第三卷"自然空间",包括六编内容;第四卷"自然遗产",包括三编内容;第五卷"污染、风险和损害的预防",包括九编内容;第六卷"适用于新喀里多尼亚、法属波利尼西亚、瓦利斯和富图纳、法属南方和南极洲领地和马约特岛的规定";第七卷"南极环境保护"。[20]

(3)《意大利环境法典》

至2006年新的统一法规出台之前,意大利发布的具有国家效力和地区的单行法律法规(包括法律、立法令、共和国总统令、部际会议宣告、部委令等)有200项之多,其内容涉及大气臭氧、声音污染和垃圾处理等各个方面。随着时间的推移,意大利越来越多的分散制定的法律法规导致新的问题暴露出来。针对这些问题,意大利选择了就环境法的整体内容和各个部分编订法典,即"法典化"。2004年第308号法律授权政府以统一文本的形式,就几个重要的环节领域和环境保护事项如垃圾处理、水土保持、保护区管理等,进行重新调整和补充。2006年4月3日第152号立法令颁布了《环境法律规范》(也称"环境法典"),基本上取代了以往所有有关环境的单行法律法规。起草工作历时15个月,编纂者在整合了最初的6个草案的基础上,又增加了3个"共通规定"的条款。整个文本由六个部分组成,各个部分根据内容的多寡,下设编、章、节、条、款,共318条,其后附加45个附件。该法令于2006年4月29日生效(其中第二部分延迟到同年8月12日生效)。该法从颁布至今,已经进行了或大或小共27次修订、补充。截至当前,意大利"环境法典"正文共增加2个"部分",3个"章",共计96个条款,附件也增加至61个。其修订程序仍在继续。

《意大利环境法典》的具体结构和内容:第一部分为"一般规定和基本原则",第二部分为"战略环境评价、环境影响评价、环境综合许可的程序",第三部分为"土壤保

---

[20]《法国环境法典》,莫菲、刘彤、葛苏聃译,法律出版社2018年版,"译者序"。

护、抗沙漠化、水污染防治和水资源管理的规定",第四部分为"废弃物管理和污染场所改造的规定",第五部分为"空气保护和大气减排的规定",第六部分为"环境损害赔偿的规定"及附件。[21]

(4)《菲律宾环境法典》

1977年,菲律宾通过第1152号总统令颁布了《菲律宾环境法典》,该环境法典分为七个部分,共64条,具体结构和内容包括:第一编"空气质量管理",包括三章;第二编"水质量管理",包括两章;第三编"土地使用管理";第四编"自然资源管理与保护",包括七章;第五编"废物管理",包括三章;第六编"其他条款";第七编"最后条款"。[22]

值得注意的是,菲律宾环境立法的数量庞大、种类繁杂、形式众多,不仅有《菲律宾环境法典》,而且《菲律宾环境法典》与《菲律宾水法典》《菲律宾森林改革法典》《菲律宾卫生法典》等法典并存,属于一种分散式的法典编纂模式。并且,即使在颁布《菲律宾环境法典》后,依然制定了大量与环境保护相关的法律文件。

(5)《德国环境法典(专家委员会草案)》

在德国的20世纪90年代第一次环境法法典化进程、2009年第二次环境法法典化进程均遭受了失败。[23] 在此过程中,形成德国环境法典的教授草案和专家委员会草案。德国联邦环境部(BMU)在1992年组成了独立专家委员会并委托专家委员会起草环境法典,形成了条文数量达775条的专家委员会草案。相较于教授草案,专家委员会草案的内容在整体性和一致性方面更为协调,并将环境法律规范的协调、统一、简化作为编纂法典的首要目标。[24]《德国环境法典(专家委员会草案)》在结构上包括"总则""分则"两大部分。"总则"部分的具体结构和内容包括:第一章"一般规定"(第1~66条)、第二章"规划"(第67~79条)、第三章"项目"(第80~114条)、第四章"产品"(第115~125条)、第五章"干预措施和监控"(第126~150条)、第六章"企业环境保护、环境责任和其他经济手段"(第151~206条)、第七章"环境信息"(第207~227条)、第八章"跨国环境保护"(第228~244条)。"分则"部分的具体结构和内容包括:第九章"自然保护、景观养护和森林保护"(第245~325条)、第十章"土壤保护"(第326~354条)、第十一章"水体保护"(第355~418条)、第十二章"污染防治和能源供给"(第419~464条)、第十三章"核能和辐射污染"(第465~529条)、第十四章"交通设施和管线设施"(第530~551条)、第十五章"基因技术和其他生物技术"

---

[21]《意大利环境法典》,李钧、李修琼、蔡洁译,法律出版社2021年版,"译者序"。
[22]《菲律宾环境保护法典》,岳小花译,法律出版社2020年版。
[23] [德]Eckard Rehbinder:《欧洲国家的环境法法典化——从比较法角度的审视》,沈百鑫译,载徐祥民主编:《中国环境法学评论》(总第9卷),科学出版社2013年版。
[24] 施珵:《德国环境法法典化立法实践及启示》,载《德国研究》2020年第4期。

(第552～585条)、第十六章"危险物质"(第586～725条)、第十七章"废物管理"(第726～775条)。[25]

2. 外国编纂环境法典的共性与差异性[26]

世界上其他国家编纂环境法典,各有特定的立法基础、时代背景,在主观追求和客观效果上也存在异同,从总结规律角度,择其要者,可以归纳如下:

(1)均以可持续发展为核心理念与价值追求。比如,《法国环境法典》第一卷"共同规定"明确了可持续发展目标以及为实现可持续发展目标而确立的九项法律原则与五方面承诺;分编则以环境要素为主导展开,这种结构使经济、社会、环境的可持续发展理念在法典中得到全面展现。《瑞典环境法典》在规定可持续发展立法目的的基础上,进一步确定基本原则、基本制度、法典的适用范围,以及法律责任分配、损害救济机制等,构建了一个体现可持续发展国家战略的完整体系。《德国环境法典》的编纂经验表明可持续发展成为其环境法典编纂的一项重要指导理念。

(2)在启动环境法典编纂的理由上,各国高度一致。一是为了推动新型国家战略;二是为了加强环境法律规范的体系性。一些国家明确宣告,启动环境法典编纂是为了转变经济社会发展方式,更好实施国家环境保护战略,如《瑞典环境法典》是自1992年联合国环境与发展大会后编纂的第一部环境法典,其直接理由是为了将瑞典转变成生态可持续国家。

(3)在逻辑构造上,各国环境法典都采取"总则—分编"模式,但确定基础概念和逻辑主线的具体方法有所不同。一种是立足于环境问题自身确定概念并以防治不同层次的环境问题为逻辑主线展开,比如,《法国环境法典》在第一卷"总则"之后,在第二卷至第七卷的"分则"部分,则是按照"自然环境—自然空间—自然遗产—污染、风险和损害的预防—适用于新喀里多尼亚、法属波利尼西亚、瓦利斯和富图纳、法属南方和南极洲领地和马约特岛的规定—南极环境保护"等不同类型的环境问题依次展开;另一种则是以国家环境保护战略目标为基础概念并展开逻辑构造,如《瑞典环境法典》总则部分从立法目的到一般原则,再到质量标准与环境影响评价制度,充分彰显可持续发展、生态保护优先等环境立法理念;在分则部分,按照"预防—管制—救济"进行逻辑化安排。

(4)在编纂方式上,各国根据自己的情况,选择了不同形式,大致可分为两类三种:第一,以法国、德国等传统民法典国家为代表,追求将所有与环境保护有关的法律规范都纳入法典的全面编纂形式,以期编纂内容宏大、全面而精细的环境法典以取代

---

[25] 德国联邦环境、自然保护和核安全部编:《德国环境法典》,沈百鑫、李志林等译,法律出版社2021年版。

[26] 具体归纳和论述参见吕忠梅:《发现环境法典的逻辑主线:可持续发展》,载《法律科学(西北政法大学学报)》2022年第1期。

单行法律。第二,进行"适度化"的法典编纂,最为典型的是《瑞典环境法典》,该法典采用"框架性编纂+授权立法"的实质编纂方式,将瑞典最为重要的15项环境立法纳入法典,由7编33章近500个条文组成;同时,环境法典与道路法、铁路建设法、森林保护法等单行法平等适用,放弃绝对的严密性与确定性,以保证法典的相对开放性和可操作性,可以通过更新特别法的方式弱化法典可能存在的僵化弊端。第三,《菲律宾环境法典》虽在环境法体系中起着提纲挈领作用,但其与《菲律宾水法典》《菲律宾渔业法典》《菲律宾森林改革法典》等多部法典并存,实际上属于"分散化法典编纂"。

三、我国环境法的历史演进

(一)中华人民共和国成立之前的环境保护规范

1. 古代法律制度与政策措施

我国古代并没有现代意义上的环境保护规范,但我国传统文化和朴素的哲学思想中具有一些生态智慧。同时,在以农业生产为主的经济模式下,基于维护秩序与特权的需要,也必须对影响农业发展和人民生活的一些行为进行规制。

《逸周书·大聚解》记载:"禹之禁,春三月,山林不登斧,以成草木之长;夏三月,川泽不入网罟,以成鱼鳖之长。"《韩非子·内储说上》记载:"殷之法,刑弃灰于街者。"公元前11世纪,西周颁布《伐崇令》规定:"毋坏屋,毋填井,毋伐树木,毋动六畜,有不如令者,死无赦。"《周礼·地官》记载西周时期已经有蓄水、排水等农田灌溉设施以及关于矿冶方面的禁令,并设有专门官吏执掌其事。秦律中有不少关于农田水利、作物管理、水旱灾害、病虫草害、山林保护等的具体规定,在《田律》《厩苑律》《仓律》《工律》《金布律》中有一系列关于按照季节合理开发、利用和保护森林、土地、水流和野生动物等的规定。唐律、宋律、元律、明律、清律大多追随秦律,主要也是关于保护森林、鸟兽、土地等自然资源的规定。

简要梳理可知,虽然中国古代尚未产生现代意义上的、直接针对"环境问题"的立法,但是,中国现代的环境立法却可以从其中吸收理念和智慧。中国传统文化以直接的生存经验为基础而形成,通过对天象等自然节律和动植物生长有机秩序自觉体悟,认识和把握人类生存与自然界的有机联系,形成人类与天地万物同源、本质统一,人与环境一体的"天人合一"哲学观,不仅把先于人类产生的天地万物当成可资利用的生活资源,而且将之当成一体相关的生命根源,"天人合一"始终是贯穿社会发展的一条主线,影响法律制度的制定和实施。[27]

---

[27] 吕忠梅:《生态环境法典编纂与优秀传统生态文化的传承》,载《法律科学(西北政法大学学报)》2024年第3期。

2. 中华民国时期的自然资源管理法律规范

中华民国时期(1912~1949年),社会动荡阶段,生产力水平落后,农业经济占主导地位。这一阶段,国民党政府与公众不可能也没有必要重视环境保护。这一阶段主要是自然资源管理方面的立法,如《渔业法》(1929年)、《土地法》(1930年)、《森林法》(1932年)、《狩猎法》(1931年)和《水利法》(1942年)。

同时,在中国共产党领导的革命根据地,也颁布过一些自然保护方面的法令,如《闽西苏区山法令》(1930年)、《晋察冀边区禁山办法》(1939年)、《晋察冀边区垦荒单行条例》(1939年)、《陕甘宁边区森林保护条例》(1941年)、《晋察冀兴修农田水利条例》(1943年)和《东北解放区森林保护暂行条例》(1949年)等。

(二)中华人民共和国环境法的发展与演进

1. 环境立法的兴起(1949~1979年)

自1949年新中国成立到1979年,是我国现代意义上的环境法逐渐兴起的时期。从总体上看,这一阶段我国并不重视环境问题,但由于"环境问题"的出现,开始了环境立法的进程。

新中国成立之初,百废待兴。我国从重视作为农业命脉的自然环境的角度,作出了一些有利于保护环境的规定;从建立公有制的角度,确立了自然资源的全民所有和集体所有。1954年《宪法》规定:"矿藏、水流,由法律规定为国有的森林、荒地和其他资源,都属于全民所有。"关于其他比较有代表性的法律法规规章,在自然资源保护方面,颁布了1950年《矿业暂行条例》、1957年《水土保持暂行纲要》、1958年《国家建设征用土地办法》、1963年《森林保护条例》、1965年《矿产资源保护试行条例》等;在环境卫生方面,颁布了1956年《工厂安全卫生规程》、1957年《关于注意处理工矿企业排出有毒废水、废气问题的通知》。

1972年6月5日,中国代表团参加首次人类环境会议并在大会上发言。受该会议的影响,1973年8月召开了第一次全国环境保护会议,制定《关于保护和改善环境的若干规定(试行草案)》,这是我国第一个真正应对环境问题、保护环境的综合性文件。该规定也成为我国1979年《环境保护法(试行)》的雏形。针对当时已经出现的环境污染事件,还制定和颁布了《工业"三废"排放试行标准》(1973年)、《防治沿海水域污染暂行规定》(1974年)和《生活饮用水卫生标准》(1976年),开始了直接针对环境污染问题的立法探索。

1978年3月5日,五届全国人大一次会议通过的《宪法》第11条第3款规定:"国家保护环境和自然资源,防治污染和其他公害。"这是首次在《宪法》中确认了国家的环境保护职责,并明确了环境保护工作领域为自然资源保护和污染防治两个方面,为专门环境保护立法确立了宪法依据。[28] 1979年9月,五届全国人大常委会第十一次会议原则通过了《环境保护法(试行)》。《环境保护法(试行)》规定了环境保护的对象、任务、方针、政策,建立了"谁污染谁治理"等基本原则和环境影响评价、排污收费、限期治理、环境标准、环境监测、"三同时"等环境保护的基本制度,规定了环境保护的机构和职责。该法开启了我国现代意义上的环境立法进程。

2. 环境法体系初步形成(1979~1992年)

《环境保护法(试行)》颁布后,我国的环境立法走上正轨,进入了环境法制建设的持续高速发展时期。党的十一届三中全会以后,中国进入改革开放新时期,环境保护问题受到高度重视。1982年修改的《宪法》第9条第2款规定:"国家保障自然资源的合理利用,保护珍贵的动物和植物。禁止任何组织或者个人用任何手段侵占或者破坏自然资源。"第26条将1978年《宪法》中的"保护环境和自然资源"修改为"保护和改善生活环境和生态环境",首次以宪法形式确认了"生态环境"的概念。1983年年末,第二次全国环境保护会议召开,首次提出保护环境是一项基本国策。1984年国务院发布《关于环境保护工作的决定》将会议精神加以政策化,确定了环境保护的基本国策定位。1985年,召开第一次全国城市环境保护工作会议,确立了环境保护以城市为主的路径。1988年,发布《关于城市环境综合整治定量考核的决定》及《城市环境综合整治定量考核实施办法(暂行)》。1989年召开第三次全国环境保护会议,确立了环境保护目标责任制、城市环境综合整治定量考核制、排放污染物许可证制、污染集中控制、限期治理制度、环境影响评价制度、"三同时"制度、排污收费制度八项环境管理制度,这些制度在1989年《环境保护法中》以法律形式得到确立。基本形成了环境保护工作以城市为主、以污染控制为主的格局。

这一时期,环境立法也进入了"快车道":先后颁布了《海洋环境保护法》(1982年)、《水污染防治法》(1984年)、《森林法》(1984年)、《草原法》(1985年)、《渔业法》(1986年)、《矿产资源法》(1986年)、《土地管理法》(1986年)、《大气污染防治法》(1987年)、《水法》(1988年)等多部法律。1989年12月,七届全国人大常委会第十一次会议通过《环境保护法》,标志着我国环境立法进入全新阶段。

这一阶段环境法制建设的特点是:第一,全面展开环境保护单行法制定工作,重要的环境要素的污染防治与生态保护的法律、行政法规和规章在这一阶段制定实施,我国环境保护专门立法体系初步形成。第二,环境保护行政法规或部门规章大量出现,各地开始了环境保护的地方立法,环境标准体系基本建成。第三,在以经济建设为中心的指导思想下,环境立法理念还是发展优先,使环境法的功能和作用的发挥受到一

---

[28] 《环境保护法(试行)》(1979年9月13日第五届全国人民代表大会常务委员会第十一次会议原则通过,已失效)第1条明确规定该法依据《宪法》第11条制定。

定限制。

3. 可持续发展理念下的环境法制体系完善阶段(1992～2013年)

自20世纪90年代以来,可持续发展在中国得到了广泛的认同,中国提出了科学发展观,为环境立法提供了全新指导思想。1993年3月全国人大成立环境与资源保护委员会,1994年,国务院发布《中国21世纪议程——中国21世纪人口、环境与发展白皮书》。先后制定了《固体废物污染环境防治法》(1995年)、《环境噪声污染防治法》(1996年)、《煤炭法》(1996年)、《节约能源法》(1997年)、《防沙治沙法》(2001年)、《清洁生产促进法》(2002年)、《环境影响评价法》(2002年)、《循环经济促进法》(2008年)。也对《大气污染防治法》《水污染防治法》《森林法》《草原法》《海洋环境保护法》《水法》《固体废物污染环境防治法》《矿产资源法》《节约能源法》等法律进行了修改甚至再修改。与此同时,一些重要法律在制定或修改过程中,也对环境问题进行了回应,如《物权法》《侵权责任法》《刑法》《民事诉讼法》《行政诉讼法》《刑事诉讼法》等,都在不同程度上规定了与环境保护有关的内容。

这一阶段为我国环境法制的调整时期,主要特点是:第一,用科学发展观适度矫正"经济发展优先"的思路,在可持续发展理念的影响与指导下,开始环境保护法律的修改以及新法制定,这也是中国作为世界大国参与国际环境保护事务并承担国际责任的需要。第二,环境问题成为多个法律领域所共同关注的问题,不同学科的学者从不同角度开始研究环境法,这些研究成果也体现在立法中。第三,《环境保护法》是否应该修订甚至是否应该存在,在立法部门和学者中引发巨大争议,尤其是在多部环境保护单行法修改的前提下,是否需要《环境保护法》,观点分歧巨大。[29]

4. 环境法制建设迈入生态文明新时代(2014～2018年)

2014年4月24日,十二届全国人大常委会第八次会议审议通过《环境保护法》,该法于2015年1月1日正式开始施行。这部被誉为"史上最严"的法律,开启了我国环境法制发展的新阶段。在全国明确提出加强生态文明建设的战略目标下,生态文明体制改革正在全面推进,环境立法进入了一个全新的历史时期,这一过程正在持续展开中。

2018年3月,十三届全国人大一次会议通过《宪法修正案》,将"推动物质文明、政治文明、精神文明、社会文明、生态文明协调发展,把我国建设成为富强民主文明和谐美丽的社会主义现代化强国"写入序言并与其他国家目标相互协同,充实完善了已有环境保护宪法规范体系,为在环境法治中处理协调经济发展、社会发展和环境保护等权力和权益冲突提供了宪法解决方案。与此对应,《宪法修正案》对国务院的职权进行了修改,《宪法》第89条第6项明确了国务院"领导和管理经济工作和城乡建设、生

---

[29] 吕忠梅:《中国需要环境基本法》,载《法商研究》2004年第6期。

态文明建设"的职权,以宪法形式规定了国家行政机关领导和管理生态文明建设的法定义务,为推进和深化环境监管体制改革奠定了宪法基础。包括《民法典》之"总则"编第9条规定的"绿色原则"承载确立绿色发展、生态安全、生态伦理价值理念,协调发展与环保、交易安全与生态安全、代内公平与代际公平之关系的功能,[30] 并进一步具体体现在《民法典》各分编的"绿色条款"中。[31] 2014年《环境保护法》修订后,《水污染防治法》《大气污染防治法》《固体废物污染环境防治法》等多部单行法随之修改,制定《土壤污染防治法》《噪声污染防治法》等单行法。

这一阶段,环境法制建设呈现出以下明显的新特点:第一,《环境保护法》历时25年,修订终告完成,其在立法目的、价值理念、指导思想和制度体系等方面进行全面修改,体现了生态文明建设的法治需求。第二,以可持续发展观重新评估和反思我国的环境立法,启动新一轮的环境法制定和修订,以《环境保护法》为基础,涵盖污染防治、生态环境保护及专门事项的生态环境单行法立法体系在实践中趋于成熟。第三,为了配合《环境保护法》的实施,加大执法力度,国务院及其相关职能部门密集发布行政法规和规章,环境执法体制改革迅速推进。第四,为充分发挥司法在环境保护方面的功能,最高人民法院先后出台系列司法解释和司法规范性文件,推动环境公益诉讼、生态环境损害赔偿诉讼等司法机制与实践。

5. 习近平生态文明思想指引的生态环境法治建设新时代(2018年至今)

党的十八大以来,以习近平同志为核心的党中央把生态文明建设作为关系中华民族永续发展的根本大计,统筹加强生态文明顶层设计和制度体系建设,开展了一系列开创性工作、推进了一系列变革性实践、取得了一系列突破性进展、形成了一系列标志性成果,推动生态环境治理体系和治理能力现代化水平明显提高。2018年5月的全国生态环境保护大会明确提出"习近平生态文明思想",作为新时代我国生态文明建设的根本遵循和行动指南,将"用最严格制度最严密法治保护生态环境"作为推进新时代生态文明建设必须遵循的重要原则之一,为我国生态文明建设筑牢制度保障。2020年11月16日召开的中央全面依法治国工作会议明确了习近平法治思想在全面依法治国工作中的指导地位。由此确立的习近平法治思想的生态文明法治理论是习近平生态文明思想和习近平法治思想的重要组成部分。

在习近平生态文明思想"山水林田湖草是生命共同体"原则,以及习近平法治思想的生态文明法治理论坚持的以"生命共同体"为核心、以"整体观"为要旨、以"协同推进"为目标的理论的指引下,[32] 我国从2020年开始注重加强针对生态空间进行的

---

[30] 吕忠梅:《"绿色原则"在民法典中的贯彻论纲》,载《中国法学》2018年第1期。
[31] 吕忠梅:《民法典绿色条款的类型化构造及与环境法典的衔接》,载《行政法学研究》2022年第2期。
[32] 吕忠梅:《习近平法治思想的生态文明法治理论》,载《中国法学》2021年第1期。

专项立法,制定了《长江保护法》《黄河保护法》《黑土地保护法》《青藏高原生态保护法》4部特殊区域法律,打造特殊空间区域保护的"中国样本";[33]《国家公园法》已被列入十四届全国人大常委会立法规划第一类项目,正在立法程序中。

同时,习近平法治思想的生态文明法治理论对中国生态文明建设、生态文明体制改革和生态环境治理的重要指引是,通过生态环境法典编纂以补强生态环境立法环节存在的弱项,以"体系化"思路推进环境立法模式变革,着力解决当前存在的立法质量不高、体系性不强等问题。[34]这就标志着,在生态文明新时代,以习近平生态文明思想和习近平法治思想为指导思想的生态环境法治建设从单行法律体系日趋完善的1.0版本进阶到生态环境法典编纂的2.0版本,即以实现生态环境法律规范"体系化"为核心目标的法制完善。

党的二十大报告在"坚持全面依法治国,推进法治中国建设"部分,明确提出了"统筹立改废释纂,增强立法系统性、整体性、协同性、时效性"的重要要求。2020年,习近平总书记在中央全面依法治国工作会议上指出:"民法典为其他领域立法法典化提供了很好的范例,要总结编纂民法典的经验,适时推动条件成熟的立法领域法典编纂工作。"党的二十届三中全会通过的《中共中央关于进一步全面深化改革 推进中国式现代化的决定》在关于生态文明体制改革的顶层设计中首先正式提出"编纂生态环境法典"的全新部署。2023年8月公布的十四届全国人大常委会立法规划明确指出:"积极研究推进环境(生态环境)法典和其他条件成熟领域的法典编纂工作。"2024年,"编纂生态环境法典"被列入全国人大常委会年度工作计划,正式启动了生态环境法典编纂的立法程序。

法律规范与制度的体系化是法典化的核心。以"生命共同体"为核心、以生态环境保护"整体观"为要旨的习近平法治思想的生态文明法治理论指引的生态环境立法,针对当前的按部门法划分立法子系统的生态环境立法存在的立法重复率高、矛盾冲突多导致法律适用困难、影响执法质效等问题,提升生态环境保护立法的整体性、系统性与协同性。

从世界范围看,环境法的体系化受到各国高度重视。就世界范围来看,推动环境立法体系化存在不同模式:第一,"基本法+单行法"的体系化路径,以环境基本法为龙头、以单行环境法为主干构建环境立法体系,该模式的具体路径是制定一部统摄整个环境法领域的基本法,在这部法律中对主要理念、基本原则、基本制度、调整手段等一般性内容作出规定,基本法之外的环境单行法主要规定具体事宜,但各环境单行法

---

[33] 吕忠梅、马鑫:《打造特殊空间区域保护的"中国样本"》,载《环境保护》2023年第16期。
[34] 对习近平法治思想的生态文明法治理论的系统阐释,参见吕忠梅:《习近平法治思想的生态文明法治理论》,载《中国法学》2021年第1期。

应以环境基本法为共同遵循。第二,法典化路径,是将所有的或绝大部分环境法规范整合成一部结构完整、体系严谨的法典,不再保留环境单行法或者保留少量环境单行法。[35] 在比较法上,世界各国根据国情对环境法典编纂模式进行了不同选择,大致可分为两类:一类是以法、德等传统民法典国家为代表的全面编纂,在具体路径上还有实质编纂与形式编纂之分,前者典型如法国,后者典型如德国;另一类是进行"适度化"法典编纂,典型如瑞典,采用"框架性编纂+授权立法"的实质编纂方式。[36] 综合考量,采取实质性、适度化编纂模式,是我国实现生态环境立法体系化的最佳选择。[37]

我国《生态环境法典》编纂已正式进入立法程序,2025年4月30日,《生态环境法典(草案)》公布。《生态环境法典(草案)》采取"总—分"结构和五编制:第一编总则,提炼和归纳生态环境领域普遍适用的基本概念、基本原则和基本制度;第二编污染防治,在科学整理现行污染防治单行法基础上形成体系完整的污染防治制度体系;第三编生态保护,构建契合生态整体保护的制度体系;第四编绿色低碳发展,实现相关规范的系统安排,统筹国内与国际、减缓与适应两大关系;第五编法律责任和附则,对现行相关法律责任规定进行平移、择取、归并、提炼,全面、严格、合理设置法律责任。

第三节 环境法的体系

环境法的体系是指环境法的内部层次和结构,是由有关保护和改善环境、防治污染和其他公害的各种规范性文件组成的法律系统。这些规范性文件既相互联系、相辅相成、协调统一,共同服务于保护和改善环境的基本目标,又在具体目的和规范内容上各具特色、分工明确。经过40多年的努力,我国已经形成了以宪法为依据、以环境保护基本法为基础、以各环境单行法为主体、以相关部门法为补充的环境法律体系。需要特别说明的是,基于我国的《生态环境法典》尚在立法程序中,本节对于我国环境法体系的梳理归纳,以现行生效的法律规范为对象。

一、宪法中的环境保护规定

宪法是我国的根本大法,《宪法》关于环境保护的相关规定是环境法律体系展开的依据和基础。我国现行《宪法》中有关环境保护的规定主要有:

---

[35] 吕忠梅:《中国环境立法法典化模式选择及其展开》,载《东方法学》2021年第6期。
[36] 吕忠梅:《环境法典编纂论纲》,载《中国法学》2023年第2期。
[37] 吕忠梅:《环境法典编纂论纲》,载《中国法学》2023年第2期;吕忠梅:《中国环境立法法典化模式选择及其展开》,载《东方法学》2021年第6期。

1. 贯彻发展理念与推动生态文明建设。《宪法》"序言"规定,"贯彻新发展理念""推动物质文明、政治文明、精神文明、社会文明、生态文明协调发展"。

2. 国家的环境保护职责。《宪法》第 26 条第 1 款规定:"国家保护和改善生活环境和生态环境,防治污染和其他公害。"这一规定以宪法形式确认了环境保护的国策地位,同时也明确了国家的环境保护职责。

3. 公民的权利义务规定。《宪法》第 51 条规定:"中华人民共和国公民在行使自由和权利的时候,不得损害国家的、社会的、集体的利益和其他公民的合法的自由和权利。"这一规定为从学理解释上主张公民环境权提供了基础,也可以把公民不得滥用权利、造成环境污染和生态破坏的义务纳入"不得损害国家的、社会的、集体的利益和其他公民的合法的自由和权利"的范畴。

4. 保护自然资源和环境要素的规定。《宪法》第 9 条规定:"矿藏、水流、森林、山岭、草原、荒地、滩涂等自然资源,都属于国家所有,即全民所有;由法律规定属于集体所有的森林和山岭、草原、荒地、滩涂除外。国家保障自然资源的合理利用,保护珍贵的动物和植物。禁止任何组织或者个人用任何手段侵占或者破坏自然资源。"《宪法》第 10 条第 1 款规定:"城市的土地属于国家所有。"第 2 款规定:"农村和城市郊区的土地,除由法律规定属于国家所有的以外,属于集体所有;宅基地和自留地、自留山,也属于集体所有。"《宪法》第 22 条第 2 款规定:"国家保护名胜古迹、珍贵文物和其他重要历史文化遗产。"这些规定,为制定相关法律提供了直接依据。

二、环境保护基本法

环境保护基本法是在环境法发展到一定阶段出现的,对环境保护的重大问题进行全面、系统调整的实体立法。

(一)环境保护基本法的类型

环境保护基本法的制定是环境立法进入先进国家行列的重要象征,标志着一个国家对环境问题认识的逐渐深入和法律制度构建的日渐完善。从立法实践看,各主要国家的环境保护基本法也有着符合本国国情和立法传统的不同体例,依据其立法重心和在一国法律体系中的不同定位,可以将各国的环境保护基本法分为两种类型。

1. 政策宣示型

这类环境保护基本法的立法重点是对国家基本环境政策、原则和基本措施的宣示和确定,不对环境保护具体制度加以详细规定,内容也较为宏观和简约。

最为典型的是美国的《国家环境政策法》,其主要内容就是宣告国家环境政策、环境目标,设立国家环境质量委员会,规定环境影响评价制度,非常简单而明确。但这些政策、目标和制度却对美国的各项环境立法和执法活动起着统领作用。具体而言,美国的《国家环境政策法》规定的主要内容包括四个方面：

（1）宣布国家环境保护目标。美国《国家环境政策法》宣布了六个方面的国家环境目标，具体包括：国家作为子孙后代的环境托管人的责任；为全体国民创造安全、健康、多产的并富于美学和文化价值的优美环境；最大限度地合理利用环境；保护国家历史、文化和自然遗产；促进人口与资源的利用达到平衡；提高可再生资源的质量并实现资源再循环。

（2）明确国家环境政策的法律地位。第一，国家的其他政策、法律和法律解释及其执行都应同它保持一致；第二，采取措施保证联邦行政机关现行职权的行使必须同该法相一致；第三，国家环境政策和国家环境保护目标是对行政机关现行职权的补充。

（3）规定环境影响评价制度。美国《国家环境政策法》首次规定环境影响评价制度，后为世界各国环境立法广泛借鉴。该法规定，联邦政府的所有部门对人类环境质量具有重大影响的各项提案或法律草案、建议报告以及其他重大联邦行为，均应进行环境影响评价。

（4）设立国家环境委员会。美国《国家环境政策法》宣布在总统办公厅下设立一个国家环境质量委员会，主要职能是为总统提供环境方面的咨询意见和协调行政机关的有关环境影响评价的活动。

美国《国家环境政策法》被认为是"保护环境的国家基本章程"，使环境保护成为联邦政府的新增职能并将之法律化。同时，美国《国家环境政策法》还是一部监督和制约行政决策的法律，对所有联邦行政机关施加了保护环境的法律义务和责任。[38]

2. 全面调整型

这类环境保护基本法不仅宣示了国家的环境基本政策和目标，也在内容上较为全面地规定了环境保护基本原则、基本制度和措施，典型的如日本于1993年制定的《环境基本法》，它确立了对整体环境进行一体保护的法律框架，成为一个完全融合的、综合性的环境基本法。日本《环境基本法》共三章，46条，其主要内容包括：（1）总则部分确立环境保护的基本理念与立法目标，分别在第3、4、5条规定了"保障环境资源的享受与继承、构筑可持续发展社会以及积极推进地球环境保全"三大目标。（2）第二章是关于环境保全的基本对策，具体构建了环境保全的基本制度，包括环境基本规划、环境标准、在特定地域防止公害、关于地球环境保全等的国际协作、地方公共团体、费用负担以及财政措施等。（3）确立环境管理和纠纷解决机制，包括环境审议会和公害对策会议等。

（二）我国的环境保护基本法

我国《环境保护法》属于全面调整型立法，其立足于解决环境保护的理念、原则、

---

[38] 王曦：《论美国〈国家环境政策法〉对完善我国环境法制的启示》，载《现代法学》2009年第4期。

基本制度和共性问题,针对中国目前严重的生态环境问题,在总结国内实践经验、吸纳国际新经验的基础上,对我国的环境保护体制、治理模式、基本制度、法律后果等重大问题作出规定,为相关单行立法提供了法律依据。

现行《环境保护法》共七章,70条,分别为"总则""监督管理""保护和改善环境""防治污染和其他公害""信息公开和公众参与""法律责任""附则",其主要内容为:

第一章"总则"。主要规定了立法目的、环境保护的国策地位、环境保护的基本原则以及国家环境管理体制等。值得注意的是,在第1条立法目中,明确了"保障公众健康,推进生态文明建设,促进经济社会可持续发展"的宗旨。在第4条明确了"经济社会发展与环境保护相协调"的保护优先理念。在第5条明确了"环境保护坚持保护优先、预防为主、综合治理、公众参与、损害担责的原则"。第10条规定了我国的环境管理体制。

第二章"监督管理",共15条。系统规定了环境监督管理制度体系,包括环境规划制度、政策环境影响评价制度、环境质量标准制度、污染物排放标准制度、环境监测制度、环境资源承载能力监测预警制度、环境影响评价制度、环境污染和生态破坏联合防治协调机制、环境保护产业鼓励与支持制度、环境保护激励制度、查封扣押制度、环境保护目标责任制和考核评价制度、环境保护人大监督等制度。

第三章"保护和改善环境",共12条。规定了限期达标制度、农业环境保护制度、海洋环境保护制度、城乡建设环境保护制度、生态保护红线制度、生态保护补偿制度、生态安全保障和生物多样性保护制度、环境要素调查监测评估和修复制度、循环经济制度和环境保护政府示范制度、生活废弃物分类处置回收利用制度、环境与健康保护制度。

第四章"防治污染和其他公害",共13条。规定了清洁生产和资源循环利用促进制度、"三同时"制度、重点污染物排放总量控制、排污费制度、环境税制度、排污许可证制度、防止污染转嫁制度、突发环境事件应急制度、农村面源污染治理制度,农村环境保护资金投入、环境保护公共设施建设制度以及鼓励投保环境污染责任保险等。

第五章"信息公开和公众参与",共6条。规定了公众环境保护程序性权利及政府保障义务制度、政府环境信息公开制度、重点排污企业环境信息公开制度、公众参与和信息制度、环境举报制度和公益诉讼制度。

第六章"法律责任",共11条。系统规定了环境法律责任制度体系,具体规定了违反环境保护的行政责任,并对民事责任和刑事责任作出了系统规定;明确了管理者责任、企业和生产经营者的责任。[39]

---

[39] 吕忠梅:《论生态文明建设的综合决策法律机制》,载《中国法学》2014年第3期。

三、环境保护单行法

环境保护单行法律法规,是指以宪法和环境保护法为依据,针对特定要素的保护与污染控制进行的专门立法。环境保护法单行法律法规是对宪法和环境保护法规定的基本原则的具体落实以及基本制度在环境要素保护与污染防治领域的具体体现。在我国,环境保护单行法律法规包括四个方面的内容。

(一)污染防治法[40]

1. 污染防治法的概念与特征

污染防治法是以防治环境要素污染为立法对象的一类法律法规,主要是针对具体环境要素的污染行为进行的法律规制。污染防治法在形式上表现为环境保护基本法统领下的单行法及其配套法规,具有如下主要特征:

(1)从规范依据来看,污染防治法其本身固然是行为控制规范,但规范本身却必须以环境要素的自然属性、生态学规律等作为制定的科学依据。因此,环境质量标准、污染物排放标准是污染防治法的重要构成部分。

(2)从规范属性来看,污染防治法是针对某一环境要素的污染防治或者针对某类污染控制所进行的综合性立法。前者如《水污染防治法》是以水环境要素作为立法对象的法律,其内容涉及水体保护的各个环节和方面;后者如《噪声污染防治法》就是以控制噪声污染为立法对象的法律,其内容涉及环境噪声可能影响的生产、生活活动以及建筑物、构筑物和其他生物生存等多个方面。

(3)从规范系统来看,污染防治法既是整个环境法律体系中的子系统,同时也是由某一环境要素保护的专门单行法及其相关法规构成的系统性规范,并非仅指某一具体的形式意义上的单行法。比如,水污染防治法律规范不但包括《水污染防治法》,还包括《水污染防治法实施细则》(已失效)、《地表水环境质量标准》、《污水综合排放标准》等。

2. 我国主要的污染防治法律

在我国主要已经制定的环境污染防治法律有《大气污染防治法》《水污染防治法》《海洋环境保护法》《固体废物污染环境防治法》《土壤污染防治法》《噪声污染防治法》。已经制定的环境污染防治方面的行政法规主要有:《排污许可管理条例》《畜禽规模养殖污染防治条例》《淮河流域水污染防治暂行条例》《危险废物经营许可证管理办法》《防治船舶污染海洋环境管理条例》《海洋倾废管理条例》《城镇排水与污水处

---

[40] 本部分是对现行单行立法的归纳,故以现行立法为基础称"污染防治法"。同时,本教材主张,现行污染防治单行法被科学整理进入《生态环境法典》作为分编的独立一编,应命名为"污染控制编"。

理条例》《放射性废物安全管理条例》《医疗废物管理条例》等。

（二）自然生态保护法

1. 自然生态保护法的概念与特征

自然生态保护法，是指为了规范人们开发利用自然资源的行为，保证对自然资源的适度开发，平衡对自然资源的社会需求与自然供给之间的关系，促进人类社会与自然的和谐，实现可持续发展而进行的立法。现实中，生态保护法以某一环境要素为立法对象，生态保护法律体系也主要以环境要素为依据，形式上表现为保护某一环境要素的单行法。

（1）自然生态保护法以生态规律为基本依据。生态保护法主要针对开发、利用、管理和养护自然环境的行为，尊重并遵循生态规律是人的行为底线。因此，不同自然环境要素在生态系统中的功能与作用以及相互关系，对于制定和实施生态保护法至关重要，特别是生态系统所具有的整体性、系统性、协调性所需要的整体主义思想，是生态保护法的观念基础。

（2）自然生态保护法必须充分重视与体现可持续发展理念。自然环境对于人类同时产生经济价值与生态价值，既是人类生存必不可少的环境条件，又为人类的生产提供基本的物质资料。自然环境对于人类的环境功能与经济功能同等重要，生态保护法必须统筹环境要素的多重价值与功能。既要规制开发利用行为以实现对环境要素的保护，同时，又不完全拒绝开发利用活动；既满足人们的环境资源利用权，又不对自然环境的生态系统功能造成损害，使之能为人类永续利用，实现经济、社会、资源的可持续发展。

（3）自然生态保护法与污染防治法相互协调、互相配合，协同实现环境保护目标。两类法律规范具有共同的立法目标，但在立法重点、规范性质和制度路径方面存在差异。在人类活动中，污染行为与开发利用行为作用的对象都是自然环境，甚至有可能是同一环境要素；从环境科学规律上看，环境污染的后果可能造成生态破坏，而环境开发利用行为降低了生态环境的自我修复能力也可能加剧环境污染。因此，对于这两类行为的法律控制不仅在目标上是一致的，在制度上也应相互衔接与协调配合，表现在具体立法中会出现一定程度的交叉、重合。比如，《水法》与《水污染防治法》在水资源保护和水污染防治方面，都规定了水体规划制度、许可制度、水环境监测制度等。

2. 我国主要的自然生态保护法律

在我国，主要的自然生态保护法律有《水法》《土地管理法》《森林法》《草原法》《渔业法》《野生动物保护法》《水土保持法》《矿产资源法》等。这些生态保护领域的单行法律构成了我国生态保护领域的主要法律体系，并由之进一步展开了系统的生态保护法律规范体系。当前，我国已经制定的生态保护方面的行政法规主要有：《取水许可和水资源费征收管理条例》《退耕还林条例》《森林法实施条例》《土地管理法实施条例》《水土保持法实施条例》《濒危野生动植物进出口管理条例》等。我国正在系统推进以国家公园为主体的自然保护地体系建设和自然保护地管理体制改革，《国家公园法》等相关法律法规的制定和修改工作正在进行或有待启动。

（三）单一环境保护事项法

单一环境保护事项法是从实现可持续发展目的出发，对事关经济社会发展的某一方面环境保护问题所进行的立法。这些立法以解决某一全局性问题为目标，以环境保护的重要措施、重大战略举措为对象，以措施、战略的实施为内容，是对单一环境保护事项所作的全面规定。主要有《环境影响评价法》《清洁生产促进法》《循环经济促进法》《环境保护税法》等。其特点主要为：

1. 对象为某一单一环境保护事项。确定单一环境保护事项的标准是事关经济社会发展与环境保护的全局，涉及国家重大发展模式转换或者政策调整，如《清洁生产促进法》和《循环经济促进法》是对我国现行生产方式的重大改革，事关整个经济发展模式转换；又如《环境影响评价法》涉及将环境保护纳入经济建设和社会建设的全过程，是决策理念与决策方式的重大转换。

2. 目的是保障与促进可持续发展。这些立法的共同目标是通过环境与发展综合决策机制促进可持续发展。这类法律均是在承认、尊重与保障工业生产、经济建设和社会发展的前提下，通过调整、鼓励、倡导与激励，在经济社会发展过程中实现环境与发展的综合决策。如《清洁生产促进法》是将清洁生产纳入生产全程，而《循环经济促进法》则是要实现经济过程与自然环境过程的循环，这些都必须通过环境与发展综合决策才能实现。

3. 体现政策法律化过程。这些分类具有明显的政策立法的特性，均为将国家宏观的经济社会发展政策转化为具体的环境法律制度。其立法内容直接源于清洁生产促进政策与循环经济促进政策。这些法律的表现形式也主要是"促进"，可能不具备法律规范的完整要素，没有法律责任条款。比如，《清洁生产促进法》直接以法律形式规定了经济政策、社会政策、技术政策等，是政策的法律表现形式。[41]

（四）特殊区域法律

我国生态环境法治建设进程中，生态环境立法的一个重要创新是从2020年开始至今，我国密集地制定了4部特殊区域法律，分别是：2020年制定的《长江保护法》，2022年制定的《黑土地保护法》，2022年制定的《黄河保护法》，2023年制定的《青藏

---

[41] 刘超：《环境法律与环境政策的抵牾与交融——以环境侵权救济为视角》，载《现代法学》2009年第1期。

高原生态保护法》。

根据全国人大常委会的工作报告,这 4 部法律的性质为特殊区域法律,与《环境保护法》以及其他单行法,共同构成了中国的生态环保领域形成"1＋N＋4"法律制度体系。这 4 部法律的共同特征和创新意义在于,以系统性、整体性、协同性思维,将流域、山脉等特殊空间区域及其生态系统"整体"作为法律的保护对象,统筹涉及不同类型生态空间和多个管理部门、多方利益主体的各种利益关系。[42] 这些立法回应了我国生态文明建设和生态文明体制改革以优化空间治理和空间结构为改革方向与重点提出的立法需求,昭示着中国生态环境法治的空间拓展。[43]

四、相关法律中有关环境保护的法律规范

由于环境问题的广泛性和复杂性以及环境保护的公共利益属性,因此,环境法涉及社会关系的各个领域,实质意义上的环境法律规范不仅存在于专门的环境立法中,也存在于许多相关法律中。

(一)民法中的相关制度

1.《民法典》总则编中的环境保护相关规定

《民法典》总则编第一章第 9 条规定了"绿色原则":"民事主体从事民事活动,应当有利于节约资源、保护生态环境。""绿色原则"是限制性基本原则,限制民事活动可能造成的生态环境损害。针对中国国情,"绿色原则"具有以下价值功能:第一,在民法中确立绿色发展理念,协调经济发展与环境保护的关系;第二,在民法中确立生态安全价值,协调交易安全与生态安全的关系;第三,在民法中确立生态伦理观,协调代内公平与代际公平的关系。"绿色原则"的本质是在《民法典》中为个人经济利益与生态公共利益的协调建立沟通机制,一方面通过确立生态环境保护理念,为民事法律行为设定环境保护义务;另一方面,也要将可以体现为个人权利的相关内容纳入《民法典》,保护个人环境权益。[44]

2.《民法典》物权编中的环境保护相关规定

《民法典》物权编有诸多具有能实现环境保护功能的"绿色条款":(1)展开分层次的物权限制,《民法典》第 286 条第 1 款新增业主应当遵循绿色原则的要求,这是对房屋所有权人的绿色义务的规定。《民法典》第 326 条在原《物权法》第 120 条的基础上,增加用益物权人应当遵守法律有关保护生态环境的规定,对用益物权人行使权利

---

[42] 吕忠梅、马鑫:《打造特殊空间区域保护的"中国样本"》,载《环境保护》2023 年第 16 期。
[43] 刘超:《中国生态环境法治的空间拓展及其规则创新》,载《中国社会科学》2024 年第 9 期。
[44] 吕忠梅课题组:《"绿色原则"在民法典中的贯彻论纲》,载《中国法学》2018 年第 1 期。

提出了保护和合理开发利用资源、保护生态环境的一般总体义务要求。《民法典》第346条和第326条对一般用益物权人绿色义务具体化,进一步明确建设用地使用权涉及的环保义务与合规义务,体现了绿色原则在《民法典》物权编中的递进贯彻。(2)提升相邻环保关系要求。《民法典》第294条对相邻环保关系的规定,在原《物权法》规定相邻用水、排水,相邻建筑物通风、采光和日照,相邻排污关系的基础上进行了扩充和完善:一是明确将"土壤污染物"纳入列举范围;二是将"光"改为"光辐射"。(3)确认多人共享的集体环境权益。《民法典》第286条,以第274条明确小区绿地为业主共有财产、第278条第1款第8项规定"改变共有部分的用途"要受到"业主共同决定事项"的严格程序限制、第286条第1款扩充完善小区环境管理制度为基础,明确赋予了业主大会或业主委员会的集体环境权益请求权。(4)建立有利于保护自然生态的地役权。《民法典》第375条将地役权义务对象扩大到"不动产",第378条和第379条将地役权的继受对象扩展到一切用益物权人,既是对节约资源、物尽其用行为的鼓励,也为在自然生态保护中设立"保护地役权"提供了基础性规范。(5)重视"添附"制度的环保功能。《民法典》第322条创设"添附"条款,既体现了"物尽其用"的现代理念,具有"资源节约"的重要功能,也为自然生态保护提供了新的路径。[45]

3.《民法典》合同编中的环境保护相关规定

《民法典》合同编有关环境保护的规定明确了合同制度贯彻绿色原则、容纳环保义务的规范空间,具体体现如下:(1)《民法典》第509条第3款,该规定改变了《民法典》绿色原则条款的表达结构,通过义务设定的方式强化了对合同履行的绿色约束。(2)《民法典》第558条,该条是对后合同义务的绿色拓展,如果当事人不履行此义务造成对方当事人损害,应当承担相应的损害赔偿责任。(3)《民法典》第619条,该条是对适当包装义务之内涵的扩展,是合同履行中的绿色附随义务在买卖合同包装方式确定规则中的具体化。[46] (4)《民法典》第625条,该条规定了买卖合同当事人负有买卖标的物有效使用年限届满的回收义务,具体需要依照法律法规规定或合同约定加以履行。

4.《民法典》人格权编中的环境保护相关规定

《民法典》人格权编有关环境保护的规定代表着环境权保护的人格权法进路,其中环境保护的有关规定体现如下:(1)《民法典》第990条第1款,此规定将与环境保护密切相关的生命权、身体权和健康权等权利作为人格权利体系的重要组成,彰显本编的绿色理念追求。该规定充分表明,在良好环境中生存和发展,既是"人之所以为

---

[45] 具体梳理和分析参见吕忠梅:《民法典绿色条款的类型化构造及与环境法典的衔接》,载《行政法学研究》2022年第2期;巩固:《〈民法典〉物权编绿色制度解读:规范再造与理论新识》,载《法学杂志》2020年第10期。

[46] 刘长兴:《〈民法典〉合同编绿色条款解析》,载《法学杂志》2020年第10期。

人"的必要条件,也是生命健康的重要内容,更是人的"尊严和自由"的显著标志。[47]
(2)《民法典》人格权编第二章中专章规定了生命权、身体权和健康权及其保护要求。一方面,《民法典》第 1002、1003、1004 条分别规定了生命权、身体权、健康权,当特定生态环境违法行为危及公民生命健康或身体权益时,可以此为请求权基础诉请救济。另一方面,《民法典》第 1005 条规定了相关组织或个人的法定救助义务,有利于更充分保障自然人的生命权、身体权、健康权。(3)《民法典》第 1032 条第 1 款、第 1034 条关于隐私权和个人信息保护的规定,若个人的健康信息被不当收集或者泄露,可依据该章关联条款及相关法律规定,要求侵害主体承担相应责任。

5.《民法典》侵权责任编中的环境保护相关规定

我国《民法典》侵权责任编第七章"环境污染和生态破坏责任"用七个条文规定了绿色制度,相比于原《侵权责任法》,在权利救济的范围、程度和方式三个方面进行了创新:(1)引入生态破坏责任以扩张权利救济范围。《民法典》第 1229 条规定污染环境、破坏生态致损的侵权责任,第 1230 条规定污染环境、破坏生态侵权举证责任倒置,第 1231 条规定共同侵权的责任分担,第 1233 条规定因第三人的过错污染环境、破坏生态的侵权责任。这 4 个条文均以原《侵权责任法》规定的环境污染责任制度作为立法基础,引入"生态破坏"这一新型原因行为,进行了制度创新。(2)增设环境侵权惩罚性赔偿制度以拓深权利救济程度。《民法典》第 1232 条规定了环境侵权的惩罚性赔偿制度,在正式立法层面为实施环境侵权惩罚性赔偿确立了法律依据,该制度是一种拓展被侵权人受损权益救济程度的创新,虽然客观上也能"惩罚"、抑制和预防环境污染和生态破坏行为、有益于国家环境治理目标的实现。(3)创设生态环境损害赔偿责任机制,为"绿色诉讼"确立请求权基础,通过规定衔接条款以拓展权利救济方式。《民法典》侵权责任编第 1234 条和第 1235 条规定的生态环境修复责任和生态环境损害赔偿范围制度,属于侵权责任编创设的因应环境致害行为同时导致私益与公益损害的衔接条款,其本质上属于环境侵权救济方式的创新。[48]

(二)刑法中的环境保护相关法律规范

在世界范围内,运用刑法手段保护环境是一种共识。但从立法上看,有两种立法模式。

1.制定专门的环境保护刑法

典型的如日本,为充分运用刑事法律手段,1970 年制定了《关于危害人体健康公害犯罪处罚法》,在该法中规定了因果关系推定原则。

---

[47] 吕忠梅:《民法典绿色条款的类型化构造及与环境法典的衔接》,载《行政法学研究》2022 年第 2 期。
[48] 刘超:《〈民法典〉侵权责任编的绿色制度创新》,载《法学杂志》2020 年第 10 期。

2. 在刑法中增加有关环境犯罪的内容

我国采取了这种立法模式,由《刑法》对环境资源犯罪进行规定。我国《刑法》第六章"妨害社会管理秩序罪"专门规定了第六节"破坏环境资源保护罪",该节的规定不断被修改完善。特别是该节第338条的规定,经由1997年修订的《刑法》通过规定第338条设立重大环境污染事故罪,到2011年《刑法修正案(八)》将其修改为污染环境罪,再到2020年《刑法修正案(十一)》第40条再次在该条规定中增设适用"处七年以上有期徒刑"的4种情形,《刑法》第338条历经数次修改,彰显了"用最严格制度最严密法治保护生态环境"的理念。

(三)行政法中有关环境保护的法律规范

1. 行政行为法中的环境保护规定

行政行为的性质多样,涉及的法律也很多,其中有一些法律制度与环境保护有关。主要包括两个方面的内容:(1)环境保护行政行为应该遵守的相关规定,如我国《行政许可法》的规定,当然适用于环境行政许可。(2)直接规定环境保护的相关内容,如我国《治安管理处罚法》中规定了对与环境有关的违法行为的处罚,该法第58条规定:"违反关于社会生活噪声污染防治的法律规定,制造噪声干扰他人正常生活的,处警告;警告后不改正的,处二百元以上五百元以下罚款。"《行政处罚法》第18条第1款规定:"国家在城市管理、市场监管、生态环境、文化市场、交通运输、应急管理、农业等领域推行建立综合行政执法制度,相对集中行政处罚权。"生态环境部为规范生态环境行政处罚的实施,制定了《生态环境行政处罚办法》等。

2. 行政监督法中的环境保护规定

行政权力是国家权力中对经济社会发展影响最直接,与人民群众关系最为密切的一种权力。依法行政也是生态环境管理机关必须遵循的基本原则,因此,行政法中有关行政监督的法律制度也是环境保护法的组成部分。比如,对于《行政复议法》有关行政复议程序的规定,环境行政复议必须遵守;《行政诉讼法》关于行政诉讼的程序法规定和行政公益诉讼的规定,也是环境行政诉讼和环境行政公益诉讼的遵循。

(四)其他法律中有关环境保护的法律规范

环境问题是一个综合性的社会问题,需要多个法律部门综合发挥治理作用。除上述三个主要法律部门中有系统的有关环境保护法律规范的规定之外,其他法律中也有不少规定涉及环境保护制度,如劳动法、企业法、农业法、交通运输法、涉外经济法等的相关规定。另外,诉讼法中也有环境纠纷解决的程序性规范,比如,我国《民事诉讼法》第58条的规定是提起环境民事公益诉讼的程序法依据:"对污染环境、侵害众多消费者合法权益等损害社会公共利益的行为,法律规定的机关和有关组织可以向人民法院提起诉讼。人民检察院在履行职责中发现破坏生态环境和资源保护、食品药品安全领域侵害众多消费者合法权益等损害社会公共利益的行为,在没有前款规定的机关和组织或者前款规定的机关和组织不提起诉讼的情况下,可以向人民法院提起诉讼。前款规定的机关或者组织提起诉讼的,人民检察院可以支持起诉。"

延伸阅读[49] 我国环境保护立法的制度进程

2014年4月24日,十二届全国人大常委会第八次会议通过了《环境保护法》,该法于2015年1月1日起施行。《环境保护法》的通过和实施,是我国40多年来的环境立法和环境法治的重大节点事件,标志着我国环境法制建设达到了一个新的历史高度。这部法律的前身是1979年《环境保护法(试行)》,基础是1989年颁行的《环境保护法》。1979年《环境保护法(试行)》虽然不是此次修法的直接文本,但其作为中国第一部环境保护领域的综合性法律,在奠定中国环境保护法律制度体系基础的同时,为后来留下了一些隐患,成为此次修法争论的起因。1989年《环境保护法》是此次修法的直接文本,这部法律的存废之争一直持续了20多年;在2011年年初人大常委会正式启动修法程序后,经历全国人大常委会四次审议、修改草案两次面向社会公开征求意见,从"修正案"到"修订案",创造了中国立法史上几个"第一"。最终通过的《环境保护法》体现了党的十八届三中全会提出的建设生态文明,建立最严格制度的要求,确立了其在环境保护领域的基础性、综合性法律的地位,在建立生态环境保护法律机制方面实现了重大突破,在回应生态文明建设新需求方面作出了积极努力。环境法研习者应当重视被定为我国环境保护领域基础法的《环境保护法》的立法理念、基本原则、制度体系、演进历史和现实意义。

党的二十大报告明确提出了"统筹立改废释纂,增强立法系统性、整体性、协同性、时效性"的重要要求。2020年,习近平总书记在中央全面依法治国工作会议上指出:"民法典为其他领域立法法典化提供了很好的范例,要总结编纂民法典的经验,适时推动条件成熟的立法领域法典编纂工作。"党的二十届三中全会通过的《中共中央关于进一步全面深化改革 推进中国式现代化的决定》正式提出"编纂生态环境法典"的全新部署。十四届全国人大常委会立法规划将编纂生态环境法典列入第一类项目,国家立法机关已正式启动了生态环境法典编纂的立法程序。

---

[49] 吕忠梅:《论生态文明建设的综合决策法律机制》,载《中国法学》2014年第3期;吕忠梅:《〈环境保护法〉的前世今生》,载《政法论丛》2014年第5期;吕忠梅:《环境法典编纂论纲》,载《中国法学》2023年第2期。

思 考 题

1. 如何理解环境法与环境、生态环境这些概念之间的关系？
2. 与传统法律比较，环境法有哪些特征？
3. 环境法产生的原因包括哪些？
4. 我国的环境法律体系由哪些法律构成？在这一法律体系中，环境法与相关法律是什么关系？

第二章 环境法基本原则

> **本章导读**
>
> 环境法基本原则,是指由环境法所确认并体现,贯穿于整个环境法体系,反映环境法目的价值、基本特征及内在特质,对贯彻和实施环境法具有普遍指导作用的基本准则。它是环境法基本精神、基本理念、基本价值的集中体现,对环境立法、执法、司法具有引领作用和指导意义。从环境法的本质出发,可将环境法基本原则凝练、抽象为:保护优先原则、预防原则、系统治理原则、公众参与原则、原因者负担原则。其中,保护优先原则属于上位原则,相对其他基本原则具有统领性。

第一节 环境法基本原则概述

生态环境问题已经成为中国社会近年来最关注的重点和热点,也是引发社会矛盾和冲突的焦点之一。面对纷繁的环境现象与事件,以及环境污染与生态破坏后果,法律应以怎样的视角、从怎样的逻辑起点、依怎样的价值判断来观察、分析并解决这些问题?毋庸置疑,欲将复杂的人类行为纳入环境法的调整范围,建立正当的环境法律秩序,必须首先确立一些基本的判断标准和基本准则,这些基本标准和基本准则就是我们通常所说的环境法基本原则,其宗旨在于凝练环境法的基本精神、阐明环境法的基本理念、体现环境法的基本价值。在这一意义上说,基本原则是学习、理解环境法的核心环节;如果失去了基本原则的指引和规范,那么环境法在很大程度上只是一堆法条的堆砌而失去了灵魂。

法的基本原则是一个法理概念,基本含义为法律精神的积聚、法律问题处理的准绳。概言之,原则表达了详细的法律规则和具体的法律制度的基本目的,因为,人们把原则看作使这些基本目的始终如一、紧密一致、深入人心,从而使其完全理性化的东西。因此,法律原则正是规则和价值的交汇点。[1] 每一类法律在自己的发展与演进中,都会遵循法律发展的一般规律,形成自身特质与基本精神,学者将这些特质与精神加以理论抽象,归纳概括而成为法的基本原则。每一类法律的基本原则,是该法律基本理念和价值判断的集中表达。环境法的基本原则,是指由环境法所确认并体现,贯穿于整个环境法体系,反映环境法的目的价值、基本特征及内在特质,对贯彻和实施环境法具有普遍引领和指导作用的基本准则。作为判断人们环境活动的基本准则,环境法的基本原则应当以保护生态环境、实现可持续发展为目标,以生态环境保护要求和法的基本理念为基础,以现代科学知识为背景,体现出环境法的基本精神、基本理念、基本价值以及国家生态环境保护的战略任务。基本原则以其规范性、指导性和价值导向功能,在环境法治建设中发挥着提纲挈领的核心作用。可以从如下五个方面加以理解:

1. 环境法基本原则具有高度的抽象性、概括性、开放性,是价值目标、价值导向的规范表达,环境法规则是在各个方面对环境法基本原则进行的具体化。在法学方法论上,法的基本原则体现"一般法律思想",是"形成法律的理由"而非法律自身,即法律制定时所依据的那些能够使法律具有合理性和正当性的因素或依据。[2] 环境法基本原则体现着环境法的本质和根本价值,构成环境法律体系的灵魂。价值性是环境法基本原则的根本属性,其具备特定的价值意蕴,追求特定的价值目标,反映特定的价值导向。在环境立法、执法、司法等所有环境法治领域中,都必须遵守环境法基本原则所确立的价值导向。在适用上,环境法基本原则没有明确的构成要件和法律后果,无法直接涵摄具体案件中的事实,必须通过严格、全面的价值衡量并根据个案情况得到最佳化的实现。因此,法律原则的规范性要求和具体法律规则的规范性要求不同,法律原则是一种"最佳化命令",是某种要追求的价值或目的在法律上与事实上可能的范围内得到最大化的实现。正因为这种抽象性、概括性,环境法基本原则得以贯穿整个环境法体系,同时能够根据社会生活的变化而对最新的价值导向与目标要求保持开放,以规范的方式将其纳入环境法体系之中。这就高度契合了环境问题所具有的复杂性、广泛性特征,因而在整个环境法律体系中处于核心及灵魂的地位。

2. 环境法基本原则集中体现生态文明建设的要求,是对生态环境保护原则进行提炼和转化后的产物,不能将两者简单等同。生态文明建设是关系中华民族永续发展的根本大计,党的十八大以来,党和国家开展了一系列开创性工作,决心之大、力度之大、成效之大前所未有,生态文明建设从理论到实践都发生了历史性、转折性、全局性变

---

[1] [美]迈克尔·D.贝勒斯:《法律的原则——一个规范的分析》,张文显、宋金娜、朱卫国、黄文艺译,中国大百科全书出版社1996年版,第315页。
[2] [德]卡尔·拉伦茨:《法学方法论》,陈爱娥译,商务印书馆2003年版,第353页。

化。但是我国生态环境保护的结构性、根源性、趋势性压力尚未得到根本缓解,生态文明建设仍处于压力叠加、负重前行的关键期,呈现出时空压缩、任务复合、压力叠加的特征,基本任务是:"坚持以人民为中心,牢固树立和践行绿水青山就是金山银山的理念,把建设美丽中国摆在强国建设、民族复兴的突出位置,推动城乡人居环境明显改善、美丽中国建设取得显著成效,以高品质生态环境支撑高质量发展。"〔3〕这些基本任务和工作要求需要通过环境法基本原则加以固定并通过法治路径和法治方式加以实现。但需要注意,生态环境保护原则是有关部门进行环境管理及相应工作时的理念、方针和要求,代表着法政策层面的选择与要求,与规范层面上作为价值判断准则的环境法基本原则尚不能完全画等号,需要根据具体情况加以辨析(具体分析由下文展开)。概言之,如果某生态环境保护工作原则同时能作为价值判断和利益衡量准则,协调生态环境领域的利益冲突,反映了环境法律体系的特定价值导向,就具有环境法基本原则之地位;反之,则不能认定为环境法基本原则。

3. 环境法基本原则具有指引环境立法的作用,并形成融贯的内在体系,避免环境法律规范出现价值偏离。深入推进生态文明建设,必须以习近平生态文明思想为指导,处理好不同层面价值需求的相互关系,明确环境法体系中的规则导向。处理好高质量发展和高水平保护的关系带有全局性、根本性,应通过高水平环境保护,不断塑造发展的新动能、新优势,持续增强发展的潜力和后劲。〔4〕这就决定了保护优先、绿色发展,通过高水平保护实现高质量发展在环境法治建设中的优先地位,需要在立法上确认这一先在性、根本性、统领性的价值导向,构成环境法基本原则的基石,并贯彻在一系列具体制度之中。在保护优先的价值引领下,还需要在立法上贯彻落实好其他几类生态文明建设重大关系,建立健全能够实现"三个明显改善、三个基本消除、三个有效保障"的原则构建及制度体系,包括:空气质量明显改善、水环境质量明显改善、城乡人居环境明显改善;重污染天气基本消除、劣Ⅴ类断面基本消除、黑臭水体基本消除;生态安全得到有效保障、环境健康得到有效保障、核与辐射安全得到有效保障。这样就在立法上形成了内在统一、相互协调的价值体系和原则体系,避免单个环境法律规范可能出现的价值偏离。

4. 环境法基本原则是开展环境管理、环境执法以及环境法实施的基本遵循。环境法基本原则不仅是理论上的抽象与提炼,更是实践中的有力工具。一系列基本原则为政府及相关机构提供了明确的行动指南,这些原则对环境管理和执法活动进行了全面的规范;在环境执法过程中,环境法基本原则也发挥着约束和监督的作用。考察我国环境立法,绝大多数环境法律法规都具体设置了执法主体,明确了由哪个行政部门来

---

〔3〕 习近平:《以美丽中国建设全面推进人与自然和谐共生的现代化》,载《求是》2024 年第 1 期。

〔4〕 生态环境部:《以美丽中国建设全面推进人与自然和谐共生的现代化》,载《求是》2023 年第 15 期。

执行该立法、进行相应的环境管理。但赋予相应的监管权力并不意味着可以随心所欲,管理与执法行为必须符合环境法的立法目的与精神。环境法基本原则概括了立法者对环境法律规范的基本态度与价值观念,是立法目的与精神的直接体现。虽然从制度设计的角度看,不同的制度所体现的重点会有所不同,但任何制度都不能也无法背离环境法的基本原则。因此,执法者只有依循基本原则实施具体执法行为,才能实现环境法的目的、体现环境法的精神、贯彻环境法的价值,政府及相关机构也就能够更好地履行生态环境保护职责,推动生态文明建设。

5. 环境法基本原则具有漏洞填补和法律解释的裁判功能。当社会生活中出现既定的环境法律规范与变化的社会现象发生矛盾的情形时,环境法基本原则可以为司法者提供法律解释的基本线索和根本指引,弥补成文法滞后于社会发展变化的不足,既为解决个案纠纷提供依据,也为法律的修改奠定基础。任何制定法都不可能穷尽社会生活中人们行为的全部,加之环境法较传统法律更加广泛而复杂,环境法律规范不可能涵盖现实中的全部环境社会关系,法律适用空白与不足的情形必然会出现。一旦出现这种情形,基本原则就可以成为司法者在个案裁判中直接援引的一般条款,通过法官的法律解释进行法律漏洞填补和利益衡量。在这个意义上,环境法的基本原则与民法上的"诚实信用""公序良俗"等基本原则类似,是对法官的一种授权,是司法机关用来处理成文法与社会发展的不一致,综合考量当事人权益、社会公共利益、经济社会高质量发展等多方面关系,公正合理地处理环境纠纷的重要依据。如前所述,环境法基本原则有着高度的抽象性、概括性、开放性,没有明确的构成要件和法律后果,无法通过法律推理的"三段论"直接适用于具体案件,但仍然在一定程度上属于裁判规范,即以其内在的价值性、总体性具有相应的裁判功能,能够通过以基本原则为核心的解释基准作用在案件审理过程中,或者直接用来填补法律漏洞。在面对疑难案件时,法官往往需要证明裁判理由与体现于一般法律原则中的特定法律价值存在内在的一致性,环境法基本原则就可以作为论证的理由和利益衡量依据适用于裁判中,增加裁判的说理性,为法官所进行的法律解释提供证立基础,将价值要求转化为对行为人的规范要求。例如,根据保护优先原则以及预防原则,可以在没有直接法律规定情况下发展出预防性环境公益诉讼,允许相关主体(如社会组织)在生态环境损害发生前就提起诉讼,通过法定程序停止可能造成重大环境风险的开发建设行为。

总结而言,环境法的基本原则是人类在一定时期,根据生态环境问题以及在对其解决方法的认识基础上形成的,它们是法律精神、生态规律、可持续发展的基本要求等支撑环境法的知识背景与知识内核在环境立法上的反映,是正确认识环境法性质的关键所在,也是准确理解、执行、适用环境法律规范的"钥匙"。在具体的立法实践中,由于各国具体国情、法律结构、经济发展水平的不同,对基本原则会有所取舍或侧重,反映了各国环境法所具有的特征和内在精神。从中国环境法独有的特征与品性出发,以现行立法为参考并加以辨析,我们将贯穿于整个环境法体系,最能反映出环境法自身特质的基本原则概括为:保护优先原则、预防原则、系统治理原则、公众参与原则、原因者负担原则。

第二节 保护优先原则

一、保护优先与原则的内涵

保护优先原则,是指在对待经济社会发展和生态环境保护之间的关系上,应当贯彻落实绿色发展理念,从源头上加强生态环境保护;当生态环境保护与经济社会发展出现矛盾冲突时,应将生态环境保护目标作为优先选择,强化生态环境保护的刚性约束,避免"先污染后治理"的传统发展模式。这一原则充分体现可持续发展的要求,旨在通过法律手段确保正确处理生态环境保护与经济社会发展的关系。党的十八大提出,推进生态文明建设,要坚持节约优先、保护优先、自然恢复为主的方针。党的二十大强调,"尊重自然、顺应自然、保护自然"是全面建设社会主义现代化国家的内在要求。尽管取得了巨大成就,我国生态文明建设仍处于压力叠加、负重前行的关键期,需要站在建设人与自然和谐共生现代化的高度来认识和把握。保护优先不仅是生态文明建设的基本方针,是中国特色社会主义建设的内在要求,也构成了环境法的基本原则和根本宗旨。

保护优先原则,在内涵上涵盖了污染防治、生态保护、资源开发、能源利用、低碳发展等多个方面,范围十分广泛;在价值层面确立了调整生态环境保护与经济社会发展的基本准则和评价标准,即在生态环境利益与其他利益发生冲突的情况下,应当优先考虑生态环境利益,通过法治路径与法治方式保障其实现,明确了环境公共利益和其他利益之间发生冲突时的价值选择和利益衡量准则,因此,其不仅是生态环境保护工作原则,也是具有根本性地位的环境法基本原则。应当注意到,保护优先原则不是简单地排斥发展,而是避免传统"先污染后治理"的陷阱,摒弃以破坏生态环境为前提的传统增长模式,促使各方面更好地实现经济社会高质量发展,真正实现可持续发展的要求。环境法的保护优先原则与经济社会高质量发展之间存在深刻的协同性与互补关系,二者共同体现了"人与自然和谐共生"的中国式现代化发展理念。两者均以可持续发展为目标,强调生态环境保护是发展的前提,而非对立面:保护优先原则为高质量发展划定了刚性约束和底线标准,高质量发展则为保护优先原则提供了更高效、更可持续的实现路径,做到在保护中发展、在发展中保护。在这一意义上,高质量发展是保护优先原则的升华,通过更高效、更公平、更可持续的模式实现生态与经济的良性互动;二者的协同推进,是中国式现代化的重要特征。为实现这一目标,就必须牢固树立保护生态环境、节约资源能源的观念,切实把保护放在优先位置,增强全社会环境保护意识,彻底改变以牺牲环境、破坏资源为代价的粗放型增长模式,不应以牺牲生态环境为代价去换取一时的经济增长,而是要切实转变为创新驱动、绿色低碳、公平高效的发展路径,把生态环境保护作为经济社会发展的前置条件和内生约束,通过技术升级、结构优化和制度创新实现经济与生态的"双赢"。

二、保护优先原则的立法考量与统领地位

1989 年《环境保护法》第 4 条规定:"……国家采取有利于环境保护的经济、技术政策和措施,使环境保护工作同经济建设和社会发展相协调。"该条款在原有环境法教科书中被总结为协调发展原则,即环境保护与经济社会发展相协调,使环境保护同经济建设、社会发展相协调,将经济建设、城乡建设与环境建设一道,同步规划、同步实施、同步发展,达到经济效益、社会效益、环境效益的统一,简称为"三项建设三同步和三统一"。[5] 应该说,"环境保护与经济社会发展相协调"的思路本质上并无大的问题,但其指向和判断标准都极其含糊,不具备法律规定应有的明确性,导致实践中被随意解释,甚至成了为发展经济、提高 GDP 而牺牲环境保护的理由或借口,这导致我国环境问题日益突出。

基于此,2014 年修订的《环境保护法》第 5 条明确提出了"保护优先"的原则,这是对原先协调发展原则的调整和修正。"保护优先"原则明确了指向和标准,意味着在生态环境保护与经济社会发展出现冲突时优先考虑环境目标,要求"经济建设与环境保护相协调",而不是"环境保护与经济建设相协调",重点和顺序发生根本性变化。保护优先原则与环境法立法目的具有逻辑一致性,旨在提升生态环境保护在社会生活、经济活动、政府管理等各领域中的地位,优先保障环境保护目标的实现。2014 年《环境保护法》第 1 条对立法目的进行了宣示,具体包括"保护和改善环境,防治污染和其他公害,保障公众健康,推进生态文明建设,促进经济社会可持续发展",保护优先原则与其相互呼应,具有明显的进步意义。但也须看到,"保护优先"的内涵仍存在歧义,有一种观点认为,《环境保护法》第 4 条将"保护"与"治理"等概念并列,这意味着其只是环境保护内部的问题,即所谓"保护"优先只是相对于环境"治理"的优先,而不是相对于开发利用自然资源、发展经济的优先。[6] 笔者认为,综合考虑《环境保护法》关于立法目的、基本国策的规定,以及党和国家推进生态文明建设的战略要求,

---

[5] 汪劲:《中国环境法原理》,北京大学出版社 2000 年版,第 81 页;金瑞林主编:《环境与资源保护法学》,北京大学出版社 1999 年版,第 96 页。

[6] 对该观点的分析,参见吕忠梅主编:《中华人民共和国环境保护法释义》,中国计划出版社 2014 年版,第 30 页。

"保护优先"的正确含义是生态环境保护相对于经济社会发展的优先。前文已论述，坚持保护优先，绝不是使经济社会发展停滞，而是在更高层面上实现高质量的发展，是为了切实实现经济社会的可持续发展，实现"人与自然和谐共生"的中国式现代化目标，是推进可持续发展的关键路径，实现生态效益、经济效益、社会效益的统一。真正确立保护优先原则，才能真正加快发展方式的转变。同时，谁先贯彻落实好保护优先的要求，谁就能占据新一轮发展的制高点，在中国特色社会主义建设中具有重要地位。

正如前文所介绍的，在我国生态文明建设诸多重要关系中，高质量发展和高水平保护的关系，居于管总和引领地位，带有全局性、根本性。因此，就法律地位而言，保护优先原则因其内含的重要理念和价值基准，在连接《环境保护法》立法目的与制度设计中起核心作用，是统领预防、系统治理、公众参与、原因者负担等其他环境法基本原则的上位原则，其他环境法基本原则在某种意义上属于次级原则，其关系到保护优先原则的实现方式、途径以及最终可能的实现程度，服务于以美丽中国建设全面推进人与自然和谐共生的现代化的整体战略。可以说，保护优先原则是环境法基本原则中最为基础性的准则，最为集中地体现了环境法的基本精神、基本理念、基本价值，在一定意义上构成环境法的"帝王条款"。

三、保护优先原则的实现

切实实现保护优先原则，关键在于在制度设计上正确处理生态环境保护与经济发展的关系，实现环境与发展的综合决策并通过制度构建加以实现。将环境与发展对立起来或将它们看作两个相互独立的问题，并不能真正地解决已经出现的严重的生态环境问题，为保护环境而过度限制发展，或者为发展而牺牲环境都可能引发更多更大的问题，也与生态文明建设的要求背道而驰。建设生态文明、推动绿色低碳循环发展，不仅可以满足人民日益增长的优美生态环境需要，而且可以推动实现更高质量、更有效率、更加公平、更可持续、更为安全的发展，符合人民群众的根本福祉。[7] 因此，只有在可持续发展观指导下，将环境与发展综合起来进行考量，才是贯彻实施保护优先原则唯一正确的选择。在实践中落实保护优先原则，本质上是重构发展逻辑的过程，需通过全社会价值观转变以及法律刚性约束、制度创新等方式加以实现，将生态环境保护内化为政府、企业、公众等多元主体的自觉行动。具体而言：

1. 在价值观上确立环境与发展综合决策的核心地位。所谓环境与发展综合决策，是指在决策过程中对环境、经济和社会发展进行统筹兼顾，综合平衡，科学抉择。也就是说，从决策开始就要在环境、经济、社会之间寻找最佳结合点，使三者尽可能协调、协同，实现经济发展、社会进步和环境改善。从法律的角度来看，环境与发展综合

---

[7] 生态环境部：《奋力谱写新时代生态文明建设新华章》，载《求是》2022年第11期。

决策的本质功能在于协调利益、平衡关系。对于人类而言,生态环境保护是一种利益,经济发展也是一种利益,社会进步更是一种利益。任何一方面利益的增进都会对利益总和有所影响,有时会增加总体利益,有时却不一定。从综合决策的判断标准来看,现实生活中的各种利益是由不同的人群所享有或者所代表的,不同的利益有着不同的主体。在此意义上,利益的多元主体结构直接决定了综合决策的需求。环境与发展综合决策属于公共决策——政府或其他权力机关运用公共权力所进行的选择,同时也是综合决策——综合考虑了经济、环境、社会三个子系统的多规模和多目标的选择。另外,环境与发展综合决策在本质上是双向的和客观的。它不仅要求把对环境的考虑纳入经济和社会发展决策之中,同时也要求在环境保护决策中充分考虑经济和社会发展的现实需要和客观条件。[8]

2. 在法律上确立生态环境刚性约束的基本要求。习近平总书记指出:"要站在人与自然和谐共生的高度谋划发展,把资源环境承载力作为前提和基础,自觉把经济活动、人的行为限制在自然资源和生态环境能够承受的限度内……"[9]这深刻地揭示了保护优先原则的核心要求,在法律制度上主要体现在确立生态保护红线、环境质量底线、资源利用上线的法律地位,通过明确底线对相关主体行为加以约束和"倒逼",将生态环境保护要求融入经济社会发展的全过程。生态保护红线、环境质量底线、资源利用上线是实现保护优先原则、体现刚性约束的核心准则,划定不可逾越的安全边界,相关制度体系已基本建成:(1)生态保护红线指在生态空间范围内具有特殊重要生态功能、必须强制性严格保护的区域,是保障和维护国家生态安全的底线,主要涵盖重要生态功能区、生态环境敏感区和脆弱区等区域。在生态保护红线区域内实行严格管控,实现"生态功能不降低、面积不减少、性质不改变",原则上禁止工业化和城镇化开发活动,严格限制其他可能对生态环境造成破坏的人为活动。2014 年修订后的《环境保护法》第 29 条首次赋予其法律地位,近年来发布了一系列法律法规、规章加以规范,不断完善生态保护红线的制度体系。(2)环境质量底线是指在一定地区范围内,根据保护生态环境和人类健康的需要,在特定时期内设置的环境质量标准,是环境质量的最低要求,包括水、大气、土壤等主要因素,倒逼地方政府和企业将环境质量提升作为发展的前提条件,促使加快产业结构调整,推动传统产业的转型升级。在制定环境政策、规划和审批建设项目时,环境质量底线是重要的决策依据。政府和相关部门必须以环境质量底线为基准,确保所有决策和活动不会导致环境质量低于底线标准。(3)资源利用上线是指在一定时间、空间范围内,基于区域生态环境承载力、资源禀赋和可持续发展需求,对水、土地、能源、矿产等自然资源的最大允许开发(或消耗)量设

---

[8] 吕忠梅:《环境与发展综合决策的法律思考》,载《甘肃社会科学》2006 年第 6 期。
[9] 习近平:《推进生态文明建设需要处理好几个重大关系》,载《求是》2023 年第 22 期。

定的刚性约束指标。资源利用上线以保障生态安全和改善环境质量为目的,利用自然资源资产负债表,结合自然资源开发管控,提出了分区域分阶段的资源开发利用总量、强度、效率等上线管控要求,其明确了资源开发利用的总量、强度和效率的上限,为资源开发和利用设定了明确的边界,有助于防止资源过度开发和浪费。资源利用上线要求资源开发利用必须在规定的总量和强度范围内进行,同时通过科学制定资源开发规划,明确资源开发的规模、强度和方式,这促使企业和政府提高资源利用效率,避免过度开发和掠夺性利用。

3. 创新生态环境空间管控制度体系。为深入保障保护优先原则的实现,通过集成生态保护红线、环境质量底线和资源利用上线的管控要求,并在此基础上编制生态环境准入清单,形成以生态环境管控单元为基础的"三线一单"分区管控体系,实现生态环境保护的精细化、差异化管理。[10] 生态环境准入清单明确空间布局、污染物排放、环境风险、资源开发利用等方面的环境准入要求,将保护优先原则从理念转化为可量化、可操作的刚性标准。生态环境管控单元则集成生态保护红线及生态空间、环境质量底线、资源利用上线的管控区域,衔接行政边界,划定各环境综合管理单元,根据不同管控单元的生态环境特征和管理要求,制定差异化、动态化、精细化的管控措施,使经济社会活动与生态环境承载力相一致,不断强化"三线一单"生态环境分区管控在政策制定、环境准入、园区管理、执法监管等方面的应用。目前全国已经基本建立了"三线一单"分区管控体系,全国省市两级"三线一单"成果均完成政府审议和发布工作,共划定4万余个环境管控单元,形成了一张全覆盖、多要素、能共享的生态环境管理底图,为保护优先原则的实现提供了坚实保障,需要不断深入完善,形成分区域、差异化、精准管控的生态环境管理体系。

第三节 预防原则

预防原则,是指应当采取各种预防措施,防止在开发和建设活动中产生环境污染和破坏。其基本要求是积极预防环境污染和破坏,即运用已有的知识和经验,对开发和利用环境行为带来的可能的环境危害事前采取措施以避免危害的产生。同时,在科学不确定的条件下,应当谨慎采取行动以避免环境风险。

---

[10] 陈海嵩、曾妍:《生态环境分区管控制度实施的规范路径——以行政裁量基准为中心》,载《南京工业大学学报(社会科学版)》2023年第3期。

一直以来，我国环境法学界都将"预防为主、防治结合"作为环境法的基本原则之一。[11] 2014年《环境保护法》第5条规定了"预防为主"原则。预防为主原则是指在生态环境保护中应优先采取主动措施防止环境污染和生态破坏的发生，而非仅仅依赖事后的污染治理和生态修复，以保护生态系统的安全和人类的健康及其财产。在某种意义上说，"预防"是环境法及其制度所具有的最大特点。对该原则的理解，应从以下三个方面展开。

一、预防原则的合理性

预防原则环境法中的重要地位，是人类同环境污染和生态破坏作斗争的经验总结。西方国家在经济社会发展过程中，大都走过一条"先污染，后治理"的道路，结果是为治理后续的环境问题付出了巨大的代价。正是在这个过程中，人们逐渐认识到在处理环境问题时采取预防措施的重要性。这是由生态环境问题的特征所决定的：一方面，生态环境问题具有"污染容易治理难、破坏容易恢复难"的特点。在环境污染和生态破坏发生后再进行治理，往往要耗费巨额成本而且成效缓慢。例如，英国为了治理泰晤士河的污染，花了40年的时间，投入了300亿英镑，才将受到严重污染的泰晤士河变清。[12] 另一方面，生态环境问题通常具有不可逆性，污染和破坏一旦发生，往往很难治理，甚至无法消除和恢复。例如，水土流失、土壤沙化、物种灭绝等环境问题一旦产生，基本上无法恢复。因此，必须在源头采取预防措施，使环境问题少产生或不发生。再者，生态环境问题在时间和空间上的可变性很大，环境问题的产生和发展具有缓发性和潜在性，再加上科学技术的局限，人类对损害环境的活动造成的长远影响和最终后果，往往难以及时发现和认识，在后果出现之日，就是生态系统崩溃之时，为时已晚，无法救治。这也必然要求我们审慎地注意人类活动对环境长远的、全局的影响，防患于未然，要求推动从天空到地面、从山顶到海洋的全地域和源头严防、过程严管、后果严惩的全过程生态环境保护建设。[13]

1980年，联合国环境规划署等起草的《世界自然资源保护大纲》首先提出了"预期环境政策"，要求任何可能影响生态环境的重大决定，都要在其最早阶段充分考虑到资源保护及环境要求。20世纪80年代后，在各国环境政策的调整和转变过程中，预防原则越来越受到重视，并成为各国环境管理和立法中的重要指导原则。中国在20世纪70年代环境保护工作起步之初，就将"预防为主，防治结合"作为基本方针。1978年首次将"防治污染和其他公害"纳入当时的《宪法》（第11条）。一直以来，我

---

[11] 陈泉生：《论环境法的基本原则》，载《中国法学》1998年第4期。
[12] 李宏图：《英国工业革命时期的环境污染和治理》，载《探索与争鸣》2009年第2期。
[13] 李干杰：《深入贯彻习近平生态文明思想 以生态环境保护优异成绩迎接新中国成立70周年——在2019年全国生态环境保护工作会议上的讲话》，载《中国环境报》2019年1月28日，第1版。

国的环境保护立法都确立了预防原则的地位。2014年《环境保护法》第5条明确规定了"预防为主"原则。预防为主反映了生态环境保护工作预防优先于补救的显著特点,有利于保护和改善环境,是重要的生态环境保护原则。同时,预防原则涉及公权力主体介入经济活动过程中的价值衡量和选择问题,对从事相关活动的主体提出了更多的义务要求,突破传统"私法自治"的范畴,是环境法所独有的价值导向,因此也属于环境法基本原则。

二、预防原则的内涵

所谓预防,是指在预测人为活动可能对环境产生或增加不良影响的前提下,事先采取防范措施,防止环境问题的产生或扩大,或把不可避免的环境污染或环境破坏控制在容许的限度之内。[14] 具体分析采取防范措施的理由,或者预防原则的适用情形,主要包括两种:(1)对环境风险的防止,即当科学知识对某一环境问题及对生态环境的危害已经有了充分的了解时,必须采取事先的预防行为,以防止环境危害的产生,即所谓"损害预防原则"(preventive principle)。(2)对环境风险的防范,即当科学知识对某一环境问题的认识未达成一致意见或存在冲突时,如果存在可能对环境造成严重或不可逆转损害的威胁,科学上的不确定性不能成为延迟或拒绝采取预防措施的理由,即使相关科学知识尚不完备,也应当采取预防措施防范可能的风险及风险损害程度,即所谓"风险预防原则"(precautionary principle)。

有必要指出的是,"损害预防原则"和"风险预防原则"的主旨都在于通过事先采取防范措施有效地预防环境危害,但两者有着本质的不同:首先,风险预防原则强调在无法确定某一事件能否导致环境损害的情况下,仍有采取行动预防损害发生的义务,而损害预防原则所强调的预防措施,针对的只是科学已有确定性认识的那部分环境损害,并不包括存在科学不确定性的环境损害;其次,风险预防原则重在采取预先措施以减少、降低环境损害的可能性,而原先预防为主原则重在采取措施以制止环境损害的实际发生及其危害。"损害预防原则"和"风险预防原则"共同构成了环境法预防原则的内涵。

之所以要强调"损害预防原则"和"风险预防原则"的区分,是因为传统上的"预防为主"仅仅强调损害预防,仅仅防范具有确定性的损害后果,在科学不确定性面前往往持观望和等待的态度,折射出的理念是:在科学未能证明"环境有害的"之前就假定"环境安全的"。这样,科学不确定性就成了潜在的污染者、管制机关不采取事前行动的一个理由或者说"理论依据":当有关环境问题的危害存在科学不确定性时,潜在的污染者可以科学没有证实为由拒绝采取措施加以预防。实际上,气候变化、生物多样

---

[14] 蔡守秋主编:《环境资源法学教程》,武汉大学出版社2000年版,第404-405页。

性减少、新型化学品等现代生态环境问题不同于传统环境问题的一个重要特征,就是存在太多科学上不能确定的因素,这是人类科学认识的局限。在这种情况下,如果仍然持观望和等待的态度,直到科学研究能确切地证明环境危害的因果关系后才采取措施,恐怕已是于事无补,对已经产生的生态环境损坏无能为力。在这里,最为关键的其实不是采取预防措施的必要性,而是采取预防措施的时间。因此,即使没有充分的科学证据,只要有造成严重或不可逆转环境损害的威胁存在,就必须采取防范措施。毕竟,在面对生态环境问题和环境风险时,安全比后悔要好。因此,有必要将原先"预防为主"原则的内涵加以拓展,在预防现实、确定的环境危害的同时,更注重对未来可能的环境风险的防范。

2014年修订的《环境保护法》已经在一定程度上体现了风险预防的理念。第39条规定:"国家建立、健全环境与健康监测、调查和风险评估制度;鼓励和组织开展环境质量对公众健康影响的研究,采取措施预防和控制与环境污染有关的疾病。"本条款中首次出现了"风险"概念,确立了国家针对环境与健康问题的风险预防义务,是我国环境立法的一大进步。这是环境法学者持续关注环境与健康问题并不断呼吁立法的结果,[15]表明风险预防的理念已经得到立法者的认可,是我国环境法确立风险预防原则的良好开端。近年来一系列环境立法也都在不同程度上体现了风险预防的要求。因此,本书在环境法基本原则层面上将其统一表述为预防原则,涵盖损害预防和风险预防的要求。

三、预防原则的实现

(一)树立全面规划的核心地位

规划是实现有效预防的根本和前提,在贯彻落实预防原则中具有核心地位,通过顶层设计落实损害预防和风险预防的要求。全面规划就是对工业和农业、城市和乡村、生产和生活、经济发展和环境保护等各方面的关系通盘考虑,根据一定生态空间的自然资源承载能力确定发展规模和速度,进而制定国土利用规划、区域规划、城市规划与环境规划,使各项事业得以协调发展并不破坏生态平衡。合理的规划布局应注意:(1)恰当利用自然环境的自净能力;(2)加强资源和能源的综合利用;(3)大型项目的分布与选址,尽可能减少对周围环境的不良影响;(4)严禁污染型工业建在居民稠密区、城市上风向、水源保护区、名胜古迹和风景游览区、自然保护区等环境敏感区。

2014年《环境保护法》对此进行了专门规定。根据第13条的规定,县级以上人民政府应当将环境保护工作纳入国民经济和社会发展规划。国务院环境保护主管部门

---

[15] 该条的立法历程和具体含义,参见吕忠梅:《〈环境保护法〉的前世今生》,载《政法论丛》2014年第5期。

会同有关部门,根据国民经济和社会发展规划编制国家环境保护规划,报国务院批准并公布实施。县级以上地方人民政府环境保护主管部门会同有关部门,根据国家环境保护规划的要求,编制本行政区域的环境保护规划,报同级人民政府批准并公布实施。环境保护规划的内容应当包括生态保护和污染防治的目标、任务、保障措施等,符合相应国土空间规划的要求,并与其他相关规划相衔接。这为预防原则的实现提供了基础性保障。

（二）建立健全预防性的环境法律制度体系

为了实现预防原则,我国环境法中确立了一系列具体制度,贯穿于环境管理的全过程,形成了一个完整的预防体系。主要包括:(1)环境影响评价制度,对规划和建设项目实施后可能造成的环境影响进行分析、预测和评估,提出预防或者减轻不良环境影响的对策和措施,并进行跟踪监测,从源头上预防和控制各类规划以及建设项目对生态环境造成的不良影响。(2)环境监测与预警制度,通过建立完善的环境监测网络和预警体系,对环境质量、生态状况以及污染源排放情况进行持续监测和动态评估,建立环境质量监测预警机制和污染源监测预警机制,及时发现环境问题并发出预警信息,督促有关部门及时采取措施加以防范。(3)排污许可证制度,对排污单位的污染物排放行为进行全过程管理,要求排污单位在生产过程中严格遵守许可证中规定的污染物排放种类、数量、浓度、排放方式等,从源头上控制污染物的产生和排放。同时,督促企业建立完善的环境管理体系,包括自我监测、数据记录、定期报告等,增强环境监管的针对性、科学性和有效性。(4)污染物总量控制制度,通过对污染物排放设定总量上限,从源头上限制污染物的排放量；国家和地方政府根据环境容量和环境质量目标,科学合理地分配污染物排放指标,为环境管理提供了明确的量化目标和科学依据,同时要求企业对污染物排放进行精细化管理,建立完善的监测和记录体系,能够有效地预防和减少各类污染物的产生。(5)"三同时"制度,通过明确规定建设项目中防治污染设施必须与主体工程同时设计、同时施工、同时投产使用,从源头上预防和控制新污染源的产生;促使建设项目在设计、施工和投产的各个环节都必须符合环保要求,使环境监管部门能够更加有效地对建设项目进行监管,也能够增强公众参与和监督以及推动环境法的实施和执行。

（三）实现预防与治理的有机结合

生态环境问题的预防与治理,具有辩证统一的相互关系,不能加以割裂。在时间维度上,预防在前,治理在后,但治理为预防提供经验并不断加以完善,例如,基于污染治理过程中发现的漏洞（特别是新型污染物）推动预防标准更新；在空间维度上,预防划定"不可为"的边界,治理修复"已受损"的区域,需要在制度建构上实现两者的互动,例如,通过生态环境规划和修复的联动,使历史遗留的污染地块得到优先修复并将其纳入保护区域;在价值维度上,两者共同服务于"人与自然和谐共生"的终极目标,使生态环境保护的成本维持在全社会可持续发展的良性范围之内。另外,为了达到有效预防和治理环境污染、生态破坏之目的,必须大力加强环境科学技术的研究,不断提高我国的环境科学技术水平。同时,要密切关注国际上有关的先进技术信息和经验,及时、积极地进行借鉴。

第四节　系统治理原则

一、系统治理原则的含义及必要性

系统治理原则,是指在生态环境保护及环境治理过程中,综合运用多种手段和措施,统筹考虑自然生态系统、经济社会发展以及人类活动之间的相互关系,实现环境治理的全面性、整体性和协同性。该原则立足于"山水林田湖草是一个生命共同体"的基本理念,强调生态环境保护中将要素与整体相结合、注重各种要素和整体之间的相互联系和协同来开展保护和治理工作。

系统治理原则,是在 2014 年《环境保护法》第 5 条所规定"综合治理"原则基础上的提升和完善。一般认为,综合治理原则,是指针对环境污染和生态破坏,应综合采取多种措施防止损失的扩大,同时运用各种手段治理污染、恢复生态,将对环境的影响降到最低限度。应注意的是,有观点认为,《环境保护法》第 5 条所规定的"预防为主、综合治理"是一个统一的环境法基本原则,其在学理上的表述就是预防原则。[16] 但本书认为:尽管"预防为主"和"综合治理"在价值导向和方向目标上具有内在联系,但在基本原则层面还是应当对其做一定的区分,不宜混为一谈。预防措施毕竟是对未来的预测,由于人类理性的有限性和科学技术的局限性,总有失效的可能,对于预防措施的失败,也必须及时采取治理措施加以补救。因此,不能忽视环境治理。在预防新的环境污染和破坏的同时,根据既成环境污染和破坏的具体情况和自然规律,改变单纯治理的思路采取综合整治措施。

之所以将已有的综合治理原则改变、提升为系统治理原则,有两个方面的重要原因:一是适应生态文明建设的内在要求以及生态环境保护的现实需要,贯彻落实习近平生态文明思想。整体系统观是现代生态环境保护和治理的重要理论,符合现代科学研究的基本共识,被公认为是解决生态环境保护这一复杂性问题的基本方法。自然是

---

[16] 竺效:《论中国环境法基本原则的立法发展与再发展》,载《华东政法大学学报》2014 年第 3 期。

一个相互联系、相互影响的生态系统,不能被简单视为各种生态环境要素的总和。习近平总书记多次强调坚持山水林田湖草沙一体化保护和系统治理,指出:"生态环境治理是一项系统工程,需要统筹考虑环境要素的复杂性、生态系统的完整性、自然地理单元的连续性、经济社会发展的可持续性。这就要求我们立足全局,坚持系统观念,谋定而后动。"[17]因此,必须从人类—自然复合生态系统的角度来系统考虑生态环境问题,从人与自然和谐共生目标出发,统筹自然生态系统和社会系统两个系统。二是顺应我国环境法治的最新发展。2014年《环境保护法》中的综合治理原则虽然涉及系统治理原则的部分内容,但综合治理主要强调要通过多环节和多手段进行治理,并没有要求生态环境治理将要素与整体相结合,缺乏系统整体的视角来看待生态环境保护,实际治理过程中往往还是将环境要素、生态要素、资源要素加以割裂,这与生态系统的自然规律相背离,体现出单纯还原主义认识论的局限性。为解决这一问题,近年来我国环境立法已经发生了重大转变,已经确立了系统治理的基本要求,2020年《长江保护法》、2021年《湿地保护法》、2023年《青藏高原生态保护法》都在基本原则条款中明确规定了"系统治理";2022年《黄河保护法》、2023年《海洋环境保护法》在基本原则条款中也体现了系统治理的理念。作为环境法基本原则的系统治理的本质是要求将生态系统的整体利益纳入法律考量的范围,具有明确的价值导向。因此,将系统治理作为环境法的基本原则之一,符合我国环境法治的发展趋势,是对生态文明建设一般性规律和系统整体理念的法律确认,具有合理性和正当性。

二、系统治理原则的内在特征

(一)整体性特征

系统治理原则强调生态环境的整体性和系统性,要求环境治理不仅要关注单一要素,还要考虑生态系统内部各要素之间的相互关系。生态环境是一个由人和各种自然要素组成的一个复合的生态系统,这一生态系统的各个要素相互关联、相互影响并与整体相互关联和相互影响,这就要求必须从整体的角度对生态环境进行保护,在法律和制度上打破污染、资源和生态的分割,超越要素的保护注重对生态环境的整体和综合的保护。

(二)协同性特征

系统治理原则要求不同治理主体(政府、企业、公众和社会组织)以及不同部门之间的协同合作,形成多元共治的格局。其中,不同主体所发挥的作用主要是:(1)政府

---

[17] 习近平:《推进生态文明建设需要处理好几个重大关系》,载《求是》2023年第22期。

主导。政府在环境治理中发挥主导作用,通过制定政策、法律法规和标准,引导和规范企业和社会行为。(2)企业主体。企业和各类生产经营者作为环境治理的重要主体,承担污染防治和生态保护的主体责任,通过采用清洁生产技术、实施环境管理体系等方式,不断减少对生态环境的影响。(3)公众参与。鼓励公众参与环境治理,通过宣传教育、信息公开等方式,提高公众的环保意识和参与度。(4)社会组织协同。社会组织在环境治理中发挥监督、服务和协调作用,推动形成全社会共同参与的环境治理格局。同时,系统治理要求不同行政部门之间形成有效的沟通协作,建立健全跨部门、跨区域的协调机制。

(三)综合性特征

系统治理原则要求综合运用法律、经济、技术、行政等多种手段,多措并举,共同推进环境治理目标的实现。法律手段主要是通过制定和实施环境法律法规,明确环境治理的法律责任和义务,规范环境行为。经济手段主要是运用经济激励和约束机制(如环境保护税、生态补偿、排污权交易等),引导企业和社会减少对环境的影响。技术手段主要是推动环境技术研发和应用,提高环境治理的科技水平。行政手段主要是通过行政许可、监督检查、行政处罚等手段,确保环境法律法规的有效实施。

三、系统治理原则的实现

(一)建立严格的环境保护责任制度

这是贯彻系统治理原则的基础和前提。环境保护责任制度以环境法律规定为依据,以责任制为核心,明确企业在环境保护方面的具体权利和义务。根据《环境保护法》及一系列环境单行法的规定,这一制度包括排污者的环境污染防范义务、排污单位负责人的责任、重点排污单位的环境污染监测义务、严禁逃避监管的行为、缴纳环境保护税等方面的内容。要点包括:(1)向环境中排放污染物的企业、事业单位,以及个体工商户等其他生产经营者,应当提前或者及时采取有效的措施,防治生产建设或者其他活动中产生的废气、废水、废渣、医疗废物、粉尘、恶臭气体、光辐射、放射性物质以及噪声、震动、电磁辐射造成环境污染。(2)向环境中排放污染物的企业事业单位,要将环境保护纳入单位发展计划,制定明确的环境保护任务和指标,明确单位环境保护负责人和相关人员,并建立考核和奖惩制度。(3)列入重点排污名录的单位向环境中排放污染物,必须安装符合规定和监测规范的监测设备,并应该确保监测设备能够正常工作,要妥善保存监测所获得的原始监测数据以备查。(4)禁止通过私铺暗管、私打渗井、私挖渗坑、偷偷灌注、私自篡改或伪造数据,以及不正常运行防治污染设施等方式逃避监管,并禁止排污单位通过上述行为将污染物排放到地下水体、地表水体,或者将污染物掩埋、深埋到地下,或者篡改、伪造排污数据等以逃避排污责任。(5)排放污染物的企业事业单位和其他生产经营者,应当按照国家有关规定缴纳环境保护税。该制度起源于排污收费制度,2018年经"费改税"改革后改为缴纳环境保护税。通过税收杠杆的绿色调节作用,促使企业承担污染治理成本,引导企业减少污染物排放。

(二)保障、促进科学技术的研究、开发与应用

这是贯彻系统治理原则的技术基础。科学技术是解决生态环境问题的关键因素,发展环境保护科学技术是一项重要的举措。科学技术的发展要依靠社会的力量,科学的制度设计可以推进科技发展和进步,目前的专利等法律制度即发挥这方面的作用。由于环境保护目标的公共性,在环境保护科学技术领域仅依靠一般的科技法律制度不足以达到提高环境保护科学技术水平的目标,需要国家的特别政策支持,这也是多数国家支持环境保护工作的通行做法。因此,《环境保护法》第7条专门规定,国家支持环境保护科学技术研究、开发和应用,鼓励环境保护产业发展,促进环境保护信息化建设,提高环境保护科学技术水平。该条规定了环境保护科技发展的国家支持制度,明确了提高环境保护科学技术水平的总目标,以及实现这一目标的途径和措施,为深入贯彻实施系统治理原则提供了科技支撑。

(三)政府财政支持和经济激励制度

这是贯彻系统治理原则的保障。生态环境保护作为一项公共事业,除通过追究开发者、污染者责任,要求消费者承担环境保护义务来推进之外,仍需要政府做大量工作。投入财政资金、推进环境保护工作是政府履行环境保护职责的直接途径,法定的环境整治义务、环境质量改善义务以及建立和管理自然保护区、管理和养护特殊生态区域等都是政府履行环境保护职责的具体方式,也都需要财政资金的投入和经济措施。具体分为三个方面:一是在法律中明确各级人民政府加大环境保护财政投入的义务,投入的范围包括各类污染治理工程和计划、重点区域的环境整治、特定区域的生态恢复、环境保护补贴经费等。二是政府要对财政资金的使用效益负责,要采取各种措施保证财政投入的环境治理效果、获取最大的环境收益,避免低效投资和浪费,效益主要体现为环境整治效果、环境质量改善、生态环境恢复、减少的环境损害等方面。三是制定实施经济激励制度,这是利用市场机制激发环境保护主体内在动力的方法,改变"企业污染—政府买单"的被动局面,发挥企业、社会参与环境保护的积极性、主动性。《环境保护法》第22条专门规定,各级人民政府应当依法采取财政、税收、价格、政府采购等多种举措。这对于那些不仅仅满足达标排放,并且更加严于律己的企事业单位和其他经营者,给予了基于市场手段的经济激励。应基于"柔性"的引导性规范及其制度设计,通过有效的经济激励措施实现外部成本和效益内部化。

(四)建立健全系统性、协同性制度体系

这是落实系统治理原则的重点,通过完善的体制机制协同推进降碳、减污、扩绿、增长,通过多维度协同行动,实现人类—自然复合生态系统的动态平衡。应进一步完善多种污染物协同控制制度、区域联防联控制度;加强跨行政区域环境污染和生态破坏的防治,建立统一规划、统一标准、统一监测、统一防治措施的协调机制,进一步完善流域统筹协调机制,深化流域管理机构的协调、指导、监督和监测职能;进一步完善综合生态系统管理制度,强化以自然恢复为主的整体性生态修复制度;以生产方式和生活方式全面绿色转型为目标,针对规划、建设、生产、流通、消费、生活等全流程,从资金、技术、信息、产权等全要素来构建适应性法律制度,形成激励和约束相容的整体机制。

第五节 公众参与原则

公众参与原则,也称为"环境民主"原则,是指在生态环境保护领域,公众有权通过一定程序或者途径参与一切与环境利益有关的决策活动,使该项决策符合环境公共利益的要求。理解环境法的公众参与原则,可以从如下三个方面展开。

一、公众参与原则的产生及其理论渊源

20世纪60年代末,西方国家爆发了以环境保护为中心的社会运动。作为一场影响范围大、持续时间长的社会运动,它不仅对西方国家乃至世界范围内环境保护事业的发展产生了重大而深远的影响,也直接催生了当代环境法的产生。公众参与也是在环境保护运动的背景下被确立为环境法的一项基本原则。如美国1969年颁布的《国家环境政策法》即确认了公众参与原则,并通过环境影响评价制度予以落实;在20世纪70年代制定的《清洁水法》《清洁空气法》等重要环境立法中,也创造性地规定了体现公众参与原则的公民诉讼制度。[18] 在国际环境保护实践中,公众参与原则也得到了普遍承认,1972年的《人类环境宣言》及其后的重要国际环境法文件都强调了公众参与在生态环境保护中的重要作用。1992年,联合国环境与发展会议通过的《里约环境与发展宣言》进一步强调了公众参与的重要性。其明确提出:"环境问题最好是在

---

[18] 王曦:《美国环境法概论》,武汉大学出版社1992年版,第189页。

全体有关市民的参与下,在有关级别上加以处理……"[19]

1998年6月25日,联合国为欧洲制定的《在环境问题上获得信息、公众参与决策和诉诸法律的公约》(以下简称《奥胡斯公约》)是国际上首个专门规定公众的知情权、参与权和诉诸司法权的公约,对目前环境保护领域的公众参与具有指导意义,其主要内容包括:(1)从公众的环境知情权的内容,以及政府保证公众环境知情权实现的义务两个方面明确了公众的知情权。(2)从公众对具体环境活动决策的参与,公众对与环境有关的计划和政策决策的参与,环境行政法规和法律决策及执行过程中的公众参与三个方面明确了公众的决策参与权。(3)明确了公众知情权和决策参与权受到侵害的司法救济请求权。概言之,《奥胡斯公约》化繁为简,将环境民主的内容高度凝练为获得信息、公众参与以及司法救济三项。其中,获得信息为前提条件;公众参与为主要手段;司法救济则是有力保障。

由于环境问题的复杂性,任何对环境产生影响的活动都可能具有"牵一发而动全身"的效果,只有生活在那个环境中的人知道他们最想要什么,因此,应该听取他们的意见。[20] 同时,由于获取环境信息的成本高昂,政府管理人员很难了解所有的相关信息,仅仅依靠政府的力量也难以完成环境保护的艰巨任务。所谓"兼听则明,偏听则暗",实行公众参与,可以广泛吸纳公众的意见,尽可能收集相关信息,有利于动员全社会的力量,充分发挥公众的积极性、主动性和创造性参与环境资源保护工作,并且将环境保护置于公众监督之下,以取得较好的效果。

公众参与原则之所以在环境法中得到普遍的承认,有其深厚的思想和理论渊源。其思想之源主要是环境权理论和现代民主理论:

一方面,根据环境权理论,每一个公民都有在良好环境下生活的权利,而环境质量的好坏会影响到所有人的生活和健康,故对于任何污染环境、破坏环境资源的行为,公众有权依法进行监督和干预;另一方面,依据环境权理论,环境资源乃是公众共同拥有的"公共财产",不能被任何人任意占有、支配和损害,因此,公众对环境资源的管理和使用也就具有了发言权。[21]

公众参与原则同时也是现代民主理论在环境保护领域的体现。民主一般被理解为是多数人的统治,但在如何实现"多数人统治"的问题上,有直接民主和间接民主之分。近代资产阶级革命以来,间接的代议制民主一直是各国民主的基本形式或主要形式。这种由选举产生的代表参与政治事务的民主模式,在国家行政权力不断扩张和利益日趋多元的现代社会中,极易造成人民与政府之间的不信任,越来越表现出局限性。

---

[19] 《里约环境与发展宣言》原则10(1992年6月)。
[20] 李艳芳:《公众参与环境影响评价制度研究》,中国人民大学出版社2004年版,第31页。
[21] 吕忠梅:《论公民环境权》,载《法学研究》1995年第6期;吕忠梅:《再论公民环境权》,载《法学研究》2000年第6期。

因此,产生了现代民主理论。这种理论认为,应扩大人民对政治的直接参与,"参与型民主"是现代民主政治的真谛。当公民有作为公民而积极行动进行民主参与实际权利的时候,民主才是名副其实的民主。[22] 现代民主理论注重以"参与型民主"来协调多元主体的利益冲突,这正是公众参与原则最重要的理论渊源。这就决定了环境法中的公众参与具有相应的价值内涵和价值导向,调整环境决策和监管过程中集中的产业利益与分散的公众利益之间的冲突,因此,符合环境法基本原则的要求。

二、公众参与原则的历史发展

在我国,1973 年第一次全国环境保护会议上提出了环境保护的 32 字方针"全面规划,合理布局,综合利用,化害为利,依靠群众,大家动手,保护环境,造福人民",其中"依靠群众,大家动手"的内容,是公众参与原则的雏形。1979 年《环境保护法(试行)》第 4 条以立法方式确认了上述内容。我国环境法上正式的公众参与机制形成于 21 世纪初。2002 年制定的《环境影响评价法》首次在环境立法中规定了公众参与条款,较为详细地规定了公众参与规划环境影响评价和建设项目环境影响评价的法律制度,标志着公众参与得到立法的认可。2006 年 2 月,原国家环境保护总局颁布《环境影响评价公众参与暂行办法》,对公众参与环评的原则、范围、形式作了具体化的规定。2007 年 4 月,原国家环境保护总局颁布《环境信息公开办法(试行)》。这是我国第一部有关信息公开的专项办法。在环境保护实践中,公众参与也得到了迅速的发展,在修建青岛音乐广场、制止水洗孔庙、泰山建索道、张家界建观光电梯、怒江和都江堰修建大坝等重大事件中都可以看到公众参与的影响和作用。

公众参与原则的形成是我国环境立法不断重视和体现的结果。2014 年修订的《环境保护法》专设第五章"信息公开和公众参与",将原先分散在相关法律法规中的环境信息公开和公众参与规定予以集中,建立了相对完整的公众参与制度:明确宣示公民的环境知情权(第 53 条第 1 款),政府环境信息公开范围的具体化(第 54 条第 1、2 款),建立环境违法企业的"黑名单"并予以公开(第 54 条第 3 款),企业环境信息公开的法定义务(第 55 条),建设项目的环境影响评价报告书全文公开,并对其公众参与情况进行监督检查(第 56 条第 2 款)。[23] 为进一步贯彻实施信息公开与公众参与的规定,2014 年 12 月,原环境保护部发布了《企业事业单位环境信息公开办法》,为维护公民、法人和其他组织依法享有获取环境信息的权利,促进企业事业单位如实向社会公开环境信息,推动公众参与和监督环境保护进行了具体规定;2015 年 7 月,原环境保护部发布了《环境保护公众参与办法》,为保障公民、法人和其他组织获取环境信

---

[22] [英]戴维·赫尔德:《民主的模式》,燕继荣等译,中央编译出版社 1998 年版,第 398 页。
[23] 陈海嵩:《国家环境保护义务的溯源与展开》,载《法学研究》2014 年第 3 期。

息、参与和监督环境保护的权利,畅通参与渠道,促进环境保护公众参与依法有序发展提供了更为详细的法律依据。2018年7月,生态环境部制定发布《环境影响评价公众参与办法》,取代了原先的暂行办法,对相关内容进行了更为细致的规定。在《水污染防治法》《大气污染防治法》《固体废物污染环境防治法》的修改中,均强化了相关公众参与的内容。

尽管取得了较大进步,尤其是《企业事业单位环境信息公开办法》《环境保护公众参与办法》《环境影响评价公众参与办法》的规定已经较为全面和具体,但在法律效力上毕竟属于部门规章,我国有关公众参与的立法仍有待完善。从总体上看,公众参与仍然有待进一步加强,各单项环境立法中对公众参与原则的贯彻有待提高。例如,现行的《环境影响评价法》尽管对公众参与环境影响评价予以了明确,但更多表达的是鼓励公众以适当方式参与环境影响评价的良好意愿,法律规定较为粗疏,缺乏可操作性,公众参与的渠道也不够畅通、公众意见的法律效力尚不明确。这些问题致使我国环境影响评价过程中的公众参与缺乏充分的制度保障,需要进一步加强。

三、公众参与原则的法律适用

公众参与原则的有效适用,需要从建立健全保障公众参与的制度入手。现实生活中,公众参与有两种形式:制度内的参与和制度外的参与。前者指陈情、请愿、听证、提供意见等;后者指静坐、抗议、堵厂及各种暴力行为等。[24] 从根本上说,需要将公民制度外参与引导至制度内参与,对公众的行为进行因势利导,赋予公众参与政府环境决策的权利。广泛而有效的公众参与是推动环境保护与可持续发展的根本力量与核心着力点,其不仅可以构成对环境违法以及环境执法中"权力寻租"的遏制性力量,也是促进环境决策合理化、科学化的建设性力量。具体而言,要在实践中贯彻、落实环境法中的公众参与原则,以下方面不可或缺。

(一)确立公众参与的权利基础

通过宪法和环境保护基本法确立公民环境权,是实现民主和公众参与的最具有决定性的因素。从宪法基本国策及相关环境条款出发,可以推导出我国公民所享有的程序性环境权,[25] 包括公民在有关环境事务方面的知情权(了解、获取环境信息的权利)以及参与环境事务的讨论权、建议权等具体权利。《环境保护法》第53条第1款规定,公民、法人和其他组织依法享有获取环境信息、参与和监督环境保护的权利。这为公众参与原则在法律实践中得以落实提供了理论基础,但还需要更为深入和广泛的实

---

[24] 吕忠梅主编:《环境法导论》,北京大学出版社2008年版,第61页。
[25] 陈海嵩:《论程序性环境权》,载《华东政法大学学报》2015年第1期。

践加以支撑。

（二）制定公众参与的专门法律

在宪法和环境基本法确立公民环境权的基础上，还应该有专门的法律或法规规定公众参与，以使公众参与原则具体化。专门立法至少应做到：（1）充分保障公民知情权。依据《环境保护法》的规定，各级政府和相关企业应当定期向公众发布环境信息，保证公众环境知情权的实现。（2）建立公众参与决策制度。政府对某一环境资源问题或事务在作出决定或制定法律法规前，应主动向公众征求意见，听取公众的反映作为决策的参考，或政府鼓励和保障公众对环境资源问题或事务自由发表意见。（3）推动、完善公众参与环境影响评价等环境管理活动。公众参与已成为环境影响评价制度的一个重要环节和特点。

（三）扩大和保障环境诉讼机制

环境诉讼是公众参与环境管理的重要方式，特别是当政府机关不履行环境立法规定的职责或从事违法行政行为时，提起诉讼往往比批评、建议、申诉、抗议等更为有力。实践表明，负有生态环境保护监管职责的部门及其工作人员可能会屈从于某种压力、诱惑、私利或偏见而实施不当、违法的行为，这时如果没有公众以第三者的名义加以抵制，难以制止违法行为。同时，2014年《环境保护法》第58条所确立的环境公益诉讼制度应得到进一步加强，这不仅是对环境公共利益的维护，更是公众参与原则在司法领域的体现，从司法的角度赋予符合条件的社会组织提起环境公益诉讼的资格，是公众参与原则的贯彻与实施。

（四）促进、发展环境保护社会组织

环境保护社会组织在开展环境保护宣传教育、社会监督、环境保护交流等方面具有内在优势，将有效地提高全民族的环境意识，并为政府在决策方面提供参考意见。民间环境保护团体可以在保护环境资源、促使环境问题的解决、监督政府依法行政等方面发挥不可替代的积极作用，当然也需要由法律法规加以规范，确保其在正确的轨道上健康发展。因此，推动、发展环境保护社会组织，是实现公众参与原则的组织保证和社会基础。[26]

（五）完善程序保障机制

公众参与的真正目的是建立一种程序性机制，以确保国家的环境政策、环境目标

---

[26] 吕忠梅、高利红、余耀军：《环境资源法学》，中国法制出版社2001年版，第102页。

与公众意愿结合起来,共同参加到政府所采取的行动中去。只有在公平、合理的法律程序中,那些利益受到程序结果直接影响的人才能得到基本的公正对待。将法律程序本身的正当性、合理性视为与实体结果的公正性具有同等重要意义的价值,才能在法律实施过程中符合正义的基本诉求。在一定意义上,程序的平等性就是参与的平等性。程序只是为了参与者可预知及理性而设立,而可预知及理性显然有助于保护当事人的自尊心。[27] 因此,只有让公众充分参与到政府决策程序中,才能真正实现公众参与;也只有让公众享有充分的决策权,才能增加公众对于政府决策的认知和接受度,使政府的权威得到加强。

参照《奥胡斯公约》,大致需要从以下方面判断公众参与程序是否理想:公众参与的程序范围、公众介入的时间、公众参与的具体方式、公众参与的效力以及保障公众参与的辅助性措施(包括信息披露制度和公众参与的司法救济)等。因此,在具体操作上,应当建立广泛有效的公众参与机制并明确具体的程序,围绕环境信息的公开与获知、公众意见的征求与表达、公众监督与补救和法律责任加以规定和运用,深入落实环境法公众参与原则。

第六节 原因者负担原则

一、原因者负担原则的含义和历史渊源

原因者负担原则,是指在生产和其他活动中造成环境污染、生态破坏、资源破坏等,损害他人权益或者环境公共利益的主体,应承担赔偿损害、治理污染、恢复生态等责任。该原则旨在通过明确环境责任主体和责任范围,促使行为人对其造成的环境损害后果负责,本质上属于如何在国家、企业和个人之间,就环境污染和生态破坏而产生的责任进行公平的分配。

在环境责任的承担上,有一个历史的发展过程。工业革命以来很长时期,造成环境污染的企业和个人只要没有对具体的人身健康或财产造成直接损害就不承担任何责任,由国家使用公共资金用于污染控制与治理。[28] 随着环境问题的范围和深度不断加大,国家不得不一直加大财政投入用于环境污染的控制和治理。这种做法给国家财政造成了沉重的负担,同时也使全体纳税人承担了由个别污染者所造成的环境责任,实际上把污染者的治理责任转移给了全体纳税人,显然不符合公平的要求。因此,

---

[27] 应松年主编:《比较行政程序法》,中国法制出版社1999年版,第192页。
[28] 柯坚:《论污染者负担原则的嬗变》,载《法学评论》2010年第6期。

1972年,经济合作与发展组织(OECD)理事会首先提出了"污染者负担原则"(Polluters Pay Principle),明确要求环境责任应该由污染者承担。由于"污染者负担"体现了社会公平,也有利于环境保护资金的筹集,因此很快为国际社会广泛接受,并在法律文件上得以体现。1992年《里约环境与发展宣言》要求"各国应制定关于污染和其他环境损害的责任和赔偿受害者的国家法律"。提出:"考虑到污染者原则上应承担污染费用的观点,国家当局应该努力促使内部负担环境费用,并且适当地照顾到公众利益,而不歪曲国际贸易和投资。"[29]

应注意到,尽管"污染者负担原则"明确了环境污染者所承担的环境责任,但其未将生态破坏者的责任承担问题纳入,因而不够全面。[30] 同时,"污染者负担原则"也无法解决污染者无法确定时的治理费用承担问题,存在遗漏。因此,根据可持续发展的要求,应在"污染者负担原则"的基础上,进一步实现环境责任的公平承担。基于此,2014年《环境保护法》第5条规定了"损害担责"原则,是对原有"污染者负担原则"的深化与拓展,调整损害者的利益与环境公共利益及相关私人环境利益之间的冲突。但是需要注意的是,同前述其他环境法基本原则相比,"损害担责"已经具备了相对明确的构成要件和法律后果,即只要造成了损害,就要承担责任,是对某一类事物所产生法律效果的概括性规定,适用时就不再通过利益衡量过程,而是属于法律涵摄和推理的范畴,即由法官判断案件事实是否属于"损害"以及如何承担责任。这意味着"损害担责"其实已经具有了法律规则的属性,不适宜再作为环境法基本原则。同时,单纯的"损害担责"在适用范围上有所局限,无法适用于尚未产生实际损害的风险预防领域。考虑到上述情况,本书用"原因者负担原则"加以替代,其作为规范意义上的环境法基本原则,能够更为全面地体现环境责任公平承担的价值目标。

二、原因者负担原则的内容和实现

习近平总书记强调,让保护修复者获得合理回报,让破坏者付出相应代价。[31] 这为原因者负担原则提供了基本方向。全面理解环境法的原因者负担原则,并在制度构建上加以贯彻落实,可以从四个方面加以展开。

(一)污染者负担

污染者负担是指对环境造成污染的单位或个人必须按照法律的规定,采取有效措施对污染源和被污染的环境进行治理,并赔偿或补偿因此而造成的损失。"污染者负

---

[29]《里约环境与发展宣言》原则13、原则16(1992年6月)。
[30] 陈泉生:《环境法原理》,法律出版社1997年版,第77页。
[31] 习近平:《以美丽中国建设全面推进人与自然和谐共生的现代化》,载《求是》2024年第1期。

担"与民法中"欠债还钱"、刑法中"杀人偿命"等朴素的法律观念一样,主要追究肇事者的责任,即谁污染了环境谁就应当承担赔偿责任。空气、河流、海洋和土地等环境要素并非属于某些私人或组织的财产,而是关系到全体社会成员福祉的公共财产,这些公共财富被少数人的生产行为所侵害,使环境污染和破坏日益严重。从经济学的角度来看,生产经营活动所造成的污染属于经营成本,倘若经营者不承担这种成本而由国家和社会用全体纳税人缴纳的税款来负担,则属于由受害的全体社会成员承担少数企业对环境的损害后果,这无疑是损公肥私,严重违背了法的公平精神。[32] 污染者负担主要对已经发生的污染起作用,属于事后消极补偿。

另外,在造成污染的多种因素中,可能出现每个单一的排污行为在我国现阶段大多合法,很难确定到底谁是污染者的情形。为此,对于那些对某一污染负有共同危险责任的行为人,不论其主观上是否有过错,也不论各行为人之间有无意思联络,只要与侵害的发生有直接和间接的因果关系,就应当共同承担赔偿责任或合理负担治理费用。同时,污染者负担作为国家保护环境的一种手段,还通过征收环境保护税等形式,促使行为人减少环境污染。

(二)开发者养护

开发者养护是指对环境和自然资源进行开发利用的组织或个人,有责任对其开发利用的资源和环境进行恢复、整治和养护。恢复意味着对因开发活动而受损的生态环境进行修复,使其恢复到开发前的状态或达到一定的生态标准;整治意味着对开发过程中产生的环境问题进行处理,如土地复垦、水土流失治理等;养护意味着对开发利用的自然资源进行持续的保护和管理,确保其可持续利用。

这一原则体现了"开发利用与保护增殖并重"的方针:对于可更新资源,应当在不断增殖其再生能力的前提下持续使用;对于不可更新资源,应当节约利用、综合利用。开发利用环境资源的单位和个人,不仅有开发利用的权利,还负有养护的义务。我国人均资源占有量很低,在法律上明确开发者养护的责任要求,对科学开发利用自然资源、抑制生态破坏具有重要意义,同时还可以促进自然资源的节约使用和合理利用,提高经济效益和环境效益。在开发利用自然资源时,应采取积极措施,养护、更新、增殖、节约和综合利用自然资源,不得贬损整体环境在精神上的美观舒适愉悦度,对已经受到污染和破坏的环境进行恢复和整治。《森林法》《渔业法》《草原法》《土地管理法》等一系列法律法规对开发者在具体资源开发过程中的整治和养护责任作出了详细规定。例如,《森林法》要求采伐林木的单位和个人必须完成更新造林任务,更新造林的面积和株数不得少于采伐的面积和株数;《渔业法》第四章专门规定"渔业资源的增殖

---

[32] 汪劲:《中国环境法原理》,北京大学出版社 2000 年版,第 92 页。

和保护",就渔业资源的增殖和保护作出了专门规定;等等。

(三)受益者补偿

受益者补偿,主要包含两个方面的内容:(1)针对以环境资源的利用而营利的单位或个人,即利用环境资源的单位或个人必须承担补偿责任。(2)针对使用消耗自然资源或对环境有污染作用的产品的消费者,他们的消费活动如果消耗自然资源或对环境有污染作用,也必须承担补偿责任。[33] 须注意的是,随着环境保护的概念从污染防治扩大到自然保护和物质消费领域,利用、消耗环境资源的主体范围不断拓展,环节也不断增加。从实际支付费用的主体来看,从原材料的加工、生产到流通、消费、废弃以及再生等各个环节都存在分担费用的现象。因此,只要是从环境或资源的开发、利用过程中获得实际利益者,都应当就环境和自然资源价值的减少付出应有的补偿费用。因此,开发者需要对因开发活动而被占用或破坏的自然资源和生态环境进行经济补偿,这是其必须承担的法律义务。

环境保护中的利用与补偿形式上是一种财产关系,但不能等同于普通的民事买卖关系。[34] 补偿不仅是对已利用的资源要有金钱上的对价,而且更重要的是利用者应对就其已利用的环境资源的可再生或开发替代所应付出的劳动予以补偿,对所耗用的自然资源、占用的环境容量和恢复生态平衡予以补偿,建立并完善有偿使用自然资源和恢复生态环境的补偿机制。2024年4月,国务院发布了《生态保护补偿条例》,包括纵向补偿、地区间横向补偿、市场机制补偿三类方式,通过法治方式有效解决生态保护补偿制度原先存在的补偿内涵范围不明、补偿重点不够突出、相关主体协调难度大、奖惩力度偏弱、补偿效率不高的问题,有力地推动了损坏担责原则的实现。

(四)破坏者恢复

破坏者恢复,亦称"谁破坏,谁恢复",指造成生态环境和资源破坏的单位和个人必须承担将受到破坏的环境资源予以恢复和整治的法律责任。这里存在两个方面的责任类型,一是根据所造成生态环境损害后果进行赔偿的责任,二是就生态环境损害情况进行生态修复的行为责任。《环境保护法》第64条规定,因污染环境和破坏生态造成损害的,应当依照有关规定承担侵权责任。《民法典》第1234、1235条对生态环境损害赔偿及生态修复的具体内容进行了规定。在《水土保持法》《矿产资源法》《湿地保护法》等一系列环境保护单行法中,这一原则也有充分的体现,要求造成生态环境破坏的主体承担相应的生态修复义务并赔偿相应损害。

---

[33] 张梓太主编:《环境与资源法学》,科学出版社2007年版,第70页。
[34] 陈泉生、周辉:《论环境责任原则》,载《中国发展》2004年第4期。

值得专门强调的是,2015 年 12 月,中共中央办公厅、国务院办公厅印发《生态环境损害赔偿制度改革试点方案》(已失效),创立生态环境损害赔偿制度,要求各地通过试点逐步明确生态环境损害赔偿范围、责任主体、索赔主体和损害赔偿解决途径等,形成相应的鉴定评估管理与技术体系、资金保障及运行机制,探索建立生态环境损害的修复和赔偿制度。2017 年 12 月,中共中央办公厅、国务院办公厅印发《生态环境损害赔偿制度改革方案》,决定自 2018 年 1 月起在全国范围内推行生态环境损害赔偿制度,扩大了赔偿权利人范围、细化索赔启动情形、健全磋商机制。2022 年,经中央全面深化改革委员会审议通过,生态环境部联合 13 家单位印发了《生态环境损害赔偿管理规定》,明确了赔偿权利人和义务人的具体职责,规范了生态环境损害赔偿工作的程序,细化了鉴定评估、磋商、诉讼、修复监督等环节的操作流程。2025 年 1 月,生态环境部会同最高人民法院、最高人民检察院等 11 家单位联合印发了《关于深入推进生态环境损害赔偿制度改革若干具体问题的意见》,进一步明确了生态环境损害赔偿制度的深化改革方向。生态环境损害赔偿制度的不断深入发展,为原因者负担原则的具体贯彻落实提供了坚实的支撑。

延伸阅读 "三北"工程筑牢北疆绿色长城

"三北"地区指我国西北、华北、东北风沙危害和水土流失重点地区,分布着八大沙漠、四大沙地和广袤的戈壁,有 7 个强风蚀区、34 个风沙口和 3 条主要沙尘暴路径区,是我国自然条件最恶劣、生态最脆弱、荒漠化最严重的地区。同时荒漠化地区与经济欠发达区和民族聚居区等高度耦合,提出了更高要求。1978 年,党中央作出启动"三北"防护林体系建设工程的重大决策,开启了我国大规模治理风沙、改善生态的征程。长期以来,在中国共产党的坚强领导下,我国持续加大"三北"重点生态工程建设力度,因地制宜采取造林种草、封育飞播、封禁保护、退耕还林还草等多种措施,成功遏制荒漠化扩展态势。尤其是风沙肆虐、荒漠化严重的"三北"地区已经山河巨变,实现了"沙进人退"到"绿进沙退"的历史性转变。通过积极履行《联合国防治荒漠化公约》,我国率先在世界范围内实现了土地退化"零增长",为全球实现联合国 2030 年土地退化零增长目标作出了巨大贡献,树立了全球生态治理典范。这片历经沧桑的广袤大地逐渐由黄变绿,演绎着人与自然和谐共生的生动案例。

"三北"工程事关我国生态安全、事关中华民族永续发展,是一项功在当代、利在千秋的崇高事业,是国家重大战略,包括京津风沙源治理、"三北"防护林建设、天然林保护、退耕还林、退牧还草、水土保持等重点工程。2018 年"三北"工程建设 40 周年之际,习近平总书记专门对"三北"工程建设作出重要指示。在新时代推进"三北"等重点生态工程建设,必须坚持把习近平生态文明思想作为根本遵循和行动指南,充分发挥"三北"工程在生态文明建设中的标杆示范作用。目前,各地坚持治沙致富并重、增绿增收并举,实现了由绿变美、由美而富的华丽转变,绿水青山转化为金山银山的鲜活案例不断涌现。包括:

河北塞罕坝林场是"三北"工程建设的重要区域,也是推进生态文明建设的一个典型范例。其位于河北承德市围场县北部。早年,这里曾是清王朝木兰围场的一部分,同治年间开围放垦,致使千里松林被砍伐殆尽。新中国成立前,这片曾经水草丰茂、森林广布的宝地变成"黄沙遮天日,飞鸟无栖树"的荒漠,沙地距北京仅180公里。面对"风沙紧逼北京城"的严峻形势,1961年,国家决定在塞罕坝建设大型机械林场。几代塞罕坝人用心血、汗水和生命筑成阻沙涵水的绿色长城。2012年以来,塞罕坝林场累计完成造林10.6万亩,森林覆盖率达82%,为京津冀区域筑起一道坚固的生态屏障。

内蒙古库布其作为我国第七大沙漠,是光伏治沙的试验田与先行者。这里催生了一场"生态+产业"的革命:光伏板组成的"蓝色海洋"绵延不绝,沙生植物随风摇曳,绵羊、家禽等悠然自得,形成了一幅"板上发电、板下种植、板间养殖"的立体生态画卷。坐落于鄂尔多斯市杭锦旗的蒙西基地库布其200万千瓦光伏治沙项目,是我国目前单体规模最大的光伏治沙项目。经过近两年治理,治沙工程已完成绿化种植3000多亩、草方格铺设1万亩、芦苇沙障铺设1万多亩。项目建成后,可修复10万亩沙漠,年均减少向黄河输沙200万吨。

还有位于腾格里沙漠边缘的青土湖,西汉时期这里的湖面曾达4000平方公里,1959年完全干涸,变成了民勤绿洲北部最大的风沙口,腾格里、巴丹吉林两大沙漠在这里呈合拢之势。为确保民勤不成为第二个罗布泊,国家在民勤绿洲北部开展了石羊河流域综合治理。通过实行沙化土地综合治理、固沙造林、生态输水、荒漠植被修复等一揽子措施,该区域沙化土地得到有效治理,青土湖得以"重生",水面已从2010年的3平方公里稳步扩展至当前的27.65平方公里,它宛如沙漠中的一颗碧玉,成功阻挡了腾格里、巴丹吉林两大沙漠交汇。

打破行政区域界限,强化区域联防联治,是推进生态文明建设系统治理的要求。"三北"地区牢固树立"一盘棋"思想,改变过去单打独斗的防沙思维,实行沙漠边缘和腹地、上风口与下风口、沙源区与路径区统筹谋划。毛乌素沙地是我国四大沙地之一,经过多年治理后,其主体大幅度减小,但省际交界仍有不少裸露沙地。2023年10月,甘肃庆阳、陕西榆林、宁夏石嘴山和吴忠、内蒙古鄂尔多斯等四省(区)五地(市)共同签署毛乌素沙地联防联治框架合作协议,构建协同治沙、管沙、用沙的工作格局,力争到2030年基本建成毛乌素跨界锁边林草防护体系。

思 考 题

1. "三北"工程及其取得的显著成就,涉及哪些环境法的基本原则?
2. 如何理解保护优先原则?它与原有的协调发展原则有何不同?
3. 系统治理原则的内在含义及其与其他基本原则的关系。
4. 如何完善我国环境法的公众参与原则及其制度?

第三章　环境法律关系

| 本章导读 |

环境法律关系是环境法学中的基本范畴。环境法律关系是以环境法律规范为基础形成的社会关系，是环境法律主体之间形成的以环境为媒介、以环境权利和义务为内容的社会关系，具有广泛性和复杂性。环境法律关系可以根据不同的标准进行分类。环境法律关系的主体可以划分为管理主体与受控主体，分别对应具体的环境权利与环境义务。环境法律关系的客体包括环境资源与环境行为。环境法律关系处于不断产生、变更与消灭的过程中，作为其抽象条件的前提是存在环境法律规范，但作为其具体条件的依据则是环境法律事实，包括环境事件与环境行为。

第一节　环境法律关系概述

法律关系是法律规范在指引人们的社会行为、调整社会关系过程中所形成的人们之间的权利义务关系，是法律规范审视社会现实并对之予以格式化的结果，是将社会现实纳入法律规范体系予以调整的关键环节。建立"环境法律关系"的概念，是运用"法言法语"诠释环境法，遵循法学思维和法学方法研究环境法，构建环境法学基础理论的必经之路。只有以法理学上的"法律关系"普遍性为基础，从环境法产生和发展的现实角度，观察环境法律关系特殊性，才能真实地呈现作为知识理性的环境法。[1]

一、环境法律关系的概念和特征

法律关系本质上是以法律规范为基础形成的、以法律权利义务为内容的社会关系。法律关系的不同意味着人与人之间产生的纠纷性质不同，决定着适用的法律制度

---

[1] 吕忠梅：《环境法律关系特性探究》，载秦天宝主编：《环境法评论》2018年第1期，中国社会科学出版社2018年版。

与法律程序的差异。

(一)环境法律关系的定义

我们将环境法律关系定义为:环境法律关系是指环境法主体,根据环境法的规定,在参加与环境有关的社会活动中所形成的环境权利义务关系。法律关系只是对一部分现实生活的撷取,它在一个连续统一的生活关系中提取出一部分,进行法律观察。[2] 环境法律关系是经环境法调整后的环境社会关系。环境社会关系是人类社会关系中的一个组成部分,其共性特征是人与人在与环境有关的社会活动中所形成的相互之间的关系。人们在社会活动中从事的只要与环境有关的活动均属于环境社会关系,但并不是所有的环境社会关系均需要也可以纳入环境法的调整范围,成为环境法律关系。只有那些频繁出现、比较重要、可能影响社会主体环境权益进而影响到生态环境的环境社会关系,才需要纳入环境法调整视野,成为环境法律关系。

准确理解环境法律关系对环境法律实施具有重要意义,环境法律关系是适用环境法律规范的重要指引。任何法律关系都是由某个特定法律对特定类型的社会关系予以调整后形成的不同法律关系类型。反之,不同法律关系的具体类型,也决定了调整这种类型的社会关系需要适用的特定法律与法律规范体系。因此,环境法律关系与环境法律规范实际上是一体两面,体现了法律规范体系运用于调整社会关系的类型化思路。环境法律关系的界定可以指引我们正确适用环境法律规范:从外部层面,现实社会中发生的纠纷的环境法律关系属性,决定着必须适用环境法律规范而非其他类型的法律规范;从内部层面,环境法律关系的具体类型进一步决定着在环境法律体系内必须适用的具体环境法律规范。比如,企业向大气排放污染物导致他人人身、财产损害,我们将其确定为环境法律关系后,必须适用环境法而不是其他法来加以处理;同时,因大气污染造成的损害,在环境法体系内,必须适用大气污染防治法的相关规范,而不能适用水污染防治法或者固体废物污染环境防治法来处理。

(二)环境法律关系的特征

1. 以环境法律规范为基础形成的社会关系

环境法律规范的存在是环境法律关系形成的前提,如果不存在环境法律规范,就不存在环境法律关系。由于环境法律关系以环境法律规范为基础,故环境法律规范的内容直接决定了环境法律关系的存在状态、种类及其内容。如果环境法律规范存在内容设计不合理、不具有可行性等缺陷,其就不能有效地调整社会关系,也不可能形成事实上的法律关系。如果环境法律规范的内容周延、合理、可行、清晰,则人们在现实生

---

[2] [德]迪特尔·梅迪库斯编:《德国民法总论》,邵建东译,法律出版社 2000 年版,第 51 页。

活中因开发利用环境活动所形成的社会关系,就能够完整全面地反映在环境法律规范涉及的关系类型之中,就能够纳入环境法律规范予以调整。

由于环境法调整范围的特殊性,环境社会关系的形成具有"人—环境—人"的间接性,因此,依据环境法律规范建立起来的环境法律关系可能不会直观地表现为环境法律规范调整或保护的社会关系本身。在一般环境社会关系中存在的部分内容可能不存在于环境法律关系中,而环境法律关系中所包含的环境权利义务关系也可能是一般环境社会关系中所不具有的,尤其是在保护野生动植物方面的法律关系中,这种不一致表现得十分明显。比如,大熊猫作为国家特别保护的濒危珍稀动物,受到法律的严格保护,依据相关的法律,人猎杀大熊猫,必须承担法律责任甚至是刑事责任,这种环境法律关系就没有表现为我们通常所能见到的环境社会关系。

2. 法律主体间的互动关系

法律关系仅为社会关系中的一种,它是法律意义上的主体之间形成的社会关系。也即社会主体首先要成为法律主体,对于环境法律关系而言,要具备环境法上所认可的主体资格,相互之间才可能形成环境法律关系。这也说明了为什么我们要在环境法律领域,探讨环境法律主体资格问题。因为某一或某类主体能否成为环境法律主体,决定了其能否参与某种环境法律关系,与其他主体之间的社会纠纷能否适用环境法律制度予以调整。比如,环境保护组织是否能够获得环境法律关系的主体资格,直接关系着其是否能够代表环境公共利益提起公益诉讼。在美国,环境公民诉讼司法审查的第一个环节就是原告的身份(standing),即主体资格。[3] 在我国,也是由《民事诉讼法》和《环境保护法》明确规定公益诉讼主体,对于社会生活中出现的新情况、新问题,也以立法或者司法决策方式加以处理。

3. 以环境作为媒介的社会关系

相对于传统法律调整主体之间的直接法律关系,环境法律关系最鲜明的特色在于其具有间接性——主体间因为有环境作为媒介才能形成法律关系。这是环境法律关系与其他类型的法律关系的不同之处,也是掌握与分析环境法律关系时最为复杂的地方。传统法律关系基本上是人与人之间的直接法律关系,但环境法律关系则不然,因为环境法主体间的社会关系以环境作为媒介形成,某一主体的行为先作用于环境,经过环境的迁移转化后再对利用环境的其他主体产生作用,进而形成两个主体间以环境为媒介的社会关系。以这种间接社会关系为特征而形成的环境法律关系必然也会遵循"人—环境—人"的间接关系模式。比如,在大气污染损害法律关系中,排污者向空气中排放污染物,其行为并不直接针对任何人,但是生活在一定范围内的人因为呼吸了被污染的空气,遭受了身体健康损害。环境法律关系中普遍存在的"人—环境—

---

[3] 吕忠梅、[美]王立德主编:《环境公益诉讼:中美之比较》,法律出版社2009年版,第186页。

人"的间接关系特性,也使我们在认识环境法律关系时没有那么一目了然,并增加了在因果关系、致害机理和受损程度等方面判断的复杂性。

4. 承认自然环境具有一定价值的社会关系

传统意义上法律关系的客体最低限度的特征:它必须是对主体的"有用之物""为我之物""自在之物"。〔4〕 也就是说,它必须同时具备独立于主体、对主体有用和能被主体控制的特征。这种认识正是环境问题产生的重要原因。

环境法是在重新认识人与自然关系、界定人类的环境社会关系的基础上产生的新型法律,其所建立的法律关系也必然有着不同于传统法律关系的新内涵。反思传统法律关系理论秉持的绝对的主客二分模式,反思人与自然的对立根源于人的主体性过分张扬,〔5〕将对自然的充分尊重纳入环境法律关系的建构,就是这种新内涵的重要体现。在这个意义上,环境法律关系应当秉持主客体尺度的辩证统一,在坚持人类主体地位的同时,最大限度地保障自然环境按照其自身的性质和规律运行。

环境法律关系中特殊的主客体关系、一定程度上承认自然环境的主体性,体现在环境法律规范的各个方面:(1)立法价值观上,秉持可持续发展理念,在法律规范中尊重自然规律和生态承载能力,将自然的可持续性作为人类权益实现与保障的必要限度。(2)法律原则上,在重视确立人类环境社会关系的基本理念的同时,重视人类相互之间的关系的发生、变更与消灭受到自然环境的约束,确立保护优先、预防为主、综合治理等法律原则。这些原则虽然本质上是环境社会关系的基本规则,但与自然环境有涉、以自然环境自身的属性规律作为前提。(3)法律责任上,既包括一方主体对另一方主体权益损害承担的责任,也包括对自然环境承担的责任。

5. 广泛性和复杂性兼具的社会关系

任何类型的法律关系都是由特定的法律部门对某种类型的社会关系进行调整的结果,因此,社会关系类型的属性与特征也决定了法律关系的属性与特征。在某种意义上,环境社会关系是在既有的社会关系的基础上派生出的一种新型社会关系,加之现代社会法律分工日趋精细、新的法律领域不断产生,不同的法律对同一社会关系进行调整的现象十分普遍。〔6〕 环境社会关系是一种典型的由多个法律部门从不同角度进行调整的一种综合性的社会关系,这也使得由环境法律规范调整环境社会关系所形成的环境法律关系,与其他法律规范调整的法律关系紧密联系。环境法律关系具有广泛性和复杂性的特征,主要表现为以下方面:

(1)环境法律所需要调整的环境社会关系可能与既有的社会关系联系在一起,是

---

〔4〕 张文显:《法哲学范畴研究》(修订版),中国政法大学出版社2001年版,第106-107页。
〔5〕 高连福:《关于主客二分模式的思考》,载《哲学研究》2011年第5期。
〔6〕 吕忠梅:《环境法学》(第2版),法律出版社2008年版,第52-53页。

在既有的社会关系类型下延伸出来的新的社会关系,呈现出与既有社会关系的复杂联系。比如,一棵树,在民事法律关系中是所有权人的财产,如果有人未经所有权人同意砍掉这棵树,就造成了对所有权人财产权的侵犯,由此形成了民事法律关系。但是,若引入环境法律规范,同是这棵树,它可以为生活在周边的人提供生活所需的新鲜空气、挡住风沙并涵养水源,因而是我们共同的生活环境,如果有人砍掉这棵树,哪怕是所有权人自己砍树,都会影响大家的环境,由此,就形成了环境法律关系。在这里,民事法律关系与环境法律关系指向相同的客体,主体间的关系也相互交织,对同一客体的侵犯可能导致两种不同法律后果,形成责任的聚合。

(2)环境法所需要调整的环境社会关系广泛地存在于既有社会关系之中,呈现出与既有社会关系的广泛联系。环境法律关系作为一种新型社会关系,与既有社会关系形成广泛的联系。依然以一棵树为例,在环境法规范中,一个人砍树,如果是所有权人自己砍,必须取得行政许可,由此形成了行政法律关系;如果是他人未经所有权人同意砍树,则既形成了与所有权人的民事法律关系,又形成了与行政许可机关的环境行政法律关系。在这里,民事法律关系、行政法律关系、环境法律关系相互联系,对同一客体的侵犯,可能导致不同甚至冲突的法律后果,形成责任的竞合。

二、环境法律关系的类型

根据不同的分类标准和认识视角,可以对环境法律关系进行不同的分类。

(一)污染控制法律关系、自然生态保护法律关系和绿色低碳发展法律关系

这是按照形成环境法律关系的环境法律规范的不同所作出的进一步划分。法律上的"自然"呈现出"一体三面"的面貌:在人类社会发展中,水、土、森林等自然要素与经济价值相联系而成为"资源";随着资源利用带来的环境污染和资源枯竭日益严重,为人类社会提供的生存空间和外部条件被称为"环境";在认识到环境污染和资源枯竭引发的自然变化及其对人类的影响后,将生物与生境之间的相互关系定义为"生态"。"自然"的资源、环境、生态的三种面貌对于人的生存和发展的作用各不相同:资源体现为自然对人类的"经济功能",环境体现为自然对人类的"受纳功能",生态体现为人与自然之间的"有机联系"和"协同进化"功能。[7] 基于自然具有的环境、生态、资源的三个面向和三重内涵,环境法上保障与实现自然三重功能的有污染控制、自然生态保护和绿色低碳发展三类具体规范,由此形成三种类型的具体环境法律关系。[8]

---

[7] 吕忠梅:《环境法典编纂视阈中的人与自然》,载《中外法学》2022年第3期。
[8] 吕忠梅:《环境法典编纂方法论:可持续发展价值目标及其实现》,载《政法论坛》2022年第2期。

污染控制法律关系。污染控制法律关系力求在生态系统承载力的范围内改善人类生活质量，实现社会可持续发展，坚持"人民中心"立场，以保障公众健康为规范重心，对现行污染防治相关立法进行系统性整合。污染控制法律关系是由污染控制法律规范形成的一类具体的环境法律关系。污染控制法主要是对环境污染的法律控制，是控制人类生产生活活动所形成的废水、废气、废渣等废弃物的产生和排放对环境的影响。这类环境法律规范在我国主要有《水污染防治法》《大气污染防治法》《固体废物污染环境防治法》《噪声污染防治法》《海洋环境保护法》等。

自然生态保护法律关系。自然生态保护法律关系以实现生态可持续发展为旨趣，围绕资源及环境所具有的生态属性，构建以空间保护为核心的权利义务规范体系，为经济社会的可持续发展守住自然生态安全边界。自然生态保护法律关系是由自然生态保护法形成的一类具体的环境法律关系。自然生态保护法的主要目的是针对生态环境的法律保护，主要是规范人们开发、利用环境要素的行为，保证对环境的开发利用不至于产生破坏生态平衡的后果。这类法律规范在我国主要有《水法》《土地管理法》《渔业法》《矿产资源法》《森林法》《草原法》《野生动物保护法》《水土保持法》《防沙治沙法》等。

绿色低碳发展法律关系。绿色低碳发展法律关系旨在面向生态环境的资源属性，通过提高社会经济活动中资源、能源开发利用的效率与公平，确保国家能源安全，推动实现经济可持续发展。以"绿水青山就是金山银山"为指引，促进资源开发利用与生态承载力相协调，实现以低碳发展、减污降碳为目标的职责权限、权利义务规范配置。绿色低碳发展法律关系是由绿色低碳法律规范形成的一类具体类型的环境法律关系。绿色低碳发展法律规范是对现行规范调整循环经济、清洁生产、节约能源、综合利用的相关法律规范的总称。这类法律规范在我国主要有《循环经济促进法》《清洁生产促进法》《能源法》《节约能源法》《可再生能源法》《煤炭法》《电力法》等。

划分污染控制法律关系、自然生态保护法律关系和绿色低碳发展法律关系，可以提示人们在分析和处理具体环境问题时，必须首先明确环境法律关系主体之间的法律关系的种类与性质，并确定其具体内容，这有助于我们更为便捷地选择应对环境纠纷、解决环境问题的环境法律规范，并迅速便利地找到从环境法律上解决现实环境问题的法律依据、方式和途径。

(二)平权型环境法律关系和隶属性环境法律关系

这是按照环境法律主体在环境法律关系中的地位与相互关系所作出的环境法律关系种类的划分。[9] 平权型环境法律关系又可被称为横向环境法律关系，是指存在

---

[9] 宋方青主编：《法理学》，厦门大学出版社2007年版，第99-100页。

于环境法律关系规范中法律地位平等的社会主体之间的法律关系,其特点可以概括为:(1)主体之间处于平等地位;(2)主体之间的环境权利义务的内容具有一定的任意性。比如,平等主体在使用环境资源过程中产生的环境民事法律关系,环境民事诉讼中原告与被告的关系。

隶属性环境法律关系又可被称为纵向环境法律关系,是指在不平等的环境法律主体之间所建立的权力服从关系,其特点可以概括为:(1)主体之间处于法律上的不平等地位,双方之间存在管理与被管理、命令与服从的法律关系;(2)主体之间的权利义务具有强制性,既不能随意转让,也不能任意放弃;(3)主体之间的权利义务关系主要是由法律规定的。这种关系典型的如环境行政法律关系。

划分平权型环境法律关系和隶属性环境法律关系,可以提示人们在分析和处理具体环境问题时,必须明确环境法律关系与传统民事法律关系、行政法律关系的联系与区别,正确地确定环境法律关系及相关法律关系所依托的法律规范规定的不同法律后果,厘清各种责任的聚合、竞合关系,依法保障环境权益。

(三)绝对环境法律关系和相对环境法律关系

这是按照构成环境法律关系的主体是否具体化和特定化进行的划分。

绝对环境法律关系是指存在特定的环境权利主体而没有特定的环境义务主体的环境法律关系,其特点是:(1)只有环境权利主体是特定的、具体的,环境义务主体则是不特定的、不具体的,是除权利主体之外所有不特定的多数人;(2)在这种环境法律关系中,权利实现的重心在于权利主体自己的积极行为,义务主体一般只是负有消极的不作为义务,即不妨碍权利主体行使权利。绝对法律关系最为典型的为物权关系。

相对环境法律关系是指存在特定的环境权利主体与环境义务主体的环境法律关系,其特点是:(1)权利主体与义务主体都是具体的、特定的;(2)环境权利主体的权利的实现要依赖于义务主体的积极行为;(3)环境权利主体的权利与环境义务主体的义务之间具有对应性。相对法律关系典型的为合同关系。

划分绝对环境法律关系和相对环境法律关系,可以提示人们在分析和处理具体环境问题时,必须明确环境法律关系中各方主体的权利(权力)和义务(职责),清晰地界定权利边界,正确地把握环境法律关系中不同主体的责任,依法追究环境违法者的法律责任。

(四)抽象环境法律关系和具体环境法律关系

按照环境法律关系的形态和具体化程度也可以进一步将环境法律关系划分为抽象环境法律关系和具体环境法律关系。抽象环境法律关系是指根据环境法律的相关规定而形成的社会主体之间普遍存在的环境关系。比如,《环境保护法》第6条规定:

"一切单位和个人都有保护环境的义务。地方各级人民政府应当对本行政区域的环境质量负责。企业事业单位和其他生产经营者应当防止、减少环境污染和生态破坏,对所造成的损害依法承担责任。公民应当增强环境保护意识,采取低碳、节俭的生活方式,自觉履行环境保护义务。"环境法律规范所确立的社会主体形成的普遍的环境关系,都属于抽象环境法律关系,并不针对具体的社会主体,只有当社会主体按照条文指引实施具体行为时或社会主体行为符合该条文规范时,抽象的环境法律关系才会转化为具体的环境法律关系。

具体环境法律关系是指在具体发生的环境法律事实中产生的环境法律关系。具体环境法律关系具有的特点有:(1)该法律关系的主体是具体的(或者一方是具体的,或者双方均为具体的);(2)要有具体的环境法律事实的发生。环境法律本身所规定的抽象的权利义务关系仅为一种关系范畴或关系模式,只有当这种关系模式在现实生活中转化为具体的权利义务关系时,才是真实的、实际发生的环境法律关系。

抽象的环境法律关系和具体的环境法律关系体现的意志存在差别。抽象环境法律关系体现的是国家的意志,具体而言,体现了国家在环境问题治理与环境保护方面的意志;具体环境法律关系不但体现了国家的意志,也体现了具体的环境当事人的意志。

划分抽象环境法律关系和具体环境法律关系,可以提示人们在分析和处理具体环境问题时,必须明确抽象环境法律关系和具体环境法律关系的不同意志特征,准确界定主体间关系的性质、责任认定,妥善解决环境问题。

第二节　环境法律关系的构成

按照法理学说,法律关系的构成要素包括主体、客体和内容。这是法律思维的基本分析框架,我们也可以依此逻辑对环境法律关系的构成予以分析,并通过与传统法律关系的对比发现环境法律关系的一些特殊性。

一、环境法律关系的主体

法律关系的主体,可简称为法律主体,是指在法律关系中享有权利和履行义务的社会主体。环境法律关系的主体,就是在环境法律关系中享有环境权利并承担环境义务的主体。由于专门环境立法是以国家环境管理为主要内容、以行政机制为主要制度基础的法律体系,具有很强的管理法特性,环境法律关系主要体现为环境行政法律关系或隶属性法律关系,因此,我们主要分析这类法律关系的主体。

（一）环境法律关系主体的分类

环境法律关系的主体是为环境法所调整的国家对环境活动进行监督管理过程中所发生的社会关系的参加者。由于环境监督管理的目的不同而形成不同的法律规范，可分为污染控制法律关系、自然生态环境保护法律关系和绿色低碳发展法律关系三大类。因此，环境法的主体首先可以分为污染控制法主体、自然生态环境保护法主体和绿色低碳发展法主体。

污染控制法的主体分为两类，即代表国家对污染环境的行为进行监督管理的主体和在控制环境污染和其他公害方面接受国家监督管理的主体。前者可简称为监管主体，后者可简称为控制主体。监管主体依法对污染和破坏环境的行为进行监督管理，行使执法权，是主动者；控制主体接受国家的环境监督管理，处于被动地位。监管主体所进行的监督管理，无论是禁止、限制，还是激励、促进，都直接对控制主体发生效力，而不取决于后者的意思和决策。但是，控制主体在法定范围内，对于污染控制措施享有自主权。

自然生态环境保护法的主体分为两类，即代表国家对开发、利用生态环境行为进行监督管理的主体和在经济社会活动中接受国家环境监督管理的主体。前者可简称为监管主体，后者可简称为保护主体。监管主体依环境法对自然环境的开发和利用活动进行管理和监督，行使执法权，是主动者；而保护主体在接受国家监督管理方面，则处于被动的地位，但是，保护者在法律规定的范围内，享有法律规定的自主决定权。

绿色低碳发展法的主体也分为两类：国务院有关部门和地方各级人民政府代表国家，对相关企业事业单位和其他生产经营者的资源、能源的开发利用活动进行规划、监督、管理和激励，以使其采取有利于清洁生产、绿色流通、绿色消费等措施，促进绿色低碳发展；在资源、能源的开发利用等经济社会活动中接受环境监督管理的主体。前者可称为监管主体，代表国家贯彻绿色、循环、低碳发展的目标定位；后者为受约束主体，其资源、能源的开发利用活动受到国家的经济社会发展战略目标、政策定位和导向的约束，同时，在法律规定范围内，其享有自主决定权。

对上述三种类型主体进行总结，环境法主体主要包括污染控制法中的监管主体和控制主体、自然生态环境保护法中的监管主体和保护主体，以及绿色低碳发展法中的监管主体和受约束主体。在这六种主体中，由于污染控制法的监管主体、自然生态环境保护法的监管主体和绿色低碳发展法的监管主体都是依法代表国家对环境活动进行法律调整，因而可以合称为监管主体；而无论是控制主体、保护主体还是受约束主体都要受到国家控制和管理的制约，因而可以称为受制主体。

综上，环境法的主体可分为两类：监管主体与受制主体。一般而言，监管主体是能够代表国家行使生态环境保护监督管理职能的国家机关；受制主体则是在经济社会活动中接受国家环境管理部门监督管理的主体,包括自然人、企业和社会组织。

(二)环境法律关系主体的具体展开

将环境法主体划分为监管主体和受制主体,是根据环境法的管理法属性所作的大致分类。无论是监管主体还是受制主体,在具体的法律关系中,都有着不同形式。同时,环境法并不只是专门环境法律规范,还包括了一些相关法律中的有关规范。尤其是在生态文明建设过程中,建立多元共治的环境治理体系既是《环境保护法》的规定,也是环境保护的客观要求。因此,对于环境法律关系主体的进一步分析,既要考虑专门环境法律规范的管理法属性,也要综合考虑与环境治理体系有关的各种法律规范。在此意义上,环境法律关系主体可从以下方面具体展开。

1. 国家

国家作为环境法律关系的主体,主要体现为两个方面:(1)根据国家主权理论,国家作为主体参与国际环境法律关系,缔结国际条约或公约,享有国际环境保护方面的权利,承担国际环境法律义务与责任,并参与国际环境纠纷的解决。(2)国家作为一国最高主权者,享有环境监督管理权力,履行相应的环境保护职责。如《宪法》第9条、第10条第1款、第26条的相关规定。[10]

2. 国家行政机关

国家行政机关作为监管主体参与到环境管理法律关系中,执行环境保护法律法规,履行法律赋予的环境保护职责,同时,接受权力机关、管理相对人、社会公众的监督。

(1)各级人民政府。各级人民政府都有改善环境质量的责任。《环境保护法》系统规定了各级人民政府的环境监督管理的职权职责。比如,《环境保护法》第6条第2款规定:"地方各级人民政府应当对本行政区域的环境质量负责。"第8条规定:"各级人民政府应当加大保护和改善环境、防治污染和其他公害的财政投入,提高财政资金的使用效益。"第27条规定:"县级以上人民政府应当每年向本级人民代表大会或者人民代表大会常务委员会报告环境状况和环境保护目标完成情况,对发生的重大环境事件应当及时向本级人民代表大会常务委员会报告,依法接受监督。"

(2)生态环境主管部门。《环境保护法》第10条规定:"国务院环境保护主管部门,对全国环境保护工作实施统一监督管理;县级以上地方人民政府环境保护主管部门,对本行政区域环境保护工作实施统一监督管理。县级以上人民政府有关部门和军队环境保护部门,依照有关法律的规定对资源保护和污染防治等环境保护工作实施监督管理。"

---

[10] 张璐主编:《环境与资源保护法学》,北京大学出版社2010年版,第26页。

（3）生态环境保护相关监督管理部门。根据我国的环境法律体系和环境行政管理体制，与环境保护有关的行政机关也依法在职权范围内享有一定的环境监督管理权。比如，《环境保护法》第10条第2款规定："县级以上人民政府有关部门和军队环境保护部门，依照有关法律的规定对资源保护和污染防治等环境保护工作实施监督管理。"

3. 自然人

自然人是环境法律关系中最为广泛也是最为主要的主体类型。在隶属性法律关系中，自然人是受制主体；在平权型法律关系中，自然人是平等主体。环境为自然人提供了基本的生存环境、生产生活资料和劳动对象，与自然人的生存生活息息相关，是自然人享有其他权益的源泉和前提，因此，自然人应当享有广泛的环境权利、承担广泛的环境义务。《环境保护法》第6条第1款规定："一切单位和个人都有保护环境的义务。"第6条第4款规定："公民应当增强环境保护意识，采取低碳、节俭的生活方式，自觉履行环境保护义务。"第53条第1款规定："公民、法人和其他组织依法享有获取环境信息、参与和监督环境保护的权利。"

4. 法人和其他组织

法人和其他组织也是环境法律关系中的广泛主体。在隶属性法律关系中，法人和其他组织是受制主体；在平权型法律关系中，法人和其他组织是平等主体，既享有开发利用环境的法定权利，同时也承担遵守环境法律法规、服从国家环境管理机关监督管理的义务。比如，《环境保护法》第6条第3款规定："企业事业单位和其他生产经营者应当防止、减少环境污染和生态破坏，对所造成的损害依法承担责任。"

需要指出的是，"法人"和"其他组织"是一种理论上的概括，在具体的环境法律规范中，这种类型的环境法律关系主体有多种表述方式，并未统一。比如，《环境保护法》第6条第1款规定："一切单位和个人都有保护环境的义务。"第6条第3款规定："企业事业单位和其他生产经营者应当防止、减少环境污染和生态破坏，对所造成的损害依法承担责任。"第40条第3款规定："企业应当优先使用清洁能源，采用资源利用率高、污染物排放量少的工艺、设备以及废弃物综合利用技术和污染物无害化处理技术，减少污染物的产生。"第42条第3款规定："重点排污单位应当按照国家有关规定和监测规范安装使用监测设备，保证监测设备正常运行，保存原始监测记录。"这里就使用了"单位""企业事业单位""企业""重点排污单位"等不同的表达。

二、环境法律关系的内容

环境法律关系的内容是指环境法律关系主体所享有的权利和承担的义务。环境法权利是指法律赋予的，环境法律关系主体主张与实现某种利益的可能性。环境法律权利的规定为环境法律关系中主体满足自己需求、实现自己利益提供了行为界限。就主体的行为方面而言,其主张自己权利的力量来源于法律,其实现自己利益的行为又必须遵守法律划定的范围。尤其是环境法律关系主体中的管理主体,其环境法权利来源于法律规定与授权,在行使法定权力、履行职责时,必须严格遵守法定界限、维护环境公共利益。环境法义务,是环境法律规范对环境法律关系主体作出一定行为和不得作出一定行为的拘束力。环境法义务是国家强制人们实施适应或满足环境权利的行为的合法手段,是实现环境权利、取得相应利益的前提和保障。由于环境法律关系的特殊性,尤其是专门环境立法以管理法为主,环境社会关系的"人—环境—人"的间接性特征,环境法律关系的内容也具有鲜明的特性。因此,我们从隶属性环境法律关系的角度,对环境法律关系的内容进行展开,并对自然环境在环境法律关系中的特殊客体地位进行说明。

(一)环境监管主体的权利与义务

环境监管主体的权利义务,表现为国家及其承担环境监督管理职能部门的权力和责任。环境保护涉及的部门众多,领域广泛,《环境保护法》建立了环境行政部门统一监督管理和其他相关部门分工负责的体制,[11]这使实际承担国家环境监督管理职能的部门众多。在环境污染防治方面,2018年组建的生态环境部统一行使生态和城乡各类污染排放监管与行政执法职责,依法享有一定管理权限的职能部门还有海洋行政(国家海洋局)、港务监督(归口交通运输部)、渔政监督(归口农业农村部)、军队生态环境保护部门(军队各级生态环境保护机构)以及公安、交通、民航等部门。在生态环境保护方面,2018年组建的自然资源部统一履行所有国土空间用途管制和生态保护修复职责,依法享有一定管理权限的职能部门还有农业行政(农业农村部)、水利行政(水利部)等。从法律上看,各相关部门的职权赋予涉及多部法律,内容复杂多样。我们仅作一般意义上的抽象与归纳。

1. 环境监管主体的权利[12]

环境管理主体的权利可以称为权力,它是法律赋予的,为实现国家环境监督管理职能所必需的,运用各种国家机器及物质设施使全社会服从自己意志的各种方法、手段和强制力量的总称。这些权力包括:

(1)环境管理规范制定权。它是指根据宪法或法律授权,以法律、法规、规章以及其他规范性文件形式规定一般人必须遵守的行为准则的抽象性权力。

---

[11] 《环境保护法》第10条规定:"国务院环境保护主管部门,对全国环境保护工作实施统一监督管理;县级以上地方人民政府环境保护主管部门,对本行政区域环境保护工作实施统一监督管理。县级以上人民政府有关部门和军队环境保护部门,依照有关法律的规定对资源保护和污染防治等环境保护工作实施监督管理。"

[12] 环境管理主体的权利与义务的内容论述参见吕忠梅:《环境法学》(第2版),法律出版社2008年版,第68页。

（2）环境行政处理权。它是指根据环境行政法律规范，具体地为相对人设立、变更和取消权利义务的权力。

（3）处罚强制权。它是指环境管理机关对违反环境管理法规的行为人予以制裁，对拒绝履行环境保护义务的行为人予以强制执行的权力。

（4）物权。国家对特定物的管理权，如河流、海域、滩涂、矿藏、森林等国有财产由特定国家机关进行监督管理，实现其环境效益。对这些物的取得、收益和处分不完全适用民法规定。

（5）环境司法权。它是指因执行国家环境法律、法规而产生的处理各种纠纷的权力，主要包括公安、检察院、法院在涉及环境案件的侦查、起诉、审判、执行等方面的权力和法律授予的环境行政部门的准司法权——行政复议和行政调解等权力。

2. 环境监管主体的义务

环境监管主体的义务也可称为环境监管主体的职责。按照依法行政的原则，监管主体的职权也是职责，必须依法履行，越权或怠职都会产生不利的法律后果。在学理上，可以将监管主体的义务从另外的角度简要归纳：

（1）管理性义务。它是指为建立和保持正常生产和生活所必需的环境法律秩序，各级人民政府及其生态环境主管部门、其他负有生态环境保护监督管理职责的部门必须依法履行的系列法定的行政管理职责和行为，如制定法律、法规，监督管理各种开发、利用环境的活动，监督管理种种污染和破坏环境的活动，协调经济社会发展与环境保护的关系等。

（2）服务性义务。它是指为保护和改善环境而创造各种条件的义务的总和，如进行环境保护的宣传教育、推广先进的环境保护工艺流程、提供污染治理设施等。

（3）接受监督的义务。包括接受国家机关、社会组织、公民的一般性监督、诉讼监督、行政监督以及行政赔偿等。

（二）受制主体的权利和义务

1. 环境受制主体的权利

隶属性环境法律关系中的受制主体为自然人、法人和其他组织。其权利是指受制主体在环境法上为实现自己环境利益的意思力量。在平权型环境法律关系中，自然人、法人和其他组织享有平等的法律权利与义务，这些法律涉及多个领域，原则上应遵循"法无禁止即权利"的法治理念。值得注意的是，环境法作为新兴的法律领域，其权利体系尚在形成过程中，在理论上与实践中都未达成高度共识；[13]加之环境法客观上

---

[13] 吕忠梅：《论公民环境权》，载《法学研究》1995 年第 6 期；吕忠梅：《再论公民环境权》，载《法学研究》2000 年第 6 期。

与传统法律之间存在"剪不断,理还乱"的关系,自然人、法人和其他组织的权利难以得到非常清晰的归纳。我们在此,仅根据已有研究成果作大致归类。

(1)环境使用权。环境使用权是指受制主体享有的使用或者利用生态环境的权利。这是保障和发挥生态环境对于人类具有的经济价值、生态价值、美学价值,切实满足人类现在和将来通过对环境的利用获得生存和发展的必要条件的权利类型。环境使用权是环境权利体系中的处于首要地位的构成部分,是综合实现自然环境对于人类产生的多重功能与价值的实体性权利,也是各国的环境立法实践都高度重视的环境权利。基于环境概念的集合性、内涵的丰富性和对于人类价值的多样性,环境使用权也是一个集合性权利或者是一个权利束,至少包括以下三个层次的内容:第一,对具有自然资源属性的环境要素的使用权,发挥其作为基本生产生活资料的功能,对此,《民法典》物权编中的用益物权和相关资源类法律有明确规定,还包括《能源法》对各类经营主体依法从事能源开发利用活动的规定等。第二,对环境要素的环境容量的使用权,对此,《民法典》物权编中的相邻权以及相关污染防治法有明确规定,[14]此外,国家正在大力推进的碳排放权交易制度,也是这种权利的体现。第三,对环境要素整体的使用权,如对生态空间、国土空间规划利用的权利,对此,《城乡规划法》《环境保护法》有明确规定,深化改革过程中推进的编制自然资源资产负债表、开展生态环境审计、制定区域生态承载力规划和划定生态红线等,均是这种权利的体现。

(2)环境知情权。环境知情权是指自然人、法人和其他社会组织获得环境状况、环境管理状况以及自身环境状况等与自己环境权益相关的环境信息的权利。公民获得和行使这项权利,既是环境民主的具体体现,也是进一步享有和实现环境事务参与权的前提和基础。环境知情权是我国立法高度重视的一项权利。《环境保护法》专设"信息公开和公众参与"一章,较为详细明确地规定了公众享有的环境知情权,规定了政府、企业的环境信息公开义务。[15]《政府信息公开条例》(2019年修订)是保障公民、法人和其他组织依法获取政府信息的专项立法,为保障环境知情权提供了依据。生态环境部2021年制定的《企业环境信息依法披露管理办法》为规范企业环境信息依法披露活动、保障环境知情权提供了依据。

(3)环境事务参与权。环境事务参与权是自然人、法人和其他社会组织对环境法律法规的制定进行建议与讨论,对环境管理工作进行批评、监督和建议以及参与具体的环境管理活动的权利。自然人、法人和其他社会组织享有和实现环境参与权,是环

---

[14]《民法典》第294条规定:"不动产权利人不得违反国家规定弃置固体废物,排放大气污染物、水污染物、土壤污染物、噪声、光辐射、电磁辐射等有害物质。"该规定表明,在相邻关系中,相邻关系主体在符合国家相关规定的前提下享有一定的环境容量使用权。

[15]《环境保护法》第五章"信息公开和公众参与"为新增一章——第53~58条共6个条文,分别规定的是公民的知情权、参与权、监督权,以及政府和企业信息公开,公众参与环境影响评价,环境公益诉讼等制度。

境民主原则在法律领域的制度体现,是构建多元治理的环境保护体制、发挥多方力量、调动广泛社会主体积极性以解决环境问题、实现环境保护的客观需要。《环境保护法》在"信息公开和公众参与"一章,在规定环境知情权的同时,对参与权作了相应规定。原环境保护部(现生态环境部)专门制定了《环境保护公众参与办法》,该办法是《环境保护法》的重要配套细则,对公众参与的适用范围、参与原则、参与方式、各方主体权利义务和责任以及配套措施作了规定。生态环境部2018年制定的《环境影响评价公众参与办法》是规范环境影响评价公众参与的专门的部门规章。

(4)环境监督权。根据《环境保护法》的规定,环境法主体所享有的环境监督权是指公民、法人和其他组织依法享有的对政府环境保护工作和企业事业单位和其他生产经营者的环境影响行为进行监督的权利。环境监督权的实现方式包括:第一,社会监督,《环境保护法》第55条规定,强制重点排污单位公开污染以及防治污染的相关信息,接受社会监督;第二,舆论监督,《环境保护法》第9条第3款规定,新闻媒体对环境违法行为进行舆论监督;第三,检举监督,《环境保护法》第57条第1款规定,公民、法人和其他组织有权向环保部门或相关管理部门进行举报。

(5)救济请求权。救济请求权是指公民、法人和其他组织的各项环境权利受到侵害后向有关部门请求保护与救济的权利。法律上的救济是对已发生或业已造成的损害、危害、损失或造成损害的不正当行为的纠正、矫正或改正。[16] 包含阻止权利侵害行为继续进行("救")和对受害人损失的补偿("济")两个方面。救济权实际上是一种派生权,当环境法主体所享有的环境使用权、环境知情权、环境事务参与权和环境监督权受到侵害时,可以行使救济请求权。环境权利救济请求权行使的过程就是环境纠纷解决的过程,现实中,救济请求权可以通过两种方式与路径得以实现——根据合意的纠纷解决和根据决定的纠纷解决。[17] 根据决定的纠纷解决类型方式强调国家或公权力在纠纷解决中的中心地位,具体表现为环境诉讼机制。以当事人之间合意为基础的非诉讼纠纷解决机制,是现代社会重新发现人与人之间沟通与对话价值的产物,表现为通过协商、调解、仲裁等解决环境纠纷的方式。

2. 环境受制主体的义务

环境受制主体的义务,就是自然人、法人和其他组织要承担的环境保护义务。环境受制主体要承担环境保护的义务不言而喻。对于今天的环境问题,生活在环境中的每个人既是受害者,也是施害者,都要承担环境保护义务。从理论上讲,通过法律制度工具实现环境保护义务的履行有两种路径:一种是设置环境权利,由广大社会主体通过权利行使和保护方式实现义务的履行,比如,不得以损害他人利益的方式行使权利,

---

[16] [英]沃克编辑:《牛津法律大辞典》,北京社会与科技发展研究所译,光明日报出版社1988年版,第764页。
[17] [日]棚濑孝雄:《纠纷的解决与审判制度》,王亚新译,中国政法大学出版社2004年版,第10–14页。

再如,对不承担义务的主体提起诉讼,等等。另一种是建立行政管理制度,明确义务种类和范围,直接要求广大社会主体履行义务。这两种路径同等重要,不可偏废。我国目前主要采用的是后一种方式,我们也主要结合我国相关法律规定,对环境受制主体的环境保护义务进行归纳:

(1)遵守和维护环境法律秩序的义务。作为环境法律关系的主体,自然人、法人和其他社会组织都必须遵守各种环境法律制度,不从事环境法律所禁止的各种行为,从事环境法律规范所要求的各种行为,并积极去实施环境法律规范体系所倡导的各种行为。环境受控主体对于环境法律秩序的遵守与维护,主要是通过其积极实施有利于环境保护的行为、避免有害于环境的行为来实现的。从现行法律规定来看,受制主体所要遵守与维护的环境法律秩序主要有三类:一是一般性的环境保护义务,比如,我国《环境保护法》第6条规定的"一切单位和个人"的环境保护义务;二是在具体的环境要素污染防治与生态保护领域的环境保护义务,如《大气污染防治法》(2018年修正)第7条规定的企事业单位和其他生产经营者在大气污染防治领域的法律义务;三是根据污染防治与生态保护的需要设定的具体义务,比如,《大气污染防治法》第18条规定了企事业单位和其他生产经营者的建设项目环境保护具体义务,《能源法》第39条规定了从事能源开发利用活动,应当遵守有关生态环境保护、安全生产和职业病防治等法律、法规的规定,减少污染物和温室气体排放,防止对生态环境的破坏,预防、减少生产安全事故和职业病危害。

(2)服从国家环境监管的义务。环境受制主体应当服从环境管理机关的各种方式的管理,即使就管理行为存在争议,也应当履行正当法定程序,不得擅自否定管理机关的决定的确定力和拘束力。比如,《大气污染防治法》明确规定了监管主体的监管权力和受制主体的义务,向大气排放污染物的企业事业单位和其他生产经营者,必须接受监督管理。[18]

(3)服从制裁的义务。如果环境受制主体未能履行环境保护义务或者故意、过失地违反法律,应当服从监管机关的处理决定,接受国家对其违法行为的否定性评价,承担环境法律责任,以恢复受到破坏的环境法律秩序。《环境保护法》《民法典》《刑法》等法律已经建立了较为完善的环境法律责任制度体系,可以通过责任追究,使不履行环境保护义务的环境受制主体受到有效制裁,督促与指引自然人、法人和其他社会组织积极履行环境保护义务。

三、环境法律关系的客体

环境法律关系的客体,是指环境法律关系主体的权利和义务共同指向的对象。以

---

[18] 参见《大气污染防治法》第三章"大气污染防治的监督管理"第18～31条的相关规定。

环境法律关系是环境法律主体之间的关系为前提,环境法律关系的客体只有环境行为一种类型,而物仅仅是作为对象的存在,可以认为是对人们各种现实关系的更准确抽象。但这样的高度抽象界定,无益于对不同类型的环境法律关系进行有效区分。物所具有的客观性和特定性使将其界定为法律关系的客体更符合思维逻辑和理解习惯,其作为法律关系的客体更具有典型意义。因此,从立法技术和法理阐释角度来看,可以将环境法律关系的客体划分为环境资源与环境行为这两种类型。

(一)环境资源

传统法理学中,法律关系的客体包括物、非物质财富和行为(或者行为结果)。一般而言,除比较特殊的行为和非物质财富之外,通常的法律关系的客体仅限于经过严格限定的物,这使法律规范调整的客体范围受到限制。作为法律关系最重要客体的"物",主要是有体物、可支配物、独立物。在一定意义上,民法、环境法、经济法规定的矿藏、水流、海域以及森林、山岭、草原、荒地、滩涂、野生动植物资源等都可以归属于传统法律关系中的"物"。但是,从人类生存和发展的角度看,自然环境不仅是具有联系性、系统性和协调性的生态系统,而且还有各种生态服务功能和人类生存发展所必需的其他功能,这些都不能被"物"的概念所涵盖。为了使环境法律关系客体既区别于传统法律,又体现自然环境对人的生存和发展价值,可将其称为环境资源。它包括三个层面:第一,指称单一环境要素;第二,指称各环境要素共同构成的环境整体或生态系统,是相较于单个环境要素的个别生态作用更大的总和;第三,指称各环境要素及生态系统所具有的生态服务功能。概言之,作为环境法律关系客体的环境资源,是指由法律所确认的人类赖以生产和发展的客观物质条件的总和。《环境保护法》第2条规定:"本法所称环境,是指影响人类生存和发展的各种天然的和经过人工改造的自然因素的总体,包括大气、水、海洋、土地、矿藏、森林、草原、湿地、野生生物、自然遗迹、人文遗迹、自然保护区、风景名胜区、城市和乡村等。"对环境法律关系客体不同层面均有规定。[19] 因此,从"物"的角度审视和界定环境法律关系的客体,必须解决两个问题:一是环境资源作为客体所具有的主体性特征;二是处理环境资源与"物"的关系。因此,也应当从这两个方面把握环境法律关系的客体。

1. 客体具有主体性特征

环境法律关系呈现出不同于传统法律关系的特性。在传统法律关系理论中,客体仅被作为权利义务指向的对象,是法律关系主体行为的作用对象,其本身并不具有价值。但在环境法中,由于人对与自然关系的重新认识,环境的价值得到了一定程度的

---

[19] 吕忠梅:《环境法律关系特性探究》,载秦天宝主编:《环境法评论》2018年第1期,中国社会科学出版社2018年版。

承认,不再被认为是一般意义上的"物",而是被赋予了一定的主体性。在一些国家的立法中,出现了"动物不是物"的规定。[20] 虽然这些规定并没有明确赋予动物主体地位,但将其作为特殊客体本身,也意味着在一定程度上承认了其主体性。因此,对于环境法律关系的客体认识不能简单地停留于传统法律关系理论上。

(1) 环境资源具有内在价值

传统法律以人类中心主义为指导思想,秉持主客体二分理论,强调"物"对人的有用性和作为主体的人对"物"的绝对支配。在这种法律关系中,将物置于人的对立面,以实现人对物的控制和利用为目的,追求物上所存在的纯粹的工具价值,所以,在法律制度上主张和鼓励"物尽其用"(如土地所有权和用益物权可以由不同主体享有即为典型)。环境法则以可持续发展为指导思想,在坚守法律"以人为本"的根本宗旨、将自然环境作为人的认识对象和实现人类发展手段的同时,重视自然对于人类的价值,要求建立"人—自然—人"的双重和谐关系。在这种指导思想下,我们认识环境法律关系时,作为客体的环境资源,不是简单地被放在人类对立面,也不仅仅只有"物尽其用"的纯粹的工具价值,保持主客体的和谐、在开发利用环境资源时尊重自然规律,是环境法律关系中的客体的重要特征。

(2) 环境资源具有一定的主体性

环境法律关系是承认自然环境具有一定价值的社会关系,也就承认了环境资源具有一定的主体性,这种主体性在其作为法律关系的客体时应当得到反映。但是,环境资源的主体性如何体现,在法律作为人与人之间的社会关系行为规则的现实中,承认包括动物等生命体在内的环境资源的主体地位存在困难。因此,出现了依然将其作为客体,却作为特殊客体的专门法律规定。这种制度设计意味着不再将环境资源单纯作为权利义务的对象,而要改变可以对其进行任意支配的观念,以平等的观念对待之,承认主体与客体具有一定的平等性。也就是说,在将环境资源定位为法律关系客体的同时应在理念上承认其具有一定的主体性,并通过限制主体权利和增加其义务来体现对

---

[20] 1988年3月10日,奥地利国民会议通过一部关于动物法律地位的联邦法律,专门对原民法典第285条进行修订,新增的第285a条规定:"动物不是物。它们受到特别法的保护。关于物的规定仅于无特别规定的情形适用于动物。"1990年8月20日,德国议会通过《关于在民事法律中改善动物的法律地位的法律修正案》,该修正案决定在民法典中增加三个条文。(1)新增第90a条"动物"规定:"动物不是物。它们由特别法加以保护。除另有其他规定外,对动物准用有关物的规定。"(2)在第251条第2款新增后段:"因救治动物而产生的费用,并不因其大大超过动物本身的价值而被视为是不相当的。"(3)在第903条新增:"动物的所有权人在行使其权利时,应注意有关保护动物的特别规定。"1994年,俄罗斯制定民法典时对动物亦作了规定,该法第137条"动物"第1款规定:"对动物适用关于财产的一般规则,但以法律和其他法律文件未有不同规定为限",第2款规定:"在行使权利时,不允许以违背人道主义的态度残酷地对待动物。"俄罗斯民法典还创设了受虐动物赎买制度以及对"无人照管的动物"的特殊规定。2002年12月4日,瑞士通过了一个对民法典、债法、刑法及联邦债与破产法进行修正的《动物基本条款》。其中,涉及民法的9个条文中的第641a条规定:"1.动物不是物。2.对于动物,只要不存在特别规定,适用可适用物的规定。"

环境资源的尊重。

2. 环境资源与"物"的关系[21]

传统法律关系理论中，客体包括物、行为以及非物质财富，其中最为典型的就是作为民事法律关系客体的"物"。从形式上看，作为环境法律关系客体的环境资源，尤其是在单一环境要素层面，许多时候可以归属于民法上的"物"。这表明，民法与环境法之间存在着对同一客体用不同法律规制方法加以调整的现实，也是环境法与民法因具有天然联系而可能在制度体系中加以"沟通与协调"的客观基础。但是，环境资源所包括的自然环境整体及其生态服务功能无法纳入"物"的范畴，即便是作为单一环境要素的环境资源，实际上也不是完全可以归属于"物"。因此，即便在形式上，作为环境法律关系客体的"环境资源"，是大大超出"物"的范围的。更为重要的是，民法与环境法是建立于不同哲学基础之上、具有不同价值取向的不同性质分类体系，这决定了环境资源与"物"具有一些本质上的差别。

首先，"物"被认为是单纯的客体，而环境资源被认为具有一定的主体性。"物必须对人有价值"，在传统法律关系理论的框架内，"物"完全是因为对人的有用性和能够为人类服务才被赋予地位和意义。在环境法上，要承认环境资源对人的有用性，正是这种有用性引起了人们对稀缺的环境资源的竞争性利用，导致了环境问题的产生，在法律关系中确立环境资源的客体地位是适应分配环境资源利用权利所必需的。但是，仅仅承认环境资源的有用性是不够的，还必须承认环境资源的内在价值，即具有不依赖于主体而存在的意义，这使环境资源的客体地位区别于"物"的客体地位，获得了一定独立性。虽然环境资源的内在价值无法以法律上的权利来保障，但可以形成对主体权利的限制，以由主体承担义务的方式来实现。这样，环境资源就不再完全是被动的存在，而具有了一定的"主动"性和与主体的平等性，形成了与"物"的最大区别。

其次，环境资源不完全具有"物"的可支配性。传统法律关系理论中，作为法律关系客体的"物"可以特定化，其可支配性不仅是必要条件，而且具有绝对性。但在环境法上，作为客体的环境资源不可能也不应该具备绝对的可支配性：一方面，绝对支配的前提是对象的完全特定化，由于环境资源的整体关联性和生态系统的物质循环、能量流动、信息传递不可分割，即便是部分环境要素可以特定化，也只能是相对和不完全的。因此，对环境资源的支配只能是相对的，限于可以特定化、主要是在私人之间进行分配的部分。另一方面。环境资源负载着公共利益，对其特定化的部分不是也不能是完全的、任意的支配，而必须受到诸多的限制。

---

[21] 吕忠梅：《环境法律关系特性探究》，载秦天宝主编：《环境法评论》2018 年第 1 期，中国社会科学出版社 2018 年版。

最后，环境资源不完全具有实体物质形态，或其价值不直接体现于其物质实体。现代民法理论虽然已不再将"物"的有体性作为唯一，但仍以"有体物"为典型。环境资源则要么没有实体物质形态，表现为环境要素的自净能力或者承载能力；要么即便有实体物质形态，其价值也不直接体现于其物质实体。在一定意义上可以说，环境资源的实体物质形态不具有决定意义，更重要的是体现在环境资源的联系与转化中的生态系统的功能与作用。

总之，从形式上看，环境资源和"物"存在一定程度的交叉，可能成为民事法律关系和环境法律关系的客体。随着民法社会化的进程，"物"的公共利益属性在一定程度上得到承认，建立了民法与环境法可以在制度层面加以协调与配合的理性基础。但是，民法和环境法的价值取向不可能完全相同，所调整的社会关系也不可能完全相同，这些不同必然会体现在制度上，表现为所保护的利益不同、赋予的权利义务不同、法律后果不同，这在一定意义上也是对未在民法中获得承认的"物"的生态价值和内在价值的重新确认。只有在这个意义上，才能更好地理解环境侵权责任制度、公益诉讼制度。

（二）环境行为

作为环境法律关系客体的环境行为，是指环境法律关系主体所实施的、进入环境法律体系规制视野的各类产生环境影响的行为。包括各种环境开发、利用、保护、改善、监督、管理的行为，在行为方式上既包括积极作为，也包括消极不作为。

现实生活中，满足人类生存需要的各种与环境有关的生产生活活动均属于广义上的环境行为。而作为环境法律关系客体的环境行为是所有与环境有关的行为中具有法律意义的组成部分，其具有的特征可以简要概括为：（1）种类和内容的广泛性。自然资源环境为全人类提供了基本的生存环境和物质基础，因此，人类的生产生活活动均会不同程度、以不同方式或直接或间接对环境造成影响，环境行为在种类和内容上非常广泛。（2）哪些对环境造成影响的行为被界定为作为环境法律关系客体的、纳入法律规制视野、具有法律意义的环境行为，取决于环境法律规范的界定。环境法律完善的过程在某种意义上就是作为环境法律关系客体的环境行为不断拓展的过程，比如，环境影响评价法律制度所规定的环境影响评价对象从建设项目拓展到规划项目再到逐步重视规制政府战略决策行为的发展历程，本身即体现环境法律规制的环境行为的类型拓展与内容深化。环境行为是环境法律规范的重要规制对象，对环境行为的类型化清晰、具体界定也是我国环境法律制度实现环境保护的制度路径，将在本书第五章"环境法基本制度"中详细论述。

第三节 环境法律关系的运行

一、环境法律关系运行的概念

法律关系指称的是双方主体或多方主体之间的权利义务关系,随着变动不居的社会情势对社会关系的影响,法律关系呈现不断的运动变化,具体表现法律关系的不断发生、变更和消灭。法律关系的"发生"是指在法律关系主体之间形成某种权利义务的联系;法律关系的"变更"是指法律关系主体、客体、主体的权利和义务等要素的改变;法律关系的"消灭"是指主体之间权利和义务关系的终止。[22]

环境法律关系属于法律关系的一种,也随着社会情势变化而处于不断发生、变更和消灭的运动过程之中。因为一个环境事件而在特定主体之间产生环境法律关系,会因为环境法律关系的主体、客体和内容的变化而发生环境法律关系的变更,比如,污染物的持续排放或污染控制措施的采取导致环境污染控制法律关系发生变更;也会因为环境法律关系主体之间的权利、义务关系的终止而消灭,比如,一方主体的消亡或者污染被有效治理而导致原来的环境污染控制法律关系的消灭。

环境法律关系的产生、变更和消灭需要在一定条件下方能发生,具体来说,条件有两个:一是法律规范;二是法律事实。在法理学上,将导致法律关系发生产生、变更与消灭运动的法律规范界定为抽象条件,而将法律事实的存在界定为具体条件。申言之,法律规范的存在仅为法律关系产生、变更和消灭的前提与依据,没有一定的法律规范的存在,便没有对应的法律关系。但是,仅有法律规范本身不足以自动发生法律关系的产生、变更与消灭;法律关系的真实产生、变更与消灭,还有赖于具体的法律事实的存在。

环境法律关系的运行也遵循这一逻辑与规律。环境法律规范是环境法律关系产生的前提与依据,有环境法律规范才能将现实的纷繁复杂的环境社会关系转换为环境法律关系。这也说明了构建系统完善的环境法律体系的重要性,只有构建体系完整的环境法律规范,才能充分观照现实社会中的多种环境社会关系,并将之纳入环境法律体系中予以审视与规制。但是,仅有环境法律规范本身并不足以导致环境法律关系的产生、变更或消灭,还需要有具体的环境法律事实为之提供契机与可能。在这个意义上,正确把握法律事实对于理解环境法律关系至关重要。

---

[22] 张文显:《法哲学范畴研究》(修订版),中国政法大学出版社2001年版,第114页。

二、环境法律关系运行的根据

(一)环境法律事实的概念

法律事实是指由法律规定的,能够引起法律关系形成、变更或消灭的客观现象的总和。环境法律事实就是由环境法律规定的,能够引起环境法律关系产生、变更或消灭的客观现象。环境法律事实具有的特征是:(1)环境法律事实首先是一种客观存在的现象,是一种事实;(2)并不是所有的客观存在的现象均能成为环境法律事实,只有那些具有环境法律意义、进入环境法律关注视野、作为环境法律规制对象的客观现象,才能成为引起环境法律关系的产生、变更与消灭的法律事实;(3)哪些客观现象能够作为环境法律事实,由环境法律规定。环境法律之所以使一些客观现象具有引起环境法律关系运行的意义,是因为这些事实能够体现国家规范某类社会关系的意志,也能够反映国家对于环境问题的认知与管理的意图。比如,在西方国家,在环境法产生以前,污染引发的环境问题并未被纳入法律事实,只是被当作一般性的社会性事件加以处理,因为已有法律规范无法有效处理这类事件,社会稳定甚至政权稳定受到威胁,才使国家意识到创立新的法律规范,将其纳入法律事实的必要性,也因此才产生了环境法,形成环境法律关系。

(二)环境法律事实的分类

根据是否与当事人的意志有关,可以将环境法律事实分为环境法律事件与环境法律行为,这是从法理角度对环境法律事实进行的最为重要和基本的分类。

1. 环境法律事件

环境法律事件,就是由环境法律规范所规定的,不以当事人的意志为转移的,能够引起环境法律关系产生、变更与消灭的客观现象。环境法律事件又可以进一步分为社会事件与自然事件。环境社会事件是不以法律关系主体的意志为转移的社会变迁或社会变革,即社会关系的根本变革或重大变化,如社会革命、战争等。社会事件是基本法律关系发生、变革、消灭的根本因素,会引起普遍法律关系大面积大范围地发生、变更或消灭,环境法律关系的产生、变更或消灭仅为其中很小的一个方面。自然事件是不以法律关系主体意志为转移的自然灾害、偶然事件、生老病死等,这些自然事件也会导致环境法律关系的变化,比如,台风等导致污染物的泄漏引发的污染事件,自然原因突发森林火灾导致的森林毁坏,地震导致的自然保护区的破坏,等等。

2. 环境法律行为

环境法律行为是指与当事人意志有关的,能够引起环境法律关系产生、变更或消灭的环境法律事实。并非所有人的行为都能成为环境法律行为,环境法律行为具有的特点有:(1)它是有社会意义的行为,即这些行为会对他人的环境权益或社会环境公益产生影响,如向河流中排放污染物的行为即属于此类行为;(2)必须是当事人有意识的行为,即能够为人们的意志所控制的行为,无意识的行动或完全精神病患者的行动在法律上均不被视为法律行为;(3)它是具有法律性的行为,即这些行为要受到环境法律调整,能够发生环境法律效力或产生环境法律后果。

按照行为方式的不同,可以分为作为与不作为两种类型的环境法律行为,作为形式的环境法律行为如排放污染物或者破坏湿地的行为,不作为的环境法律行为如不按照法律规定安装排污设备、听任污染物超标排放的行为。按照行为是否符合环境法律规范将其划分为合法行为与违法行为,前者如积极实施环境影响评价义务规范的行为,后者如超标排放污染物或者破坏生态环境的行为。

总之,环境法律规范的存在和环境法律事实的出现,是环境法律关系运行的必不可少的条件。现实社会中,由于环境资源的广泛性和人类对环境资源的高度依存性,人类形成的环境社会关系错综复杂。我们预期使用法律工具调整这些环境社会关系,关键环节就取决于我们能否将其格式化为环境法律关系。制定与不断完善体系完整的环境法律规范是环境法律关系运行的前提。环境法律规范的存在仅为环境法律关系的运行提供了可能性。环境法律关系运行的关键启动环节还在于环境法律事实的出现。那些由环境法律规定的,能够引起环境法律关系形成、变更或消灭的客观现象的出现,就启动了环境法律关系的运行,直接导致环境法律关系的产生、变更或消灭,其后果是进一步引发某一具体的环境事件或环境行为中各方主体的权利义务、职责的变化。

三、环境法律关系运行的特征

了解环境法律关系运行的特征,是为了更全面深入地把握环境法律关系产生、变更、消灭的机理与特殊性,以更系统地掌握环境法律关系主体的权利义务、更好地认识和适用环境法律规范。在一般法理上,从多个维度归纳法律关系运行具有的特征,其中,关于法律关系运行具有的合法性、意志性、差异性等特征已经成为基本共识。环境法是部门法,环境法律关系的运行既具有法律关系运行的一般特征,同时,也呈现出部门法的特殊性。

(一)合法性与合规律性

环境法律关系的运行以合法性为基本特征,环境法律规范的存在是环境法律关系产生、变更和消灭的前提。如果不存在环境法律规范,就不存在环境法律关系;环境法律规范的修改或者废止,又引起环境法律关系的变更或消灭。比如,虽然我国多年来学界和实务界多方提出关于环境公益诉讼的建议,但只有在我国于2012年修正的《民事诉讼法》第55条、2014年修订的《环境保护法》第58条、2017年修正的《行政诉讼法》第 25 条新增了公益诉讼条款、为环境公益诉讼法律关系的运行提供了前提后,才能形成环境公益诉讼法律关系这一具体环境法律关系。

与传统法律相比,环境法律关系的运行除了以合法性为前提,还要求具有合规律性,即除了该类具体的环境法律关系的产生、变更和消灭要以环境法律规范为前提,还需要该环境法律关系主体间的权利义务内容符合自然规律。把握这一特征的意义既有利于审视现行的环境法律规范,有利于客观地把握环境法上的权利义务关系。比如,我国的环境公益诉讼制度体系是渐进完善的,曾经出现过最高人民检察院制定的《检察机关提起公益诉讼改革试点方案》、《人民检察院提起公益诉讼试点工作实施办法》(已失效)将行政公益诉讼的诉前程序规定为 1 个月,[23] 这一规定跟前述相关立法关于环境公益诉讼的规定一起,成为环境行政公益诉讼法律关系运行的前提。但是,在现实的环境行政公益诉讼中,行政机关是否履行法定职责受到诸多自然条件的限制,有季节性等自然规律的约束,过于严苛的一个月履职期限的义务设定,难以符合自然规律。[24] 2018 年最高人民法院、最高人民检察院《关于检察公益诉讼案件适用法律若干问题的解释》(已修改)改进完善了这一规定,即"行政机关应当在收到检察建议书之日起两个月内依法履行职责",使基于此形成的环境行政公益诉讼法律关系的具体内容更符合自然规律。

(二)双重意志性

在一般法理上,法律关系运行具有意志性特征,即法律关系的产生、变更与消灭需要主体的意思表示。更进一步区分公法关系、私法关系或者在具体法律关系中,法律关系的运行既体现当事人意志(典型如合同法律关系),又体现国家意志(通过法律规范的规定),因此,法律关系运行具有双重意志特征。公法上法律关系的运行以国家意志为主导,私法上法律关系的运行以个人意志为主导,即使在传统私法上的法律关系中,也体现了国家意志(国家干预),典型如合同法律关系既要符合法律规定,又要贯彻民法原则,遵守《民法典》第 509、558 条等关于合同"绿色条款"的规定。因此,所有法律关系的运行具有双重意志性,只是在不同性质、不同类型的具体法律关系中,国家意志或个人意志是否占有主导性及其比重的差异。

环境法律关系的运行具有双重意志性特征,这一点与传统法律关系没有差异。需

---

[23] 最高人民检察院 2015 年制定的《检察机关提起公益诉讼改革试点方案》对提起行政公益诉讼之"诉前程序"的相关规定:"行政机关应当在收到检察建议书后一个月内依法办理,并将办理情况及时书面回复检察机关。"最高人民检察院 2015 年制定的《人民检察院提起公益诉讼试点工作实施办法》(已失效)第 53 条第 2 款规定:"人民检察院审查批准公益诉讼案件,应当自收到案件请示之日起一个月内办理终结。有特殊情况需要延长的,报经检察长批准。"
[24] 具体分析参见刘超:《环境行政公益诉讼诉前程序省思》,载《法学》2018 年第 1 期。

要重视的是,环境法律关系运行具有的国家意志性特征更为明显且更有特色,在实现人与自然和谐共生的中国式现代化进程中,中国的生态文明体制改革呈现由点至面、由分散到整体结构、以优化空间治理和空间结构为改革方向与重点的特色,[25]我国的生态文明战略动态纳入生态环境法治的过程,深刻地影响到环境法律关系的内容及其解释。了解环境法律关系运行的这一特征,有助于深刻理解中国生态环境法治的动态性特征,这不是因为环境法律部门的不成熟或者立法技术的限制,而是基于环境法治的内生属性。

(三)差异性与关联性

法律调整不同类型的社会关系决定其需要由不同的法律规范予以调整,调整性质相同的社会关系的法律规范构成同一法律部门,这使法律关系运行具有类型化和差异性特征。了解法律关系运行的类型化和差异性特征,便于更好地把握法律关系调整上的"家族性"特征。

环境法律关系运行也具有类型化和差异性特征。如前所述,根据形成环境法律关系的环境法律关系规范的不同,可以将环境法律关系进一步划分为污染控制法律关系、自然生态保护法律关系和绿色低碳发展法律关系,这三类具体的环境法律关系调整的具体的环境社会关系不同,是分别基于"自然"具有的"环境""生态""资源"三重面向、对于人类分别发挥的"受纳功能""人与自然之间的有机联系与协同进化功能""经济功能"产生的社会关系,由此也决定了不同性质的调整法律规范。与此同时,具体环境法律关系存在类型化与差异性的同时,还存在紧密关联性。这也根源于污染控制法、自然生态保护法、绿色低碳发展法虽然是不同性质的环境法子类型,但各自保护和调整的环境社会关系基于自然的环境、生态、资源三种面向,这三者之间并非绝对区隔的,而是统一于自然整体、密切联系且在一定条件下可以相互转化的。这种特征导致在不同类型的具体环境法律关系中调整的对象具有同一性,比如,同一水资源上既会产生水污染控制法律关系又会产生水资源开发利用法律关系。把握环境法律关系运行的类型化与差异性基础上的关联性特征,提出的要求是:在制度设计上,要充分考虑不同性质的环境法律关系之间的关联性;在法律适用上,不能局限于某一具体单行法,而是要以保护与调整对象为基点,全面梳理与掌握多维度、多领域的法律规范的协同。

---

[25] 刘超等:《中国式现代化进程中的法治范畴创新》,载《中国社会科学》2024年第9期。

延伸阅读[26] 郎溪华远固体废物处置有限公司与上海市人民检察院第三分院、宁波高新区米泰贸易有限公司等环境污染责任纠纷案

2015年年初,华远公司法定代表人钱某东通过朋友联系黄某庭,欲购买进口含铜固体废物,黄某庭联系米泰公司实际经营者陈某君以及薛某。2015年9月,薛某在韩国联系到138.66吨的铜污泥,由米泰公司以铜矿砂品名制作了虚假报关单证,并将进口情况以《钱总货物清单222》传真等方式告知华远公司,华远公司根据货物清单上的报价向米泰公司支付了货款458,793.90元,并由米泰公司将部分货款分别转给了薛某和陈某君,由陈某君转给黄某庭,再由黄某庭在上海港报关进口。后该票固体废物被海关查获滞留港区,无法退运,危害我国生态环境安全。上海市固体废物管理中心认为,涉案铜污泥中含有大量重金属,应从严管理,委托有危险废物经营许可证单位进行无害化处置。经上海市价格认证中心评估,涉案铜污泥的处置费用为1,053,700元。基于此,原告上海市人民检察院第三分院诉至法院,请求判令四被告连带偿付非法进口固体废物(铜污泥)的处置费用人民币1,053,700元。经审理,一审法院判决四被告(米泰公司、黄某庭、薛某、华远公司)连带赔偿非法进口固体废物(铜污泥)的处置费1,053,700元,支付至上海市人民检察院第三分院公益诉讼专门账户。该案判决后,被告华远公司不服提起上诉,二审法院于2020年12月25日作出(2019)沪民终450号民事判决:驳回上诉,维持原判。

另外,上海市第三中级人民法院于2018年9月18日作出(2018)沪03刑初8号刑事判决,判决米泰公司犯走私废物罪,判处罚金20万元;黄某庭犯走私废物罪,判处有期徒刑4年,并处罚金30万元;薛某犯走私废物罪,判处有期徒刑2年,并处罚金5万元。

原告上海市人民检察院第三分院称:2015年年初,被告华远公司法定代表人钱某东通过朋友联系被告黄某庭、被告米泰公司员工陈某君、被告薛某,要求采购进口含铜固体废物。2015年9月被告薛某在韩国组织了一票138.66吨的铜污泥,在明知铜污泥系国家禁止进口固体废物的情况下,由被告米泰公司制作了虚假报关单证,交由被告黄某庭在上海港作为铜矿砂报关进口,并将进口铜污泥的情况告知被告华远公司,被告华远公司向被告米泰公司支付了相应货款,被告米泰公司将部分货款分给了被告薛某和被告黄某庭。后该票固体废物被海关查获滞留港区,无法退运,危害我国生态环境安全。上海市固体废物管理中心认为,涉案铜污泥中含有大量重金属,应从严管理,委托有危险废物经营许可证的单位进行无害化处置。经上海市价格认证中心评

---

[26] 郎溪华远固体废物处置有限公司与上海市人民检察院第三分院、宁波高新区米泰贸易有限公司等环境污染责任纠纷案,上海市高级人民法院(2019)沪民终450号民事判决书。

估,涉案铜污泥的处置费用为1,053,700元。基于此,请求判令四被告连带偿付非法进口固体废物(铜污泥)的处置费用人民币1,053,700元。

被告米泰公司辩称,不同意公益诉讼起诉人的诉讼请求。第一,对公益诉讼起诉人诉称的案件事实和理由没有异议,但认为米泰公司的陈某君是实际经营者,应当成为本案的必要共同被告,并承担相应的民事侵权责任。第二,对民事责任的承担方式提出异议,认为公益诉讼起诉人请求判令连带偿付的处置费用未实际产生,无害化处置并非本案侵权责任的唯一处置方式。

被告黄某庭辩称,不同意公益诉讼起诉人的诉讼请求。黄某庭在本案中只提供了相关的报关和运输服务,起次要作用,应该根据其在本案中的参与程度,承担20%的责任。

被告薛某辩称,已方不应当承担民事侵权责任。第一,认定侵权责任应当符合四个要素,涉案固体废物没有产生损害后果。第二,薛某不是本案的过错方,且在本案中责任较小。第三,薛某因该行为已经承担了刑事责任并处罚金,不应再承担民事责任。第四,米泰公司的张某应当是本案的共同被告。

被告华远公司辩称,不同意公益诉讼起诉人的诉讼请求。第一,华远公司没有参与走私国家禁止进口的固体废物。第二,华远公司对涉案货物是国家禁止进口的铜污泥并不知情。第三,华远公司不应当承担民事侵权责任。第四,即使存在民事侵权责任,已方作用较小,最多承担10%以内的责任。

思 考 题

1. 在上述案例中,原告上海市人民检察院第三分院与四被告之间形成了何种法律关系?
2. 对于上述案例所涉及争议,应当用何种法律规范解决纠纷?
3. 如何理解环境法律关系的概念与特征?
4. 环境法律关系有哪些种类?与传统法律关系有何异同?

第四章 环 境 权

|本章导读|

环境权是20世纪60年代以来兴起的一项独立的基本人权,指向的是公民享有的在清洁、健康的环境中生活的实体权利。在公法效力上,环境权的效力首先体现为其作为客观价值秩序的功能,即环境权对国家权力的效力,要求国家承担更为积极的环境质量改善义务,由消极的公害防止对策向积极的规制治理过渡,负有"禁止倒退"与"积极改善"的双重义务。在私法效力上,环境权独立于传统人身、财产权,聚焦"对环境的损害"即生态损害,与民法侵权责任形成二元区分。因此,可以从立法、行政和司法三个方面来保障环境权。一方面,应当在立法上推动环境权的入宪和入典,通过环境质量标准来使环境保护国家义务具体化,并不断完善发展党政目标责任制和考核评价制度,为环境权的行政保障提供了制度支撑;另一方面,在建立"公法性质、私法操作"的请求权方式,允许作为环境权主体的公民及其组织对不具有直接利害关系的侵害行为提起诉讼的同时,推动立法确定社会组织提起行政公益诉讼制度。

第一节 环境权的产生和发展

一、环境权的提出

任何一项新的法律权利的出现,都是利益发生冲突的结果,或者说社会变迁导致原有的社会秩序和利益发生剧烈变化,需要对新的社会结构下的利益冲突进行重新衡平的结果。环境权作为一项新的法律权利出现,同样是现代科技发展导致社会变迁的结果。

（一）环境权提出的背景

从环境问题变迁史考察,在原始社会到农耕文明的相当长时期内,虽然人类对环境的改造和利用程度逐渐增强,但囿于人口数量、生产力水平、资源开发和社会发展程度,并未出现现代意义上的环境问题,其也未被社会关注。工业革命以来,人类对环境的影响加剧,局部性环境污染问题逐渐突出,因不动产利用而产生的环境污染纠纷日益增多,给社会秩序造成了冲击。面对这一问题,人们首先试图在传统法律框架下寻找对策,沿用传统民刑事法律,以司法为中心、采个案解决方式加以应对。在民法上,英美法系国家大多适用普通法上的相邻妨害损害赔偿或核发禁制令规则,大陆法系国家也多沿用民法典有关相邻关系或损害赔偿的法则;在刑法上,也都尝试将既有刑法所规定的罪名及构成要件套用至环境污染行为。[1]

20 世纪初期以后,工业化快速推进导致环境污染问题在局部地区极速蔓延,出现了"八大公害事件"等严重的环境污染导致的人群健康受害事件,由此引发了西方各主要国家的环境保护运动。此时,环境保护运动的重心是反公害以及为受害者求偿,但由于环境污染更多是企业正常生产活动过程中的日常排放累积,或者是人类为了更好生存而进行的"创造发明"所致,对这些由不特定多数污染源造成的环境公害,很难追究特定人的责任。

在"二战"前后,随着环境问题日趋严重,尽管各国被迫制定了一些有关污染控制的法律,但由于此时对什么是"环境问题"尚未形成共识,也并未将环境保护作为独立的法理念,这些立法在性质上归属于产业规制的一个环节,要求产业活动注意防止造成相邻方的直接损害,本质上仍是私法领域不动产相邻关系在公法上的延伸。[2] 只要国民健康和财产不发生损害,即便对环境造成了损害,也不应当进行限制。这也可以看出,当时的环境法按照行政权界限理论,为尊重产业自由,依然希望慎重行使限制权,只有在防止人身或财产受害的必要场合下,才加以限制。学说也认为,制定公害法的目的在于弥补司法救济的不足,以迅速救济损害并防止受害于未然,具有"预防性司法作用"的特征。[3] 可见,在环境污染被认为是工业文明的"必要之恶"的自由资本主义时期,法律对于污染行为持纵容甚至鼓励态度。

进入 20 世纪 60 年代,蕾切尔·卡逊的名作《寂静的春天》掀起了现代环境保护运动的浪潮。[4] 人们在震惊于环境问题对公众健康和财产造成严重后果的同时,开始要求国家积极采取措施保护和改善环境。但依据传统的法治原理,国家仅负有消极

---

[1] 叶俊荣:《环境政策与法律》,中国政法大学出版社 2003 年版,第 137 页。
[2] 张宝:《环境规制的法律构造》,北京大学出版社 2018 年版,第 157 页。
[3] [日]原田尚彦:《环境法》,于敏译,法律出版社 1999 年版,第 64-65 页。
[4] 该书同时催生了现代的环境学科。以此为肇端,环境科学上短短几十年内出现了两个重要历史阶段,第一阶段是直接运用地学、生物学、化学、物理学、公共卫生学、工程技术科学的原理与方法,阐明环境污染的程度、危害和机理,探索相应的治理措施和方法,由此发展出环境地学、环境生物学、环境化学、环境物理学、环境医学、环境工程学等一系列新的边缘性分支学科。第二阶段认识到有效的环境保护还必须依赖对人类活动和社会关系的科学认识和合理调节,于是又涉及许多社会科学的知识领域,并相应地产生了环境经济学、环境管理学、环境法学等。这些自然科学、社会科学、技术科学新分支学科的出现和汇聚标志着环境科学的诞生。参见曲向荣主编:《环境学概论》(第 2 版),科学出版社 2015 年版,第 12-13 页。

的不侵犯公民自由以及提供最低限度生存照顾的义务。循此理念,如果没有法律授权以及对损害和因果关系的确定性认识,环境问题很难进入政府规制的范畴。为此,人们试图通过"绿化"既有人权,尤其是生存权和健康权作为国家承担环境保护任务的合法性与正当性基础,主张公民对环境状况最低限度要求的权利,可以为生命权和健康权所涵盖。然而,依据传统法理,生存权的核心仅在于提供最低限度的生存保障,"良好"的环境并不在国家给付之列;健康权也主要聚焦于人的疾病防治,如果环境与健康的因果关系尚未建立,政府亦无权干预。故而,公民要求国家承担环境保护任务的前提,是其任务来源必须有正当性,环境权由此作为一项人权被提出——保障人权是国家存在的价值和行使国家权力的合法性基础。

(二)环境权提出的过程

最早建议确立环境人权的正是蕾切尔·卡逊本人,她指出,"如果说《权利法案》没有提到公民有权保证免受私人或公共机构散播致死毒药的危险的话,这仅仅是因为建国者们——尽管他们拥有过人的智慧和远见——无法预见到这样的问题"[5]。不久,她在总统科学咨询委员会作证时更为明确地指出,公民免受毒物侵害的权利应成为一项基本人权。[6] 1968年,联合国大会通过了第2398号决议,号召在世界范围内开展关于公民主张在良好环境中生存的权利及其法律依据的研究和讨论,并决定于1972年召开第一次人类环境会议。世界上许多国家的专家学者参与了研究和讨论,其中影响较为广泛的是美国环境法学的先驱约瑟夫·L.萨克斯(Joseph L. Sax)教授。他在1970年前后出版的论著中比较系统地论述了环境权学说,并将公共信托理论作为环境权的宪章。[7] 他倡议制定专门的环境保护法,其任务在于建立新的权利体系,即承认公民享有对良好环境的权利,且能通过公民诉讼机制加以强制执行。同年,联合国教科文组织所属的国际社会科学评议会公害委员会在东京召开"公害问题国际座谈会",来自13个国家的42位社会科学工作者共同发表了《东京宣言》,更为明确地宣告:"我们请求,把每个人享有其健康和福利等要素不受侵害的环境的权利和当代人传给后代的遗产应是一种富有自然美的自然资源的权利,作为一种基本人权,在法律体系中确定下来。"

与此同时,环境权私权化主张也在日本被提出。在1970年召开的日本律师联合

---

[5] [美]蕾切尔·卡逊:《寂静的春天》,吕瑞兰、李长生译,吉林人民出版社1997年版,第11页。

[6] J. Cronin & R. F. Kennedy, Jr., *The Riverkeepers: Two Activists Fight to Reclaim Our Environment as a Basic Human Right*, Scribner, 1997, p. 235.

[7] Joseph L. Sax, *The Public Trust Doctrine in Natural Resource Law: Effective Judicial Intervention*, 68 MICH. L. Rev. 471, 509 (1970); Joseph Sax, *Defending the Environment: A Strategy for Citizen Action*, 1st edition, Knopf, 1971, 中文版参见[美]约瑟夫·L.萨克斯:《保卫环境:公民诉讼战略》,王小钢译,中国政法大学出版社2011年版。

会第 13 次人权拥护大会上,仁藤一、池尾隆良两位律师作为环境权理论的倡导者,在日本第一次提出了具有法学意义的环境权理论。他们认为,环境权既是宪法上的一种基本人权,也是私法上的一种具有排他性质的支配权。[8] 大气、水、日照、景观等是人类生活中不可缺少的资源,是人类共有的财产,没有取得共有人的同意而对该环境进行排他而独占的利用,是违法的。因这种违法行为致使环境污染或可能造成环境污染的,作为环境共有人的居民,不问其被害是否发生,都有权通过诉讼制止该污染行为。

二、环境权在国际上的发展

(一)国际法层面

国际上最早指出环境与人权之间联系的,是联合国大会 1968 年至 1969 年通过的第 2398 号和第 2581 号决议,这两个决议认为:人类环境质量的恶化可能会影响"基本人权之享受",故决定于 1972 年在斯德哥尔摩举行一次人类环境会议,目的是"鼓励各国采取旨在保护和改善人类环境以及补救和防止其受损害之行动,并对此提供准则"。1972 年,第一次人类环境会议如期召开并通过了《斯德哥尔摩宣言》,该宣言原则一宣告:人类有权在一种能够过着有尊严和幸福的生活的环境中,享有对自由、平等和充足生活条件的基本权利,并负有保护和改善这一代和世世代代环境的庄严责任。[9] 这被视为环境权的标志性定义。

在宣言起草过程中,以美国为代表的一些国家建议将"人人拥有健康和安全环境"纳入,但发展中国家更赞同宣言原则一的表述,即承认人类享有"对自由、平等和充足生活条件的基本权利",而非环境权本身。不难看出,彼时发展中国家关注的重心仍是生存权。尽管环境权作为独立人权的主张在此次会议并未被确立,但会议前后关于环境与人权关系的讨论却起到了重要的催化作用,使各国为保护人权——无论是基于环境恶化会影响人们享有"对充足生活条件的基本权利",还是基于人们对清洁、健康的环境享有独立的基本权利,开始将环境保护作为法治国家应当承担的基本任务,从而催生了现代意义上的环境法。

此后,多个国际环境保护宣言都重申了这一原则,如 1982 年《内罗毕宣言》、1992

---

[8] 大阪律师会环境权研究会:《环境权》,日本评论社 1973 年版。转引自罗丽:《日本环境权理论和实践的新展开》,载《当代法学》2007 年第 3 期。
[9] Declaration on the Human Environment, princ. 1 (June 16, 1972) U. N. Doc. A/. CONF. 48/14/Rev. 1 (1973).

年《里约环境与发展宣言》、[10] 1999 年《比斯开环境权宣言》、[11] 2007 年《联合国土著人民权利宣言》等。此外，它也出现在世界环境与发展委员会的报告中，如 1987 年由布伦特兰夫人领衔的《我们共同的未来》报告，建议把"全人类对能满足其健康和福利的环境拥有基本的权利"，作为环境保护和可持续发展的一项法律原则。有一些国际性或区域性文件也明确承认了环境权的人权属性，如 1981 年《非洲人权和民族权利宪章》第 24 条宣称"各民族都有权享有有利于其发展的普遍良好的环境"[12]，1988 年《美洲人权公约经济、社会和文化权利领域的附加议定书》（萨尔瓦多议定书）指出，"每个人都有权生活在健康的环境中，并获得基本的公共服务"[13]；1998 年联合国欧洲经济委员会通过的《奥胡斯公约》规定了公众在环境问题上获取信息、参与决策和诉诸司法的权利，目的是保护"今世后代人人得在适合其健康和福祉的环境中生活的权利"[14]。

进入 21 世纪以来，环境权的主张，随着气候变化、生物多样性丧失和环境污染这三大全球危机的日趋严峻而愈加受到重视。尤其是由法国法学家俱乐部等国际专家团队于 2017 年提出的《世界环境公约（草案）》，旨在整合国际环境法的核心原则，使其成为具有法律约束力的全球性条约，其中明确规定了环境权，并将其作为"第三代人权"，与《公民权利和政治权利国际公约》（ICCPR）及《经济、社会及文化权利国际公约》（ICESCR）并列。2018 年，联合国大会通过决议启动《世界环境公约》谈判，计划通过该公约补足国际环境法的碎片化问题。尽管该公约的正式通过还面临诸多障碍，但其草案已成为推动环境权发展的重要参考。

2020 年 9 月，由哥斯达黎加、摩洛哥、斯洛文尼亚、瑞士和马尔代夫等国代表组成人权与环境核心小组，开始就国际层面承认环境人权的可能性进行讨论并就征求各方意见开展工作；到 2021 年 3 月，德国等此前不愿意承认环境权的国家亦开始赞同承认此项权利，并得到了 15 个联合国机构以及 1000 多个非政府组织的支持。2021 年 10 月 8 日，联合国人权理事会正式通过第 48/13 号决议，承认获得清洁、健康和可持续的环境是一项人权，并建议联合国大会承认环境权。2022 年 7 月 29 日，联合国大会以

---

[10] 《里约环境与发展宣言》更直接在可持续发展语境下提出了清洁、健康的环境权议题："人类处于可持续发展议题的中心，有权从事与自然和谐共生的、健康和有价值的生活。"Rio Declaration on Environment and Development, U. N. Doc. A/CONF. 151/5/Rev. 1 (1992).

[11] 该宣言在由联合国教科文组织（UNESCO）和联合国高级人权委员会（United Nations High Commissioner for Human Rights）组织的环境权专家研讨会上发布，其第 1 条规定："每个人都有权——无论以个人还是集体名义——享有健康的、生态平衡的环境。"Declaration of Bizkaia on the Right to the Environment, UNESCO, http://unesdoc.unesco.org/images/0011/001173/117321E.pdf.

[12] The African Charter on Human and People's Rights, African Union, 2003.

[13] Protocol of San Salvador, art. 11, http://www.unece.org/env/pp/documents/cep43e.pdf.

[14] Convention on Access to Information, Public Participation in Decision-making and Access to Justice in Environmental Matters, June 25, 1998, Doc. ECE/CEP/43.

161票赞成,8票弃权的结果通过了 A/76/L.75 决议,宣布享有清洁、健康和可持续的环境是一项普遍人权。该决议不具有法律约束力,意味着各国没有遵守它们的法律义务,但各国仍有道德义务,同时彰显了国际社会对环境权性质、内容和重要性的共识,对环境权获得更多国际和国内认可具有里程碑和催化剂意义。

(二)国别法层面

在1992年召开的联合国环境与发展会议上,《里约环境与发展宣言》在原则一中宣布人类"应享有以与自然相和谐的方式过健康而富有生产成果的生活的权利",明确提出了可持续发展观并达成全球共识,使环境保护进入了各国的国家战略,由此引发新一轮的环境权"入宪"热潮。截至2019年年底,已经有156个国家直接或间接确立了环境权,其中110个国家是通过宪法对此项权利提供保护,126个国家批准了明确载有健康环境权的区域条约,101个国家在环境立法中作出了明确规定。[15] 例如,1976年在世界范围内首次纳入环境权条款的葡萄牙宪法,虽然历经多次变迁,但一直保留环境权条款,现行宪法在"基本原则"第9条将保障环境权、保护环境和自然资源作为国家的基本目标,并将环境权作为与经济、社会、文化权利相并列的基本权利。这一规定,不仅表明环境权作为一项"应有权利"得到承认,更意味着环境权已经成为一项法定权利,受到宪法和相关法律的保护。

环境权之所以在千禧年前后再掀高潮,本质上根源于全球环境形势变迁带来的全球性新认知。随着经济和产业全球化的迅速推进,污染从发达国家向发展中国家转移,新的环境问题不断出现,旧的环境问题以新的形式从局部蔓延到全球、从个别问题演变成为系统性问题。一方面,发展中国家的环境污染和生态破坏问题日趋严峻,使多数国家已经建立但很脆弱的环境法制基本框架暴露出明显不足,发展中国家开始面临与1970年欧美发达国家类似的情境,只是彼时民众诉求的是通过环境权倒逼国家建立环境规制体系,而此时民众诉求的是通过环境权要求国家提供更高的保障水平,其本质上都是要求国家保障公民对清洁、健康环境享有的基本人权。另一方面,面对全球气候变化、生物安全、能源枯竭、大型核电站和危险化学品泄漏事故等新型环境问题,发达国家亦遇到了更多新的环境保护难题,使国民确立独立的环境人权的呼声高涨。[16] 因此,尽管发展中国家与发达国家环境问题的表现形式和环境规制的宽严程

---

[15] Report of the Special Rapporteur on the issue of human rights obligations relating to the enjoyment of a safe, clean, healthy and sustainable environment (A/HRC/43/53) (2020).

[16] 典型如法国。尽管该国政治家在20世纪八九十年代已经习惯在宪法意义上讨论环境人权并提出相关对策主张,但确立环境权的《环境宪章》却是在新千年前后法国面临全球变暖、转基因生物安全等背景下出台的,其目的是在最高规范上确立先进的环保理念,并将之与1789年人权宣言(公民权利和政治权利)以及1946年宪法序言(经济社会和文化权利)并列。参见王建学:《法国的环境保护宪法化及其启示——以环境公益与环境人权的关系为主线》,载《暨南学报(哲学社会科学版)》2018年第5期。

度并不一致,但对保障公民享有清洁、健康环境的人权却日渐达成共识。[17]

三、环境权在我国的发展

(一)理论的发展

环境权作为一项基本人权,其理论发展在我国经历了从初步引入到逐步深化的过程。早在 1980 年年初,就有学者拉开了环境权研究的序幕,早期研究主要聚焦于环境权的定义、主体和内容等方面。[18] 1992 年联合国环境与发展会议后,关于环境权的研究和讨论掀起高潮,环境法学者对环境权的研究逐步深入,成果更加丰富,在这一阶段,研究主要集中在环境权的法律属性、主体与内容的扩展;[19] 不仅如此,宪法学者也开始关注这一领域,从宪法解释的角度提出我国宪法已经确立了"环境权"的主张。尤其是 2014 年修订的《环境保护法》专章规定了信息公开和公众参与,在第 53 条明确公民、法人和其他组织享有获取环境信息、参与和监督环境保护的权利,在第 58 条规定符合条件的社会组织有提起环境民事公益诉讼的权利,被有些学者认为确立了"程序性环境权"。但环境权是一项实体性权利,上述程序性权利仅是环境权的保障手段而非环境权本身,环境权在我国法上的确立,仍差"临门一脚"。近年来,我国学者开始对环境权理论进行系统化研究,并着重探讨了环境权的宪法化、环境权的司法保障、环境权与可持续发展等理论问题,极大推动了环境权研究的深入。

(二)实践的发展

1972 年,我国派团参加联合国人类环境会议,在国际环境问题的警醒下开启了现代环境保护的中国探索。1973 年 8 月,我国召开第一次全国环境保护会议并制定了第一个综合性的环境保护规范性文件;1978 年《宪法》首次规定国家环境保护义务,1979 年制定第一部综合性环境保护法并开始了单项环境保护立法进程。1982 年《宪法》再次确认国家的环境保护义务,环境保护立法进入"快车道",逐步建立了较为完善的环境法制体系。1992 年,中国代表团参加联合国环境与发展会议,在会上提出了中国可持续发展十项政策,签署《21 世纪议程》,在积极参与联合国多项生态环境公约谈判的同时,将可持续发展纳入国家战略和多项国内立法。进入新时代,中国生态文明建设步伐加快,2018 年《宪法修正案》将"生态文明"写入,明确了建设"美丽中国"的国家目标、保护和改善环境的国家任务、国务院负责生态环境建设的政府职能,生态

---

[17] 吕忠梅、张宝:《环境人权"入典"的设想》,载《人权》2022 年第 2 期。
[18] 蔡守秋:《环境权初探》,载《中国社会科学》1982 年第 3 期。
[19] 吕忠梅:《沟通与协调之途——论公民环境权的民法保护》,中国人民大学出版社 2005 年版。

环境保护的法治化水平不断提升。

在人权政策层面，我国于 2009 年、2012 年、2016 年、2021 年连续发布四期"国家人权行动计划"，在前三期人权行动计划中，"环境权利"均作为"经济、社会和文化权利保障"的一项内容，国家环境保护的目标在第 1、2 期中表述为"加强环境保护"，在第 3 期中表述为"实行最严格的环境保护制度"。《国家人权行动计划（2021—2025 年）》首次将"环境权利"作为独立的基本人权类型，与经济、社会和文化权利以及公民权利和政治权利相并列，并明确提出了"坚持绿水青山就是金山银山理念，坚持尊重自然、顺应自然、保护自然，促进人与自然和谐共生，推进生态文明建设，建设美丽中国，为全人类和子孙后代共享发展创造可持续条件"的行动目标。保护范围亦从污染防治拓展到生态保护、气候变化，保护手段由政府主导过渡到多方共治，强调环境知情权、参与权和诉权保障的重要性，彰显了环境权的认识和保障水平不断提升的执政理念与国家立场。

第二节 环境权的含义和性质

一、环境权的含义和特征

（一）环境权的界定

1. 环境权的目标是建立一种新型法律关系

环境权作为一种"新法理"，其核心是解决人在环境中生存的权利主张的法律依据问题，目标是要在传统法律之上建立一种新型法律关系。

环境法的产生，源于传统法律应对环境问题的不足，根源是"个体主义"法律观下建立的私法自治型法律关系。为了解决日益严重的环境问题，环境法对传统法律进行了"革命"，为引入新的法律观、建立新的法律关系进行理论构建。[20] 这种法律关系的建立，需要有对人与环境关系的重新认识、需要对传统法律观进行"矫正"、需要建立新的法律原则，这些理念、原则体现在环境法整体规范之中，并不是一个具体的法律条文或者一项制度。我们对环境法的性质与特征认识，如可持续发展的生态伦理观、整体主义法律观、"人—环境—人"共同体规则、综合性特征手段，等等，就是这种"新法理"的具体体现。[21] 作为"新法理"的环境权，回答的是环境法存在的"合法性"问题，

---

[20] 吕忠梅：《中国环境法的革命》，载韩德培主编：《环境资源法论丛》第 1 卷，法律出版社 2001 年版。
[21] 吕忠梅：《论公民环境权》，载《法学研究》1995 年第 6 期。

换言之,它要为国家承担环境管理责任、国民享有在良好的环境中生活的权利提供依据。要建立这样一种"新法理"或者权利依据,就必须突破传统的"公法—私法"二元结构、必须改变简单粗暴地将自然作为可任意支配的"物"的法律制度、必须为自然环境设置相对完善的保护措施,重构"国家—社会""公权—私权""权力—权利"的关系,等等。[22]

只有从本源上理解环境权,才可以理解环境法的目的在于建立一类新型法律关系,在这类法律关系中:既有传统的公法关系也有私法关系,既有单向法律关系也有双向法律关系,既有"人—人"关系也有"人—环境—人"关系。也因为有了这些不同于传统法律关系的新型法律关系,才有了环境法这个"法律家族的新成员",有了环境法学科。

2. 环境权的本质是确定其在权利体系中的位置

环境权作为一种"新法理",其关键在于厘定传统权利与新兴权利的边界,本质是确定环境权在整个权利体系中的位置。

尽管环境法要创造"新法理",但它仍然是法律家族内的一员,必须具有"法"的血统。尽管是"新"的,但也必须是"法理"。这就涉及两个非常重要的问题:我们如何对待"旧法"？以什么方式来创造"新法"？

我们认为,人以两种方式生存,一种是作为生物体的人,从环境中获得基本生存条件并作为地球生态系统中的一部分,其生存必须依赖清洁的空气、水以及生态系统的各种服务功能,可以称之为人的生物性生存方式;另一种是作为社会的人,从自然环境中获得劳动对象、工具和成果并与他人形成合作体共同创造财富,其生存必须依赖社会、组织以及社会关系的各种形式,可以称之为人的社会性生存方式。从法律的产生与发展历史看,人类文明产生了法律,但直到工业革命以后,法律只对人的社会性生存方式有系统而明确的规制,却忽略了人的生物性生存方式。随着环境污染问题的发展,人的生物性生存方式受到人的社会性生存方式的严重威胁,人们才发现过去的法律存在的严重问题,产生了建立"新法理"的需求与愿望。但是,对人类生存与发展而言,人的两种生存方式并不能相互替代,法律也是如此,人的社会性生存规则不能完全替代人的生物性生存规则,反之亦然。我们知道,法律并非条文本身,其背后还蕴含着深刻的"法理"。如果人的生物性生存规则的"法理"与社会性生存规则的"法理"完全不能相容甚至直接对立,只会使事情变得更糟。因此,在建立人的生物性生存方式的新规则时,既不能完全抛弃或者推翻人的社会性生存方式的规则,又要对旧规则进行一定程度的改造,使其不对人的生物性生存方式产生不良后果。正是在此意义上,环境法的体系中才出现了专门环境法规范和相关法律中的环境法规范两个子系统。

---

[22] 吕忠梅:《再论公民环境权》,载《法学研究》2000 年第 6 期。

既然我们希望寻求"新法"与"旧法"之间的"沟通与协调",那么,具体路径是什么? 或者我们以什么方式来"创造"新法? 人的生物性生存方式在法律上的具体表现形式是什么? 换言之,人具有在良好环境中生存的权利的"新法理",必须有具体的权利形式以及保护制度加以体现。在法律上,能够体现人的价值的最高权利是人权,也只有进入人权体系的权利才能够得到最为全面和最充分的保护。也正因如此,"环境权"成了表征人在良好环境中生存的权利的"新法理"的具体形式,并且一开始就是以人权或者人的基本权利形式被提出的。因此,只有将"环境权"作为一项新的基本权利纳入人权体系,才能为人在环境中生存提供最完整和最充分的权利保障,为国家承担环境保护责任、公民享有环境权利并得到法律保护提供"基石"或合法性依据。

基于以上认识,我们将环境权界定为公民享有的在清洁、健康的环境中生活的权利,这一权利包含两个面向,即健康环境享有权与恶化环境拒绝权。环境权首先是一项基本人权,同时也是一项法律权利,但由于其是一个抽象性、不确定的法律概念,需要通过立法和司法途径进行具体化,以发挥其规范效力。

(二)环境权的特征

1.环境权指向"人对环境的权利"

从字面上理解,环境权有两种含义:一是"环境本身的权利"(environmental rights),二是"人对环境的权利"(human right to environment)。如果从生态中心主义的角度出发,通过承认自然系统的相互关联性、自然的固有权利和价值以及人类和所有生物对健康地球的依赖性,则环境权即为"环境本身的权利"或者说"自然的权利"(right of nature)。这一认知,不仅衍生了"大地法理学"(earth jurisprudence)或者"主客一体"的学说,在实证法上亦有承认自然权利的立法例(如厄瓜多尔和玻利维亚宪法)。

大地法理论者提出自然具有"权利"的目的,是强调要重新认识人与自然的关系,确立人对自然的道德和法律责任,但要实现这一目标,并非只有赋予自然主体地位一途。环境法与传统法律部门的最大区别,是其超越了将环境单纯作为客体的强人类中心主义立场,确立了"人—自然—人"的新型法律关系构造(人与自然和谐共生),既承认自然具有一定的主体性,肯定自然在环境法律关系形成中的价值;又不破坏"法律是人的行为准则"的基本属性,将自然作为特殊客体加以保护。换言之,在法理念已经走向以人类共同利益为本位的、强调对人类物质欲望进行限制的弱人类中心主义的背景下,"环境的权利"事实上可以通过"人(类)对环境的权利"加以实现。

2.环境权指向实体性权利

环境领域的程序性权利仅是行政法上的程序性权利在环境法上的具体运用,在法理和适用上并不具有特殊性,也没有必要为保障特定对象的知情、参与、监督等设立独立的权利。将环境权界定为实体性权利,是实现环境权"瘦身"的必要步骤,也是区分环境权与环境相关权益的必经程序。

当然,将程序性权利剥离出环境权并不意味着程序性权利不重要。相反,对于产生于风险社会的环境法而言,程序性权利对于保障环境权的实现至关重要。如联合国欧洲经济委员会1998年通过的《奥胡斯公约》目前已在近50个国家生效,其在第1条"目标"条款开宗明义地表明,缔约方保障程序性权利的目标是"促进保护今世后代人人得在适合其健康和福祉的环境中生活的权利",简言之,即实体性环境权。故在性质上,程序性权利可以被视为环境权的"邻接权",即环境权的实现手段,是为保障环境权而必须拥有的权利。

3. 环境权指向生态性权利

生态环境及其要素对人类而言至少具有两重价值:一为生态价值,具体表现为人作为生物性存在对健康的生态系统所享有的权利(right to live in a healthy ecosystem);二为经济价值,具体表现为人作为社会性存在对自然资源(环境资源)所享有的利用权利(right to use natural resources)。早期环境权学说多将环境权界定为在良好环境中生存和利用环境资源的权利,即认为环境权同时涵盖前述两个面向。

本书认为,环境权仅指向生态性权利。对于生态环境的经济性利用自古有之,在法律层面主要体现为宪法上的财产权及民法上的物权制度。环境权的提出,目的是为不能纳入传统法律部门的新领域提供一种权利本源和法理基础。生态性权利内涵与经济性权利内涵在本质上是悖反的,在逻辑上也是矛盾的。不论作出何种限定,环境权的本质均在于保障人们生存在一个适宜生存和发展的环境中,而不仅是维持在能够"生存"的最低限度。对环境资源的开发,固然能够促进经济增长,并增进人民福祉,但同时环境退化在很大程度上正是由这些活动所引起,或者说,以财产权保障为中心的传统法律体系正是导致环境问题的制度原因。一方面要求保有健康的环境,以生态平衡为第一要义;另一方面又强调开发利用也是环境权内容,将经济利益置于中心地位,试图在同一权利中糅合两种内涵截然相反的权利内容,从表面上看是构建环境法的基本权利类型,实质上却忽略了二者的本质冲突,造成理论逻辑上的混乱,实践中也难以实现。

4. 环境权指向集体性权利

权利具有个体性权利和集体性权利之分,集体性权利是指群体作为一个整体而非其每个成员所拥有的权利;个体性权利则是每个人所享有的权利,如人身权、财产权即为适例。集体性权利中的"集体"描述的是权利拥有者的性质,并不仅限于集体成员,社会共同体成员或全人类也在此列。

环境权属于集体性权利(collective right)和扩散性权利(diffuse right)。基于环境问题的"公地悲剧"属性,建立在个体权益保护基础上的传统法律机制很难对环境公共利益进行保护,环境权正是在此背景下应运而生,其目的就是建立人类对良好环境的权利,这种权利具有普遍性、不可分割性和相互依存性等特征,难以分割为个体权利,甚至在某种程度上为了保障集体在良好环境中生活而对个体权益作出了限制。也正是在这种意义上,前国际法院副院长瓦萨克将环境权作为继自由权、生存权之后的"第三代人权",不同于前两代权利,环境权属于集体性权利(collective rights)和社会连带性权利(solidarity rights)。[23]

二、环境权的性质和定位

（一）环境权是一项基本人权

人权被视为人之所以为人所具有的不可侵夺、不可转让的权利,但是,被当作人权来提倡或要求的某种价值和利益,并不来源于"人作为人生存而不可欠缺"这一抽象的理念式思考,而是为了从压抑其生存的社会条件中解放出来的主张。[24] 将基本人权置于人生存所不可欠缺之权利的高度上加以认识,则基本人权就不能以宪法所列举权利为限,换言之,无论宪法是否有明文规定,一切有关人之生存所不可欠缺的权利都应属于基本人权,恰如《美国宪法修正案》第9条所言,"不得因本宪法列举某些权利而认为凡由人民所保留的其他权利可以被取消或抹杀"。可见,自然法意义上的基本人权至少有以下几个面向:(1)先于国家存在,不以实定法规定为限;(2)源于对某种价值和利益的压迫;(3)为人之生存所不可欠缺。

数千年来,虽然人类不断在利用和改造自然,但总体言之,环境问题并未成为影响人之生存的根本问题,人对环境所享有的权利长期处于"休眠"状态。环境权在"二战"以后产生,根本原因在于此时环境问题已成为侵害和压迫人之生存的重大问题,环境权在这样的背景下具有了成为基本人权的可能性。具体来看,"二战"以后,人类进入了风险社会,虽然科技发展带给人类前所未有的便利与文明,但严重的环境问题亦随之而生,已从根本上影响到人类第一、二代人权之享有,而以财产权保障为核心的私法制度和以生存照顾为中心的公法制度并未对其给予应有的关注,这一缺陷首先在道德层面上对人类提出了新的问题,表现在法律制度上便提出了人权诉求,即不仅要求各国在主权范围内尊重国民享有的对清洁、健康环境的权利,也要求国际社会通过共同努力来保护和改善环境,保障人类福祉之实现。

---

[23] Karel Vasak, *Human Rights: A Thirty - Year Struggle: The Sustained Efforts to give Force of law to the Universal Declaration of Human Rights*, UNESCO COURIER 30: 11, Paris: United Nations Educational, Scientific, and Cultural Organization, Nov. 1977, p.2.

[24] [日]浦部法穗:《基本人权总论》,武树臣译,载沈宗灵、黄枬森主编:《西方人权学说》(下),四川人民出版社1994年版。

在此背景下，各立宪主义国家最初也试图借由对传统人权谱系尤其是生存权和健康权的宪法解释来涵盖新问题。如德国学者主张从基本法第 25 条生存权及人性尊严中寻找环境权存在的空间，[25] 日本则主张从宪法第 25 条生存权及第 13 条幸福追求权中寻找环境权的落脚之处。[26] 然而，风险社会催生的具有预防性质的环境权，并不能为传统秩序法规范下的生存权和健康权所容纳，更重要的是，环境权已成为其他基本人权能否实现的前提和基础。

事实上，过于强调不受限制的自由，尤其是所有权绝对和营业自由，恰恰是现代环境问题产生的制度根源，当环境恶化严重到危及人民生存基础的程度，良好的环境就不再是无价值的东西，要求国家对自由权尤其是财产自由进行一定的限制并进而要求国家确保每一个人能够在清洁的空气和水、天然的风景、安静的环境环绕之下健康而安全地生活的基本人权，便成为法律演进的必然。如果既有体系无法对新兴人权提供周延保护，甚或新兴人权与既有人权存在逻辑或价值上的冲突，仍抱残守缺，只会阻碍法治发展。

更为关键的是，这些个体性人权都建立在个体损害的基础上，而在很多场合，环境损害并不必然转化为个体损害。故人们转而寻求将环境权作为一项独立的基本人权，因为一旦某项权利被确立为基本人权，则国家负有保障的义务，不仅立法上应推动环境权入宪成为基本权利，行政和司法也需积极落实和保障环境权。也正是在此背景下，环境权被称为继自由权、生存权之后的"第三代人权"。[27]

(二) 环境权应当成为一项独立权利

自环境权提出以来，就有一种观点，即从生存权和生命健康权等相关条款中引申出环境权，或者扩大传统的人格权和财产权的保护，就足以解决环境侵害带来的问题，不必再确立一个概念模糊的环境权。这一观点至少存在两个方面的问题，一是忽略了环境权的"新法理"担当，二是对人权体系发展与理解存在误区。该观点没有认

---

[25] 张嘉尹:《环境保护入宪的问题——德国经验的初步考察》，载《月旦法学》1998 年第 7 期。
[26] 杜钢建:《日本的环境权理论和制度》，载《中国法学》1994 年第 6 期。
[27] 1977 年，时任法国驻联合国国际人文教处人权与和平局局长 Karel Vasak 用"代"来表示人权的演化与动态的特质，使人权不被拘泥在某种时空范围内，从而建构与社会变迁相呼应的人权保障，并以"三代"来与法国大革命自由、平等与博爱的口号相呼应：第一代人权是免于被国家侵害的自由权，亦即"消极人权"，是"公民权利和政治权利"(civil and political rights)，用以对抗国家；第二代人权是请求国家作为的权利，强调国家的积极作为以救助社会、经济上的弱势团体，以求社会之平等，认为权利保障奠基在基本的经济与社会的平等条件上，是一种"积极人权"，为"社会、经济、文化权利"(social, economic and cultural rights)；第三代人权是必须建立在社群、集体连带关系(solidarity)和同胞爱(fraternity)的基础上，通过大家努力方能实现之和平权、环境权、发展权等集体权(collective rights)，亦即"连带的权利"(solidarity rights)。See Karel Vasak, *Human Rights: A Thirty - Year Struggle: the Sustained Efforts to give Force of law to the Universal Declaration of Human Rights*, UNESCO COURIER 30：11，Paris：United Nations Educational, Scientific, and Cultural Organization, Nov. 1977, p. 2.

识到现代风险社会催生的环境权关注的是自然环境的生态价值,不仅与财产权、生存权、健康权等基本人权体现的是两种不同的法理念与法秩序,其核心内涵也无法为传统生存权和健康权所接纳,而且,环境权已成为其他基本人权能否实现的前提和基础。

1. 环境权保护自然环境的生态属性

环境权是为应对环境问题而产生的新的权利诉求,其对象是影响人类生存和发展的各种天然的和经过人工改造的自然因素的总体,具体包括:环境要素、自然生态系统和生态系统服务功能,不是传统法律意义上的"物"或"财产"。[28]

环境权基于环境保护理念而产生,其明确指向是生态性权利,不包括经济性利用。自然环境尤其是其要素和功能对人而言具有双重价值:一为生态价值,表现为公民对清洁、健康环境所享有的权利(right to a clean and healthy environment);二为经济价值,表现为公民对作为环境要素的自然资源所享有的经济权利(right to use natural resources)。[29] 生态性内涵与经济性内涵在本质上悖反、在逻辑上矛盾。环境权的本质在于保障人们生存在一个适当的环境中,而不仅是维持生存的最低限度。我们知道,环境问题的产生很大程度上缘于人们只重视自然环境的经济价值,忽略了生态价值对人的生命和尊严所具有的关键性作用。这种观念在法律制度上的体现就是围绕自然环境的经济价值构建了相应的财产权制度,生态价值迟迟未被确定为"权利"。随着环境问题成为影响人类生存和发展的根本性问题,人对生态价值的关注才以主张"环境权"的形式得以呈现。因此,环境权是对传统权利体系规范环境问题的补充与超越。

事实上,对资源的开发利用予以规制不是环境法的主要任务,仅是在这些开发利用行为损害了自然环境要素、环境系统和生态服务功能时,环境法才发挥作用。在此意义上,环境权中虽然也有"自然环境利用权",但其已经不是传统财产权意义上的开发利用,而是对自然环境空间、自然环境容量等生态环境服务功能的利用。[30] 承认这些新的权利,恰是对财产权所保障的经济自由的限制。"环境资源的双重形态(指生态属性和经济属性)导致了其对于人类的双重价值,民法上的物权与环境法上的环境权分别对环境资源的不同价值予以承认并提供了保护,民法保护的是其经济属性,环境法保护的是其生态属性。"[31] 以宪法形式对环境权的生态属性予以认可,是环境权法定化必要且必需的过程。

---

[28] 吕忠梅:《论环境物权》,载《人大法律评论》2001年卷第1辑,中国人民大学出版社2001年版。
[29] 张宝:《环境侵权的解释论》,中国政法大学出版社2015年版,第223页。
[30] 吕忠梅:《论环境使用权交易制度》,载《政法论坛》2000年第4期。
[31] 吕忠梅:《关于物权法的"绿色"思考》,载《中国法学》2000年第5期。

2. 环境权与生存权、健康权具有不同内涵

环境权与生存权、健康权的关系始终是环境权能否独立存在的焦点。[32] 其实,这是对环境权核心内涵的"误读"或者对权利之间可能存在的交叉现象的简单理解。

作为第二代人权核心权利的生存权,的确赋予了公民对国家的给付请求权,但这种请求权被明确限定于"最低限度的生存保障"——足够的食物和营养、衣着、住房和在需要时得到必要照顾,是人的社会性生存的最低保障,无法应对"人—自然环境"关系中所需要的公民在良好环境中的"生物性生存"需求。并且,在现有权利体系中,生存权保障以损害救济或社会秩序维护为规范目标,属于以具体的危害防止为核心的传统秩序法范畴,目的在于确保危险或损害不发生,进而确保人民生活获得一定程度(通常是最低限度)的安全保障,与环境权的"积极预防"功能相悖,不能实现对环境问题的周延应对。[33]

尽管"健康"亦是环境权的本质内涵之一,与核心是生命权的环境权有一定的重叠,但此"健康"非彼"健康"。健康权要求政府必须创造条件确保人民获得卫生服务、健康和安全的工作条件,获得适足的住房和有营养的食物,尽可能地提高人的生理和心理健康水平。其本质上与生存权一样,具有消极防御功能,属于传统的人权范畴。无论怎么扩大"健康权"的内涵,都依然限于人体的健康影响范围,无法将因环境问题可能造成的"健康风险"纳入。因此,只有将"环境权"作为一项独立的基本权利纳入人权体系并在宪法中加以规定,才能为人在良好环境中生存提供最完整和最充分的权利保障,为国家承担环境保护责任、公民享有环境权利并得到法律保护提供"基石"或合法性依据。

第三节 环境权的效力与保障

一、环境权的规范效力

(一)公法效力

环境权的效力首先体现为其作为客观价值秩序的功能,即环境权对国家权力的效力。早期环境法学说多认为环境权的主体包括国家,这其实是对环境权的一种误解,对环境权主体的理解需要置于环境权法律关系的语境之下考察,在公法层面,环境权

---

[32] 吕忠梅主持:《超越与保守:可持续发展视野下的环境法创新》,法律出版社2003年版,第235-239页。
[33] 张宝:《环境监管的法理审视》,中南财经政法大学2012年博士学位论文,第45-47页。

是一种单向法律关系,其权利主体只能是公民,国家尤其是行政机关则是义务主体,所谓国家环境权实际上是基于国家环境保护义务派生的国家环境管理权。我国现行《宪法》并未明确规定环境权,而是规定了"国家保护和改善生活环境和生态环境,防治污染和其他公害"。这一规定,被认为是确立了环境基本国策。实际上,这也是建立"新法理"的一种方式,体现了对环境权的承认,可以发挥宪法的客观规范作用。但是,从我国环境保护的客观要求和法律传统看,需要完善宪法,确立环境权的基本权利地位。

我国在环境立法实践中注重国家权力赋予,环境保护被视为国家专属事务,人民需要承担尊崇国家权力和保护环境的义务。这种环境保护中的"权力本位",混淆了环境规制权力的正当性来源,将生态环境作为规制对象,将公众对于健康环境所享有的权利视为政府规制的反射利益,将环境权等同于国家的环境管理权,忽视公众对环境保护事务的参与。在个别地区,政府决策成为生态环境破坏的主要原因,但由于法律上未承认公民对健康环境所享有的实体权利,公众仅能就已发生的个体损害寻求救济,对不具有直接利害关系的开发行为则无法追责,因此,纠纷演化成"群体性事件"。在宪法上规定环境权,不仅可以赋予公民在环境保护中的主体地位,为公众的知情、参与、诉诸司法等程序性权利提供法源依据;更重要的是强化国家权力的"合法性"意识,真正促进从"统治"到"治理"的转型。如果否定公民的基本环境权利,不仅抽掉了公众维护基本环境权利的法律依据,也抽掉了国家环境保护义务的前提和基础,不可能真正建立严格、有效的国家(政府)环境保护责任制度和问责机制。

环境保护作为公民的一项基本权利,对于实现环境法治具有重要意义。这意味着,环境保护不再仅是对于自由权尤其是财产自由所附加的一项社会义务,而是进入与财产权同等重要的地位,经济、科技与社会发展都必须与环境保护相协调,且在这些价值对环境有显著影响时,应确立环境价值的优先地位。环境法也不能仅以损害预防为理念,而应根据环境权的积极面向——要求国家承担更为积极的环境质量改善义务,由消极的公害防止对策向积极的规制治理过渡。环境权从提出之日起,就以督促国家履行环境保护义务为宗旨。环境权要求的,是国家不仅负有防止现有环境质量退化的消极义务(禁止倒退义务),还负有推动环境质量改善的积极义务(积极改善义务),这也是我国《宪法》第 26 条规定的"保护和改善环境"的双重含义。

(二) 私法效力

基本权利可以作为一种对所有法规范的宪法基本决定,把宪法秩序与其他法规范秩序分离开来,宪法位阶基本权利的作用得以"辐射"至所有的法规范秩序,如产生基本权利对第三人的效力。环境权就是这样一个自始就具有积极性的基本权利,它不仅要求国家维持有利于人民生存的生态底线,还要求国家承担积极改善环境质量的义务,更具有对第三人的效力——社会主体负有的保护环境、不侵害环境的义务。环境权毕竟是以权利形态出现,在权利受损后如何救济,可谓环境权面临的最大争议。环境权受到侵害,既可能来源于国家权力,也可能来源于第三人,这就涉及环境权能否作为主观公权利和主观私权利的问题,进而涉及环境法是否可诉的问题。

环境权首先难以成为一项主观私权利。从原《侵权责任法》到《民法典》侵权责任编,其背后的制度逻辑非常清晰,即(何种行为)侵害何种权益、造成何种损害、适用何种损害赔偿,权益已经成为侵权责任成立判断中不可或缺的一环。《民法典》第120条和第1164条明确将承担侵权责任的前提确定为"民事权益受到侵害",结合总则编第五章关于民事权利的规定以及原《侵权责任法》第2条对"民事权益"的列举,不难看出民事权益具有私益性、个体性的特征,也正是在此意义上,《民法典》被认为是"私权保障的宣言书"。如果要在《民法典》中找到与环境权关联度最高的条文,恰恰应当是第132条规定的禁止权利滥用条款,即民事主体不能滥用民事权利侵害国家利益和社会公共利益。也就是说,侵害环境权侵害的是国家利益和社会公共利益,但这种利益在性质上属于难以归属于个体利益的反射利益,并不属于民事权益的范畴。[34] 民法环境权被解读为环境人格权、环境公共地役权和环境获益权,但与其说是环境权,不如说是与环境有关的人格权、物权等民事权利,建立在个体性权利基础上的民事权利概念并不能为具有公共属性的环境权提供栖身之所。

环境权可以成为一项主观公权利。主观公权利是以自由权保障为核心的近代公法体系下的概念,指向公民对于国家实施或不实施法律规定的行为的请求权。其共通之处在于,成为主观公权利,意味着权利主体可以向法院诉请权利保护。环境权具有双重集体性权利(dual-standing collective right)的性质,[35] 这种权利既与共同体("公众")有关,也与共同体的成员("公民")有关,二者具有共同的保障对象;侵害环境权,既侵害公共利益,也损害公民利益。故而,环境权仍然可以成为一项主观公权利,当权利受到侵害时,理论上所有环境权的主体均可提起诉讼,但是,不同国家基于不同的法律传统和政策考量(如诉讼能力和避免滥诉等),往往会对原告资格进行一定的限制,将起诉权信托给环境保护公益组织,环境权诉讼也就等同于环境公益诉讼,其目的不是保障个人的权利和利益,而是通过在立法技术上利用"争讼"这一程序来维持客观法秩序或者保护公共利益。

污染环境或者破坏生态的行为会造成"对人的损害"和"对环境的损害"二元损害,前者指向人身与财产损害,后者即生态环境损害,指向环境要素、生物要素的不利

---

[34] 张宝:《环境法典编纂中民事责任的定位与构造》,载《环球法律评论》2022年第6期。
[35] Buchanan, *The Role of Collective Rights in the Theory of Indigenous People's Rights*, Transnational Law and Contemporary Problems, Vol. 3:1, p.89(1993).

改变以及前述要素构成的生态系统功能退化。从权益侵害角度看,前者侵害的是人身权和财产权;后者实际侵害的是"人对环境的权利",即环境权。在"人身权、财产权——私益损害"与"环境权——生态环境损害"的二元对应关系下,环境法的归责逻辑就容易理解了:自然人、法人与其他组织因开发利用环境资源而造成的私益损害,属于传统侵权责任的范畴;对于生态环境损害,基于损害担责原则,也应由责任人进行预防和填补。故侵害环境权并不简单等同于民法意义上的环境侵权,也不等同于建立在保护规范理论上的行政诉讼。

二、环境权的保障

(一)立法保障

1. 环境权入宪

我国虽已在政策层面上承认了环境权,但在法律层面尚未明确规定环境权。环境权入宪的主张一直存在,[36]但也面临诸多质疑,其中重要理由之一是我国《宪法》中已经规定了"国家保护和改善生活环境和生态环境,防治污染和其他公害"的义务,无须再规定一个内涵外延不明、权利定位不清的实体环境权。环境保护入宪是否采取基本权利或基本国策模式并不能作为评判环境法治先进与否的标准,但就我国现实情境而言,入宪有着非常重要的意义:

(1)为环境权与其他人权的平衡提供宪法基础。环境权入宪,意味着环境保护不再仅是对于自由权尤其是财产自由所附加的一项社会义务,而是进入到与自由权、财产权同等重要的地位,为环境权与其他人权的权衡、平衡乃至抗衡提供了一个公平竞争的渠道。经济、科技与社会发展都必须与环境保护相协调,且在这些价值对环境有显著不利影响时,应确立环境价值的优先地位。环境法也不能仅以损害防止为理念,而应根据环境权的积极面向——要求国家承担更为积极的环境改善义务,由消极的公害防止对策向积极的风险预防迈进。

(2)为构建多方共治的现代环境治理体系提供宪法基础。我国环境行政注重行政权力的赋予和自上而下的监管,在这种情况下,环境保护将被视为行政机关的专属权力,公民则仅有保护环境的义务。这种"权力本位"不仅混淆了环境行政权的正当性来源,也容易使环境行政"见物不见人"——强调对违法行为的命令控制,将公众对良好环境享有的权利视为环境监管的反射利益,对公众参与持消极态度;公众对不具有直接利害关系的违法行为则无缘置喙,环境监管很容易发生"规制俘获"现象。在宪法中承认环境权,一方面能够强化环境行政权行使的正当性基础和意识,另一方面

---

[36] 吕忠梅:《环境权入宪的理路与设想》,载《法学杂志》2018年第1期。

也能加强公众在环境保护上的主人翁意识,为推动我国建立党委领导、政府主导、企业主体、社会组织和公众共同参与的现代环境治理体系提供宪法基础。

(3)环境权入宪是生态文明建设的最高制度表达。生态文明概念自党的十六大报告提出,经党的十八大报告全面展开,到党的十九大成为习近平新时代中国特色社会主义思想的基本内涵,经历了从全面建设小康社会的目标之一提升为"五位一体"的治国理政方略,成为国家安全战略和全球环境治理方式,再到党的十九大将生态文明作为新时代中国特色社会主义思想和基本方略的重要组成,为现代化赋予"绿色属性"的过程,标志着我们对环境与发展关系的认识达到了新的高度,为协调和平衡两者的关系提供了世界观与方法论。习近平总书记指出:"我们不能把加强生态文明建设、加强生态环境保护、提倡绿色低碳生活方式等仅仅作为经济问题。这里面有很大的政治。"[37] 法治作为国家的上层建筑,本身就是由经济基础决定并反作用于经济基础的"政治"。以宪法方式规定生态文明建设的地位并宣示公民环境权,使其获得"立国精神"的"宪章"地位,是最好的"政治"表达。

2. 环境权入典

党的十八大以来,我国生态环境保护发生历史性、转折性、全局性变化,取得了举世瞩目的绿色发展成效,人民环境权益保障也达到了前所未有的高度。有习近平生态文明思想奠定坚实的政治基础,有相关立法和政策积累的实践经验,有丰富的学术研究成果提供的理论支撑,环境权"入典"的条件已然成熟。[38] 与宪法基本权利调整公民与国家关系以及间接实现对第三人的效力不同,环境法典直接调整公民、法人及其他组织相互之间围绕生态环境保护而生的法律关系。

联合国人权理事会宣布:"拥有一个清洁、健康和可持续的环境是一项人权。"可见,可持续本身就是界定环境权的重要标准。这既表明可持续发展与环境权之间的密切关联,也体现环境权对实现可持续发展目标的重要作用。在中国,生态文明建设作为治国方略,其目的也是实现中华民族永续发展[39],因此,中国生态环境法典编纂可以将可持续发展作为代表新时代制度文明和主要表征的目的价值和逻辑主线,并以可持续发展具有的工具理性与价值理性融合的"神形兼备"特征,对传统法律的公平、正义、安全价值进行拓展,形成以可持续发展为目的性价值,以生态安全、环境正义、代际公平、公益保护为工具性价值的价值体系。[40]

在目的价值层面,可持续发展满足当代人与后代人需要的初衷,表明其"生态持续是基础,经济持续是条件,社会持续是目的"的逻辑,这必然会涉及经济、社会和环

---

[37] 中共中央文献研究室编:《习近平关于全面深化改革论述摘编》,中央文献出版社2014年版,第103页。
[38] 吕忠梅:《启动环境法典编纂 提升环境权法治化保障水平》,载《学习时报》2022年3月7日,第2版。
[39] 吕忠梅:《发现环境法典的逻辑主线:可持续发展》,载《法律科学(西北政法大学学报)》2022年第1期。
[40] 吕忠梅:《中国环境立法法典化模式选择及其展开》,载《东方法学》2021年第6期。

境等利益的平衡。在表征经济、社会利益的生存权、发展权已经作为人权广为法律与政策所确认的背景下,环境权的法律确认将为环境与经济、社会利益进行"平衡""权衡"乃至"抗衡"提供基本权利依据,亦为可持续发展内部的三个"持续"提供"以人为本"的价值贯通,形成"社会持续目的—生态持续基础—经济持续条件"的顺序选择,[41]防止环境法典标准偏离促进人的全面发展轨道。

在工具价值层面,可持续发展的人类观、未来观、空间观、系统观对传统法律基本价值公平、正义、秩序、安全提出了极大的挑战,要求环境立法对传统法律价值进行更新,建立符合生态环境保护要求的生态安全、环境正义、代际公平、公益保护等新价值。环境权作为一种新型人权,具有显著的集体权利特征,以"权利束"形式出现而非单一权利。[42] 环境权的法律确认将为生态安全、环境正义、代际公平、公益保护等环境法价值提供具体的权利表现形式,既贯通可持续发展的目的价值与工具价值,也为环境法典编纂提供内在逻辑支撑。

(二)行政保障

环境权从产生伊始,就是为环境利益与其他利益提供一个"平等对话"的平台,从而使环境利益能够占有一席之地,并要求国家权力均采取相应的措施来回应公众对"清洁、健康"环境的诉求。国家首先需要明确何为"清洁、健康"的环境权,这关系到国家进行环境规制所要达到的具体目标,或者说国家对于环境权的保障水平;进而再决定需要配置何种规制工具才能实现这个目标。从行政保障的角度来看,这实际上涉及两个层面的问题:一是如何为政府设定环境规制目标,二是应赋予政府何种权力来实现这种目标。前者体现为通过一定的环境标准为政府设定行政目标值,后者体现为政府为实现这一目标而对相对人采取的命令与控制手段。[43]

具体而言,法律化的环境质量目标是环境保护国家义务的具体化,也是国家对保障公民环境权所作出的承诺;一旦环境标准经由法律确认,就构成了环境规制的起点与目标值。中央与地方政府必须协力使环境状况达到设定的目标,如果政府未能实现此种目标,将承担相应的政治责任、行政责任或法律责任。环境目标的达成,有赖于对企业污染环境或破坏生态的行为进行规制。传统的环境规制主要是采取秩序行政下的命令与控制手段,通过设定命令或标准、许可行为人从事生产经营活动、对生产经营活动进行监督检查并对违法者施以行政惩戒的方式,确保生产经营活动不会造成环境质量的恶化。这些规制措施,可能会在保障环境权的同时,构成对公民自由权利的限

---

[41] 吕忠梅:《环境法典编纂方法论:可持续发展价值目标及其实现》,载《政法论坛》2022年第2期。
[42] 吕忠梅:《沟通与协调之途——论公民环境权的民法保护》,中国人民大学出版社2005年版,第43页。
[43] 张宝:《环境规制的法律构造》,北京大学出版社2018年版,第160页。

制或侵害,因而需要受到法律保留、正当程序、比例原则等法治原则的束缚。20世纪八九十年代以来,受规制缓和思潮的影响,环境质量目标的达成开始从单一依靠政府控制走向公私合作规制和社会自我规制,多元共治的现代环境治理体系逐渐确立。

国家对于环境权的保障水平为何,并非基于公民的主观判断,而是有一个客观的判断基准,这个基准就是环境质量标准。环境质量标准是指在一定时间和空间范围内,对环境中有害物质或因素的容许浓度所作的规定。环境质量标准是国家环境政策目标的具体体现,是环境行政的目标值,也是国家对公民环境权保障水平作出的承诺。通过环境质量标准,抽象的国家环境保护义务就可以具体化:各级政府需要对本行政区域内的环境质量负责,政府环境质量负责制主要通过目标责任制和考核评价制度加以落实,而目标责任则主要体现为环境质量标准。通过科学设定并不断调整环境质量标准,就可以确保环境质量的稳定以及持续改善,从而达到环境权保障的目标,故环境质量标准事实上也构成了何谓"健康环境权"的判断标准。

党的十八届三中全会通过的《中共中央关于全面深化改革若干重大问题的决定》首次明确将环境保护单列为地方政府的核心职责,明确要求"完善发展成果考核评价体系,纠正单纯以经济增长速度评定政绩的偏向,加大资源消耗、环境损害、生态效益、产能过剩、科技创新、安全生产、新增债务等指标的权重",并要求"建立事权和支出责任相适应的制度"。《环境保护法》则进一步强化对地方政府的监督,要求县级以上人民政府将环境保护目标完成情况纳入对本级人民政府环境保护职能部门以及下级人民政府及其负责人的考核内容(第26条),并每年向本级人大或其常委会报告工作(第27条)。上述改革举措,实际上就是针对在晋升激励和财政约束双重作用下可能产生的地方政府规制失灵现象。环境权作为一项基本人权,其实现离不开有效的行政保障机制。党政目标责任制和考核评价制度是中国特色的治理工具,通过明确责任、强化监督和激励约束,为环境权的行政保障提供了制度支撑。

党政目标责任制是中国特色的环境治理制度创新,其核心在于将环境保护责任明确落实到各级党政机关和领导干部,构建"党政同责、一岗双责"的责任体系。这一制度设计突破了传统单一部门负责的环境治理模式,使环境保护成为党政系统的共同任务,有效提升了环境治理的系统性和整体性。党政目标责任制通过目标分解和压力传导机制,确保中央政策的有效落实。在环境保护领域,该制度将环境治理目标纳入地方政府职责范围,形成责任捆绑机制,实现了从抽象权利到具体治理目标的转化,为环境权的实现提供了清晰的路径指引。同时,中央生态环境保护督察制度作为党政目标责任制在环境领域的典型实践,通过常态化督察机制,进一步压实地方政府的环境保护责任。

考核评价制度作为环境治理的重要机制,通过科学设定环境目标和合理分配责任,有效构建了地方政府履行环境保护职责的约束与激励机制。这一制度不仅对地方政府形成刚性约束,还通过将考核结果与干部选拔任用相挂钩,建立了环境权保障的长效推进机制。在制度设计层面,考核评价体系着重从两个维度强化环境治理效能:其一,建立明确的环境目标与责任分配机制。通过将环境质量改善、生态修复等关键指标纳入考核体系,明确界定各级政府和领导干部的环境保护责任边界。例如,《党政领导干部生态环境损害责任追究办法(试行)》建立的责任追究机制,为地方政府履行生态保护职责提供了制度保障。其二,完善考核指标与激励约束机制。考核评价制度通过细化环境权保障的具体指标,包括环境质量、生态修复、公众参与等多个维度,并配套建立奖惩分明的激励机制,有效调动了地方政府履行环境职责的积极性。

(三)司法保障

从发生学上讲,环境公益诉讼作为晚近兴起的现代性诉讼类型之一,实际上就是相对于传统基于"法律上的利益"的私益诉讼,允许特定主体对无关乎个体私权的行政行为进行司法审查,其重要功能在于督促政府执法。当有限的资源、不充分的信息以及政策推行阻力使政府机构的环境执法不力的,需要通过公益诉讼激励责任机构更积极地落实污染控制标准,并在这些机构未能完成职责的情况下提供另外的执行机制;同时,可通过提前告知程序,保证该制度的设立不至于取代政府执法。[44]

依据现代法治理念,公共利益实际上是公众意志的聚合,然后这种聚合的公众意志经过代议制形式下的民意机构形成立法,政府则作为立法所确立的公益的执行者和卫护者,并通过专门的行政机关加以实现。概言之,立法确立公益,行政执行公益,司法守护公益。例如,我国《宪法》第26条确立了国家的环境保护责任,《环境保护法》等法律则进一步确立了国家履行环境保护责任的代表是环境保护行政职能部门。行政机关维护公益的手段主要是秩序行政下的命令与控制方式,即首先制定相关强制性命令或标准供企业和公众遵行,并通过监测、检查等方式监督守法情况,发现违法事实存在时,则可以通过行政命令、行政处罚和行政强制等惩戒手段加以矫正,并可以申请法院强制执行。若这一套完整的行政执法程序能有效执行,则违法行为基本上都可以得到预防、制止或矫正。[45]

环境权的提出,为生态环境本身找到了一个利益代表,即生态环境本身受损,就侵害了公民的环境权,鉴于生态整体性,这一权利更多是一项公益性权利和集体性权利,但对每个公民而言又具有重要的法律价值。它在抽象层面上派生出国家的环境保护义务和政府的环境规制权力,同时为权利主体在政府环境规制失灵时提供了请求权基础,即环境保护不再作为政府环境规制的反射性利益,而是直接作为一项法律上的利

---

[44] 吕忠梅、[美]王立德主编:《环境公益诉讼:中美之比较》,法律出版社2009年版,第132—134页。
[45] 张宝:《环境规制的法律构造》,北京大学出版社2018年版,第253页。

益。尽管环境质量的保护和改善是一个一般性的公益问题,但最终仍是为了保护每一个公民健康和福祉的问题,也就无法完全与每个公民的私人利益完全割裂,从而确立公民在环境规制中的法律主体地位,由此就可以打破"直接利害关系人"的束缚,拓宽诉讼资格,为环境行政公益诉讼提供合法和正当性基础。[46]

由于侵害环境权的行为既可能来自国家,也可能来自第三人,侵害环境权的诉讼也相应地分为针对国家(行政机关)的行政公益诉讼以及针对第三人的民事公益诉讼。尽管针对生态环境损害并不排斥建立一种"公法性质、私法操作"的请求权,允许作为环境权主体的公民及其组织对不具有直接利害关系的环境侵害行为提起民事公益诉讼,但基于国家在落实环境权保障上的权力配置,更应推动立法确定社会组织提起行政公益诉讼的制度。同时,在民事公益诉讼上,社会组织提起公益诉讼的权利基础为环境权不难理解,但行政机关和检察机关提起生态环境损害赔偿和公益诉讼,则是以环境权作为间接依据,即基于环境权的国家保护义务,而由国家机关提起诉讼作为对国家履行环境保护义务的补充。

延伸阅读[47]　环境权"入宪"与环境权"入典"

环境权作为公民的一项基本权利,意味着保护环境的生态价值可以与财产权所保护的经济价值具有同等重要的地位,环境法也应该由消极的污染防治向积极的环境治理过渡。中国开启全面建设社会主义现代化国家、向第二个百年奋斗目标进军新征程,提升环境保护方面的人权保障水平成为满足人民群众日益增长的权利需求的重要任务。环境权的人权属性在国际社会已达成共识,我国也在《国家人权行动计划(2021—2025年)》中予以认可。从国际层面看,早期的环境人权主张催生了现代环境法,可持续发展全球共识促进了环境人权的新发展。在中国,生态文明建设是习近平新时代中国特色社会主义思想的重要组成部分,建设"美丽中国"已成为《宪法》确认的国家目标。从"环境权入宪"来说,以宪法形式规定公民环境权能够为生态文明建设提供"新法理"、解决环境法合法性的"权利基石"问题,既可以成为判断宪法是否为"良宪"的重要标准,也可以发挥基本权的主观权利维度和客观规范维度的功能。就"环境权入典"而言,在生态环境法典中确认环境权,能够更进一步明确法典价值体系的内涵,并有助于厘清法典的制度构造和归责逻辑,提升中国生态环境治理体系和治理能力现代化水平,提供加强全球生态环境治理的中国方案。

---

[46] 张宝:《环境规制的法律构造》,北京大学出版社2018年版,第106页。
[47] 吕忠梅:《环境权入宪的理路与设想》,载《法学杂志》2018年第1期;吕忠梅、张宝:《环境人权"入典"的设想》,载《人权》2022年第2期。

思 考 题

1. 环境权为什么产生？它经历了哪些发展阶段？
2. 环境权的特征是什么？为什么说环境权是一项基本人权？
3. 环境权的规范效力包括哪些内容？应该从哪几个方面来保障环境权？

第五章　环境法基本制度

| **本章导读** |

　　环境法基本制度是根据环境保护的任务和目的,以环境法基本原则为指导,体现环境法而建立的具有重要作用的法律制度,是由环境法律规范和生态文明制度规范所组成的相互配合、相互联系的特定体系。环境法基本制度是一切从事自然资源开发和利用环境的公民、法人和其他组织都必须严格遵守的法律制度。确立环境法基本制度对环境法律秩序的建立和维护具有重要意义,对具体的环境保护工作具有指导作用和基石效用。我国已经建立起了比较完备的环境法基本制度体系,包括"规范确认型"制度和"改革确认型"制度两大类型。

第一节　环境法基本制度概述

一、环境法基本制度的概念及其特征

（一）环境法基本制度的概念

　　环境法基本制度是根据环境保护的任务和目的,以环境法基本原则为指导,体现环境法而建立的具有重要作用的法律制度,是由环境法律规范和生态文明制度规范所组成的相互配合、相互联系的特定体系。我国的环境法基本制度,从成因上可以分为"规范确认型"制度和"改革确认型"制度。

　　1. "规范确认型"制度

　　一般来说,环境法基本制度是现行环境法律规范所确认的,即"规范确认型"制度。2018年《宪法修正案》将"贯彻新发展理念","推动物质文明、政治文明、精神文明、社会文明、生态文明协调发展","把我国建设成为富强民主文明和谐美丽的社会主义现代化强国,实现中华民族伟大复兴"写入序言,并在《宪法》第89条第6项国务院职责中规定,"领导和管理经济工作和城乡建设、生态文明建设"。《宪法》关于生态

文明的规定,为国家承担生态环境保护职责、实施生态环境管理提供了合法性基础,也是建立环境法基本制度的基本依据。在结构上,它是由调整环境社会关系的环境法律规范构成的具体的环境法律制度,是国家为调整环境社会关系而创设的以国家强制力保障实施的环境法规范体系。在内容上,它以环境管理权的赋予和行使为核心,调整在环境保护监管过程中形成的环境社会关系。

2."改革确认型"制度

随着我国社会生产力水平明显提高和人民生活显著改善,我国社会主要矛盾已经转化为人民日益增长的美好生活需要和不平衡不充分的发展之间的矛盾。其中,严重的生态环境问题已成为民生之患,生态环境成为满足人民美好生活需要的短板。习近平总书记指出,"良好生态环境是最公平的公共产品,是最普惠的民生福祉"[1]。党的十八大以来,以习近平同志为核心的党中央把生态文明建设作为关系中华民族永续发展的根本大计,加强生态文明顶层设计和制度体系建设,开展了一系列开创性工作、推进了一系列变革性实践、取得了一系列突破性进展、形成了一系列标志性成果,生态文明制度体系实现系统性重塑。在生态文明体制改革实践中,许多新的环境管理制度以政策的方式在全国推行,特别是党政联合发文的政策,具有很强的权威性,这些经实践检验行之有效的成熟政策,促进了环境法律的发展,弥补了《宪法》和环境立法仅有原则性规定,对具体环境法律规范尚未及时更新的不足,可以称之为"改革确认型"制度。[2] 如生态环境督察制度、生态环境损害赔偿制度等。

(二)环境法基本制度的特征

由于环境法是由多种性质和不同层级的法律规范组成的庞大体系,其中必然存在多种、多层次的制度。根据我国的立法实践和生态文明体制改革实践,我国已经建立起了比较完备的环境法制度体系,各项制度相互配合,形成有机整体,保证我国的环境保护工作能够"有法可依"。这些制度涵盖了国土空间管理、战略规划、综合决策和单项措施等多个环节,形成了层层递进的环境保护制度体系。在这个制度体系中,既包括环境保护的基本法律制度,也包括一般的环境保护法律制度。相对于一般法律制度,环境法基本制度具有如下特点。

1.环境法基本制度是环境法领域具有普遍适用性的基础性制度

首先,环境法基本制度在环境法领域具有普遍适用性。其可广泛适用于环境法的各主要领域,包括污染防治法、自然资源法、生态保护法以及绿色低碳发展法等,而非仅适用于环境法某个领域的法律制度,如仅适用于污染防治法领域的农业面源污染防

---

[1] 习近平:《推进生态文明建设需要处理好几个重大关系》,载《求是》2023年第22期。
[2] 吕忠梅:《环境法典编纂论纲》,载《中国法学》2023年第2期。

治法律制度。其次,环境法基本制度体现国家生态环境管理的主要方面和原则。国家生态环境管理涉及各个方面、多个环节,涉及多个部门的权力配置和多种利益关系的协调。环境法基本制度是对国家生态环境管理相关权力配置和利益协调的主要方面和原则所进行的设计,确立相关权力配置的基本原则、利益协调价值取向等,是对环境法基本原则的具体化,也是环境保护体制机制运行的基础。比如,生态环境规划制度作为环境法基本制度,规定了生态环境规划的主体、不同规划之间的地位与关系、规划的内容衔接及编制程序等,是对各种类型、各个层级生态环境规划的统一规范,所有规划都必须一体遵行,具有基础性地位。

2. 环境法基本制度是国家承担生态环境监督管理职责的基本依据

环境法基本制度具有环境法的独特性,是国家承担生态环境监督管理职责的基本依据。我国环境法学主要是依托和服务于国家环境保护行政而不断发展形成的。[3] 生态环境监督管理体制是指国家生态环境监督管理机构的设置,以及这些机构之间生态环境保护监督管理权限的划分。建立科学、高效的生态环境监督管理体制,是建设美丽中国、实现生态文明的重要保障,也是法治政府建设的重要内容。

我国实行统一监督管理与分级分部门管理相结合的生态环境管理体制。横向上,实行生态环境主管部门统一监督管理,有关部门分工负责。国务院生态环境主管部门,对全国生态环境保护工作实施统一监督管理;县级以上地方人民政府生态环境主管部门,对本行政区域生态环境保护工作实施统一监督管理。县级以上人民政府自然资源、水利、农业农村等有关部门和军队生态环境保护部门,依照法律的规定,在各自职责范围内,负责对相关领域的生态环境保护工作实施监督管理。统一监督管理部门和分管部门之间地位平等,通过部门协作,实现生态环境保护的全面覆盖。纵向上,国家实行分级管理。地方政府对本行政区域内的生态环境质量负责,形成属地管理责任体系。省、市、县三级政府设立生态环境部门,负责本行政区域内的生态环境保护工作。

与环境法一般法律制度相比,环境法基本制度在国家生态环境监督管理中具有主导和决定作用,主要是对国家生态环境监管总体框架和主导性监管手段的规定。环境法基本制度规定了生态环境监督管理主体在特定领域的行为模式及法律后果,其基础是环境法律关系中的权利与义务、权力与职责,是对这些权利义务、职责权限的具体化和系统化,是国家生态环境监督管理行为的依据和出发点。环境法基本制度是国家承担生态环境监督管理职责在环境法上的具体体现,一切从事生态环境开发和利用的公民、法人和其他组织都必须严格遵守环境法基本规范,违反了这些规范,将承担不利的法律后果。其中,环境法基本制度的一项重要职能就是将国家主要的生态环境监督管

---

[3] 汪劲:《对我国环境法基本制度由来的回顾与反思》,载《郑州大学学报(哲学社会科学版)》2017年第5期。

理职责具体化为各种法律制度,通过国家授权,将环境保护的职责落实到具体的职能部门,作为国家承担生态环境保护职责的法律依据。这些制度构成了环境法的基本制度。比如,《美国国家环境政策法》确立了环境影响评价等三项基本制度,从而确立了国家环境保护的基本体制和运行机制。

3. 环境法基本制度是相互协调和衔接配合的生态环境监督管理制度体系

生态环境监督管理必须遵循生态规律。生态系统的相关性、整体性、平衡性特征决定了生态环境管理必须具有整体性、协调性,是一个沟通协调、联动协同的整体。环境法基本制度之间更应该体现这种特性,各制度之间具有内在的逻辑联系,是具有共同目标、共同任务但有不同方面、不同重点的沟通与协调体系。比如,许可证制度之所以被称为环境法的"支柱性"制度,就是它作为生态环境监督管理的基本制度,既能够通过具体的为排污者或资源开发利用者设定义务实现控制污染物排放或有序开发利用自然资源的功能,又能够通过控制污染物的排放或对自然资源的可持续利用,实现预防为主原则的目标。而许可证制度的实施,与环境规划制度、环境影响评价制度、环境标准制度、环境监测制度等多项制度密切衔接,这些制度有的是许可证发放的前提条件,如环境规划制度,有的是许可证义务确定的基础,如环境标准制度,有的是许可证管理的必要支撑,如环境监测制度。

二、我国环境法基本制度的形成与发展

随着我国经济社会的高速发展,环境问题越来越复杂多样。处于应对和解决环境问题核心地位的环境法基本制度从无到有,不断从单一走向丰富,从不足走向完善。

(一)初创阶段

1972年到1979年,是我国环境法基本制度的初创时期,其经历了从雏形到建立的过程。1972年,我国派代表团参加了斯德哥尔摩人类环境会议,1973年8月,召开了第一次全国环境保护会议,制定《关于保护和改善环境的若干规定(试行草案)》,确立了"全面规划,合理布局,综合利用,化害为利,依靠群众,大家动手,保护环境,造福人民"的环境保护工作方针,规定了"统筹兼顾,全面安排"的原则,以及"三同时"制度和奖励综合利用的政策。1979年我国制定《环境保护法(试行)》,确立了建设项目环境影响评价、环境标准、限期治理、排污收费等制度,环境法基本制度体系开始建立。该法吸收了1972年联合国人类环境会议以来,限制经济活动、保护环境的国际先进理念,在结构上强调防治污染与保护自然环境并重,但并未在制度设计上得到较好体现。在制度体系上,各项制度不仅零散,且与后来制定的环境单行法缺少明确分工;在制度内容上,不仅表述模糊,且偏重工业污染的末端治理,较少涉及生态保护。

(二)发展阶段

20世纪80~90年代是我国环境管理基本制度的发展阶段,其特征是应急性的防治结合、过程控制。1989年制定的《环境保护法》,明确了环境监督管理体制,增加了体现防治结合、源头控制、过程控制等理念的环境规划制度、环境监测制度、"三同时"制度、排污申报制度、防止污染转移制度,以及环境应急制度、环境影响评价制度,环境基本法律制度的体系性显著增强,制度的内容也更为清晰明确。但是,主要制度仍集中于污染控制,生态保护基本制度则主要通过《森林法》《草原法》《矿产资源法》《土地管理法》《渔业法》等自然资源单行法规定。随着我国经济社会的飞速发展,在强烈的"GDP冲动"下,《环境保护法》确立的"环境保护同经济建设和社会发展相协调"原则,在实践中演变为"经济增长优先"。同时,受"宜粗不宜细"的立法思想影响,我国的环境基本法律制度在实际执行中存在着政府责任不落实、行政执法不到位、企业成法成本低等问题,可执行性和可操作性不足,生态环境整体恶化的趋势仍未得到根本遏制。[4]

(三)完善阶段

进入21世纪以来,环境法基本制度进入系统化、整体性建设阶段。2014年修订的《环境保护法》重新定位了环境与发展的关系,明确提出推进生态文明建设,促进经济社会可持续发展,环境法基本制度的广度、深度呈现出飞跃式的发展,强化了基本制度之间的联动配合。污染防治和生态保护并重,既解决当前环境保护中的共性问题,又解决突出问题,体系化程度不断提高。现行《环境保护法》完善了环境规划制度、环境影响评价制度等旧制度,吸收了水和大气污染防治单行法中行之有效的排污许可管理制度,体现预防原则的生态红线制度,以及推动政府、市场和社会"多元共治"的生态补偿等新制度。一方面,随着环境立法的发展,"规范确认型"基本制度日益完善。如环境规划制度的内容从单项规划发展为综合规划,从"多规并行"调整为"多规合一"。另一方面,"改革确认型"基本制度不断健全,有效提升了环境法的可操作性和可执行性。党的十八大以来,在生态文明体制改革实践中,许多新兴的环境管理制度以政策形式推行,蕴含生态文明时代的新价值理念。[5] 如2016年开始的中央环保督察制度,具有一整套常态化和规范化的制度措施,通过约谈、挂牌督办、党政同责等配套措施予以保障。截止到2022年6月,国务院生态环境部已完成对31个省(区、市)的两轮全覆盖工作,两轮督察共受理群众环境举报问题28.7万件,已基本办结或阶段

---

[4] 《全国生态保护"十二五"规划》(原环境保护部,2013年1月25日发布)。
[5] 吴凯杰:《法典化背景下环境法基本制度的法理反思与体系建构》,载《法学研究》2024年第2期。

性办结28.5万件。[6] 中央环保督察制度有力解决了一大批长期未决的生态环境问题,有效地促进了环境法的实施。

第二节 "规范确认型"环境法基本制度

"规范确认型"环境法基本制度是现行环境保护法律法规确认的,这些制度主要由《环境保护法》加以规定,在相关单行法中也有具体体现,是上升为法律规范的生态环境监督管理的行政、经济、技术措施及手段,违反这些制度,行为人要承担相应的法律责任。按照事前、事中和事后制度分类,主要包括环境规划制度、生态红线制度、环境影响评价制度、生态环境标准制度、生态环境监测制度、许可证制度、突发环境事件应急制度。

一、生态环境规划制度

(一)生态环境规划制度的含义

生态环境规划制度指生态环境规划工作的法定化、制度化,是通过立法形成的关于生态环境规划工作的基本制度。生态环境规划是对生态环境保护工作的总体部署和行动方案,也是对一定时间内生态环境保护目标、基本任务和措施的规定。通过规划对生态环境资源的开发利用和保护进行事前安排,决定生态环境资源可利用总量,是实施总量控制的基础,能更好地确定环境与发展之间的平衡点。生态环境规划制度充分体现了保护优先、预防为主的立法目的。世界各国在寻求协调环境与发展的合理战略,规划制度是其中的重要措施。[7]

我国规划类型众多,仅涉及空间资源利用的就有国民经济和社会发展规划、城乡规划、土地利用总体规划、环境规划等多项规划,制定主体多元、层级复杂、目标各异、内容交叉、管制重叠、标准不一的各类规划共同对空间进行布局和管制,在同一空间存在较大差异甚至相互矛盾。这种"多规并行"带来的不协调、不衔接、不统一削弱了规划的科学性和权威性,甚至可能造成空间管理无序、土地资源浪费、环境保护失控、审批效率低下等问题。其根本原因在于规划之间缺乏统领的战略引导,缺乏全面的空间统筹,"条块分割"现象严重。

---

[6] 寇江泽:《以生态环保督察推动高质量发展》,载《人民日报》2022年7月7日,第2版。
[7] 金瑞林、汪劲:《20世纪环境法学研究评述》,北京大学出版社2003年版,第214页。

规划失误是最大的浪费。要实现规划的最大效益,必须提高各种规划之间的相互协调性,改革规划体制,为建立统一衔接、功能互补、相互协调的空间规划体系奠定基础。为此,国家提出健全空间规划体系,推动经济社会发展、城乡、土地利用、生态环境保护等规划"多规合一",优化国土空间开发格局,科学合理布局和整治生产、生活、生态空间。

"多规合一"是指以国民经济和社会发展规划为依据,打破条块分割和部门局限,加强衔接,将国民经济和社会发展规划、城乡规划、土地利用规划、环境规划等多个规划融合到一个区域上,确保"多规"确定的保护性空间、开发边界、城市规模、环境容量等重要空间参数一致,并在统一的空间信息平台上建立控制线体系,以实现优化空间布局、有效配置各种资源、提高政府空间管控水平和治理能力的目标,解决现有各类规划自成体系、内容冲突、缺乏衔接等问题。2014年起,"多规合一"在全国28个市县展开试点。[8] 2018年,我国组建了自然资源部,将原属于各个部、委、局相关的空间规划职能都合并到新组建的自然资源部,由其负责统一编制全国的国土空间规划。2019年,中共中央、国务院《关于建立国土空间规划体系并监督实施的若干意见》发布,标志着"多规合一"改革正式进入全面实施阶段。

国土空间规划是国家空间发展的指南、可持续发展的空间蓝图,是各类开发保护建设活动的基本依据。建立国土空间规划体系并监督实施,将主体功能区规划、土地利用规划、城乡规划等空间规划融合为统一的国土空间规划,实现"多规合一",强化国土空间规划对各专项规划的指导约束作用,是党中央、国务院作出的重大部署。2022年10月,中共中央、国务院印发《全国国土空间规划纲要(2021—2035年)》,这是我国首部"多规合一"的国家级国土空间规划。

我国已形成了五级三类国土空间规划体系,并以"三区三线"作为国土空间规划的核心内容。五级三类国土空间规划体系指的是国家级、省级、市级、县级和乡镇级五级规划,以及总体规划、专项规划和详细规划三类的国土空间规划体系。"三区三线"旨在优化国土空间开发保护格局,明确不同类型空间的功能和边界,确保国土资源的合理利用和可持续发展,奠定了整个国土空间布局的骨架和基础。"三区"指根据国土空间的开发保护需求,将国土空间划分为城镇空间、农业空间和生态空间三大功能区域,"三线"是在"三区"划分的基础上,为加强空间管控而划定的耕地和永久基本农田红线、生态保护红线和城镇开发边界三条控制线,以保障国家粮食安全、生态安全、城镇化健康发展。生态环境规划是国土空间规划的重要组成部分,属于专项规划。在编制环境规划时,应充分考虑和服从国土空间规划的总体布局。同时,生态环境规划

---

[8]《关于开展市县"多规合一"试点工作的通知》(2014年8月26日,国家发展和改革委员会、原国土资源部、原环境保护部和住房和城乡建设部发布)。

也可为国土空间开发布局和生态红线设置提供科学依据,引导和规范国土空间的开发和利用,确保经济社会发展与环境保护的协调统一。

(二)生态环境规划的编制和实施

国家生态环境保护规划是全国生态环境保护工作的基础。国务院生态环境主管部门会同有关部门依法行使国家生态环境保护规划的编制权,应当根据国民经济和社会发展规划编制国家环境保护规划和区域环境保护规划,而且环境保护规划的内容必须与主体功能区规划、土地利用总体规划和城乡规划等相衔接。国务院依法行使国家生态环境保护规划的批准权。地方生态环境保护规划是县级以上人民政府对本行政区域内环境保护工作的总体部署,它根据国家生态环境保护规划的要求制定并由同级人民政府批准并公布。生态环境保护规划具有法律效力,各级人民政府要认真组织实施,并将其实施状况纳入地方政府环境保护目标责任制考核内容,层层建立环境目标责任制。

生态环境保护规划的编制要遵循"多规合一"要求,按照"统一标准""一致流程""一套规章""职责明确"的要求,构建协作、均衡、稳定、和谐的规划管理体系。生态环境保护规划的编制要有科学依据,要以生态承载力为基础。生态承载力有两层基本含义,一是指生态系统的自我维持与自我调节能力,以及资源与环境子系统的供容能力,这是生态承载力的支持部分;二是指生态系统内社会经济子系统的发展能力,这是生态承载力的压力部分。生态系统的自我维持与自我调节能力是指生态系统的弹性大小,资源与环境子系统的供容能力则分别指资源和环境的承载能力大小;而社会经济子系统的发展能力指生态系统可维持的社会经济规模和具有一定生活水平的人口数量。[9]

生态环境保护规划的编制是一个科学决策的过程,其程序包括对象调查、历史比较及有关环境问题的分类排序、目标导向预测、拟制方案、批准与公布等,最终形成有法律效力的规划。

生态环境的整体性决定了任何地方都无法独善其身。《环境保护法》第20条建立了区域、流域联防联治制度,明确要求对跨行政区域的重点区域、流域环境污染和生态破坏实行统一规划、统一标准、统一监测、统一的防治措施,对生态环境保护规划编制提出了更高的要求。《长江保护法》《黄河保护法》等设立了"规划与管控"专章,规定国家建立以国家发展规划为统领,以空间规划为基础,以专项规划、区域规划为支撑的流域规划体系,在流域国土空间规划的基础上,对流域空间实施用途管制。

---

[9] 高吉喜:《可持续发展理论探索——生态承载力理论、方法与应用》,中国环境科学出版社2001年版,第12–28页。

(三) 违反生态环境规划制度的法律后果

《环境保护法》等法律法规对生态环境保护规划制度有相关义务规定,但没有与之对应的责任规定或者规定不明。针对这种情况,一些环境政策强调不能组织实施未依法进行环境影响评价的开发利用规划,不能不顾生态环境盲目决策等,否则将追究责任,主要有区域限批、行政问责、党政同责、生态环境损害责任等措施。[10] 目前,《国土空间规划法》已被列入十四届全国人大常委会立法规划第一类项目,未来关于违反生态环境保护规划的法律责任将更为明确。[11]

二、生态保护红线制度

(一) 生态保护红线制度的含义

生态保护红线制度是我国环境保护制度的重要创新。它是指在自然生态服务功能、环境质量安全、自然资源利用等方面,实行严格保护的空间边界与管理限值,以维护国家和区域生态安全及经济社会可持续发展,保障人群健康的法律规定。在我国,生态保护红线是继"18 亿亩耕地红线"后,被提到国家层面的新的"生命线"。《环境保护法》明确规定:国家在重点生态功能区、生态环境敏感区和脆弱区等区域划定生态保护红线,实行严格保护。这标志着我国初步建立了生态保护红线制度。

1. 划定生态保护红线是维护国家生态安全的需要。近年来,我国资源环境形势日益严峻,只有划定生态保护红线,按照生态系统完整性原则和主体功能区定位,优化国土空间开发格局,理顺保护与发展的关系,改善和提高生态系统服务功能,才能构建结构完整、功能稳定的生态安全格局,维护国家生态安全。

2. 划定生态保护红线有助于增强经济社会可持续发展能力。划定生态保护红线,引导人口分布、经济布局与资源环境承载能力相适应,促进各类资源集约节约利用,对于增强我国经济社会可持续发展的生态支持能力意义重大。

3. 划定生态保护红线是遏制生态环境恶化总态势的"制度屏障"。生态保护红线不能被突破,一旦突破必将危及生态安全、人民生产生活和国家可持续发展,它是国家生态安全的底线和生命线,划定生态保护红线并予以保障,一体遵行,把良好生态系统尽可能保护起来,能在最大限度上改善环境,扭转恶化趋势。

---

[10]《关于加强环境监管执法的通知》(国务院办公厅,2014 年 11 月 12 日发布)。
[11]《十四届全国人大常委会立法规划》,载中国人大网,http://www.npc.gov.cn/npc/c2/c30834/202309/t20230908_431613.html。

(二)生态保护红线制度的内容

1. 生态保护红线的划定

生态保护红线是指对维护国家和区域生态安全及经济社会可持续发展,保障人民群众健康具有关键作用,在提升生态功能、改善环境质量、促进资源高效利用等方面必须严格保护的最小空间范围与最高或最低数量限值,具体包括生态功能保障基线、环境质量安全底线和自然资源利用上线,可简称为生态功能红线、环境质量红线和资源利用红线。[12]

生态功能红线是指对维护自然生态系统服务,保障国家和区域生态安全具有关键作用,在重要生态功能区、生态敏感区、脆弱区等区域划定的最小生态保护空间;环境质量红线是指为维护人居环境与人体健康的基本需要,必须严格执行的最低环境管理限值;资源利用红线是指为促进资源能源节约,保障能源、水、土地等资源安全利用和高效利用的最高或最低要求。[13] 基于环境容量不同,在不同主体功能区发展中应做到:禁止开发区,必须与生态补偿制度相结合,强调生态产品和生态服务的价值;限制开发区,必须与总量控制指标和规划环境影响评价相结合;优化开发区和重点开发区,必须与当地发展方式转变、产业结构调整相结合。生态红线划定的主体对象是重要生态功能区、生态敏感区和生态脆弱区。

2. 生态保护红线的功能

划定生态保护红线的主要功能是重要生态服务保护、人居环境保障和生物多样性保育。划定的主要目的是保护对人类持续繁衍发展及我国经济社会可持续发展具有重要作用的自然生态系统。通过划定生态保护红线,可以进一步优化生态安全格局,增强我国经济社会可持续发展生态支持能力,保障国家安全。

(1)重要生态服务功能保护区红线是国家生态安全的底线。划定重要生态服务功能保护区红线,首先应明确其分布范围,然后围绕它的主导生态功能,开展生态服务功能重要性评价,最终在空间上确定最需要保护的核心生态服务功能区域。

(2)生态脆弱区和敏感区生态红线是人居环境与经济社会发展的基本生态保障线。划定生态脆弱区和敏感区红线,首先,应基于区域主要生态环境问题,明确典型生态系统服务功能、资源利用与人类活动的相互作用关系及空间范围。其次,要通过生态脆弱性和敏感性及生态服务功能重要性评价,根据区域地理特征、生态结构和生态服务功能差异,统筹划定生态脆弱区和敏感区保护红线,构建国家人居环境屏障格局,

---

[12] 《生态保护红线划定技术指南》(原环境保护部,2015年4月30日发布,已失效)、《关于加强资源环境生态红线管控的指导意见》(国家发展和改革委员会等印发,2016年5月30日发布)。
[13] 国务院《关于加强环境保护重点工作的意见》(2011年10月17日发布)。

为协调区域生态保护与生态建设提供支撑。

(3)生物多样性保育区红线是关键物种与生态资源的基本生存线。划定生物多样性保育区红线,应选择稀有程度强、濒危等级高、受威胁程度大的关键物种和生态系统作为生态红线的保护对象。要在国家层面选取重要的动植物物种和生态系统,开展濒危性、特有性及重要性评价,以维护物种和生态系统存活的最小面积为原则,最终划定生物多样性保育区红线。

3. 生态保护红线功能的实现

(1)建立资源环境生态红线制度和预警机制。基于国土安全和环境风险管理,确定不同尺度的生态空间、资源环境容量,为严控各类开发活动逾越生态保护红线奠定基础。依照科学基础、法律规定和相关程序,征求利益相关方意见,考虑合理范围、可操作性和保障能力,科学划定生态红线,促使自然资源得到可持续开发利用,保障环境质量只能更好、不能变坏,保护和修复各类资源的生态功能。在此基础上,建立资源环境生态监测评估体系和预警机制。

(2)制定三级递进机制构建保障体系。应建立以行业机构科研为先导,以政府决策、管理为主导的监测监察—预测预警—法律法规三级递进的生态红线保障机制,重点解决综合决策、区域协调、管理体制等突出问题,逐步建立完善国土生态安全法律法规保障体系,切实保护生态红线。

(3)建立分级分类分区管控机制。在生态红线划定上,须由国家根据国土生态安全格局的要求,结合国情和当地生态环境实际,一线划到底。但在划定后,可实行从国家到地方的分级管控机制,实行属地化管理。国家对生态红线实行宏观监管,省级人民政府对辖区内的生态红线管控负总责,市、县两级地方人民政府具体负责生态红线的管理。此外,各级人民政府可根据红线划定功能的不同与空间分布情况,制定与生态功能保护相适应的差异性管理制度,建立科学的分类分区管控机制。

(4)设立红线管控制度。从资源、环境、生态三个方面加强管控,将各类开发活动限制在资源环境承载能力之内。管控资源红线,设定资源消耗的上限,将各类开发活动限制在资源环境承载能力之内,合理设定资源消耗"天花板";管控环境质量底线,确保各类环境要素质量"只能更好、不能变坏";管控生态红线,遏制生态系统退化的趋势。各级党委、政府对本地区生态文明建设负总责,最重要的是树立底线思维,管控资源消耗上限、环境质量底线、生态保护红线,确保生态功能不降低、面积不减少、性质不改变。

三、环境影响评价制度

(一)环境影响评价制度的含义

环境影响评价,也称环境质量预断评价、环境影响分析。我国《环境影响评价法》

第 2 条规定:"本法所称环境影响评价,是指对规划和建设项目实施后可能造成的环境影响进行分析、预测和评估,提出预防或者减轻不良环境影响的对策和措施,进行跟踪监测的方法与制度。"环境影响评价制度,是环境影响评价活动的制度化和法定化,是通过立法确定环境影响评价活动的相关规则,是一项具有预测性和综合性的环境法基本制度。

环境影响评价制度与环境容量密切相关。为发挥对环境容量的最大效用,环境影响评价制度应以强化制度有效性和事前事中事后监管为目标,与总量控制制度、三同时制度、排污许可制度等进行融合,从微观管理向宏观控制转型,从源头管理向排污口管理转型,从静态管理向动态管理转型,从前端服务向过程服务转型。通过健全和完善规划环境影响评价、项目环境影响评价和战略环境影响评价制度,将环境容量、环境标准、功能分区、产业布局落实到政府的宏观经济发展决策中,真正实现地方政府对环境质量负责。

"二战"以后,随着环境事件频发,人们开始运用相关学科的研究成果,预测和评估拟议中的人类活动可能会给环境带来的影响和危害,并有针对性地提出相应的防治措施。经过一段时间的实践,1964 年,在加拿大召开的国际环境质量评价会议上,首次提出了"环境影响评价"的概念。1969 年,美国国会通过的《国家环境政策法》首次以法律的形式将环境影响评价作为一项法律制度确定下来,很快为许多国家和地区的环境立法所仿效。我国早在 1979 年的《环境保护法(试行)》中就首次规定了建设项目环境影响评价制度,2014 年修订《环境保护法》(1989 年)时,将其范围扩大到规划环境影响评价。2002 年 10 月,九届全国人大常委会第三十次会议通过并于 2003 年 9 月 1 日起施行的《环境影响评价法》,是我国有关环境影响评价制度的程序和内容的专门立法,2016 年和 2018 年,全国人大常委会对该法作出了两次修正。经过多年的发展,我国已建立起涵盖规划环境影响评价、建设项目环境影响评价,以及政策环境影响评价三大类型,内容丰富,法律责任明晰的环境影响评价制度。

(二)环境影响评价的范围和内容

1. 规划环境影响评价

对规划进行环境影响评价,旨在协助政府在规划中充分考虑环境因素,消除和降低因规划失误和考虑不周造成的环境影响,从源头上控制环境问题的产生。

(1)综合规划。国务院有关部门、设区的市级以上地方人民政府及其有关部门,对其组织编制的土地利用的有关规划,区域、流域、海域的建设、开发利用规划,应当在规划编制过程中组织进行环境影响评价,编写该规划有关环境影响的篇章或者说明。

(2)专项规划。根据《环境影响评价法》的规定,国务院有关部门、设区的市级以上地方人民政府及其有关部门,对其组织编制的工业、农业、畜牧业、林业、能源、水利、交通、城市建设、旅游、自然资源开发的有关专项规划，应当在该专项规划草案上报审批前，组织进行环境影响评价，并向审批该专项规划的机关提出环境影响报告书。专项规划分为指导性规划和非指导性规划。指导性的专项规划主要是指提出预测性、参考性指标的一类规划；非指导性的专项规划是指标和要求比较具体的一类规划。两类专项规划适用的评价方法不同，对于专项规划中的指导性规划，按照综合规划的规定进行环境影响评价。

《环境影响评价法》第15条还规定了对规划的跟踪评价，即对环境有重大影响的规划实施后，编制机关应当及时组织环境影响的跟踪评价，并将评价结果报告审批机关；发现有明显不良环境影响的，应当及时提出改进措施。

进行规划环境影响评价，目的在于准确定位经济和社会的发展。比如，不能在严重缺水地区发展高耗水工业和产业；不能在严重缺乏资源和能源的地区发展重工业；不能在江河湖海流域敏感区发展重化工企业；不能在环境条件特别恶化的地区发展人类居住区。根据环境、资源、生态确定优先开发区、重点开发区、限制开发区和禁止开发区。

2. 建设项目环境影响评价

根据《环境影响评价法》和《建设项目环境保护管理条例》的规定，在中华人民共和国领域和中华人民共和国管辖的其他海域内建设对环境有影响的建设项目，都必须进行环境影响评价，包括工业、交通、水利、农林、商业、卫生、文教、科研、旅游、市政等对环境有影响的一切基本建设项目、技术改造项目、区域开发建设项目、引进的建设项目。国家根据建设项目对环境的影响程度，制定并公布环境影响评价分类管理名录，对建设项目的环境保护实行分类管理：建设项目对环境可能造成重大影响的，应当编制环境影响报告书，对建设项目产生的污染和对环境的影响进行全面、详细的评价；建设项目对环境可能造成轻度影响的，应当编制环境影响报告表，对建设项目产生的污染和对环境的影响进行分析或者专项评价；建设项目对环境影响很小，不需要进行环境影响评价的，应当填报环境影响登记表。

建设项目的环境影响评价，应当避免与规划的环境影响评价相重复。对于作为一项整体建设项目的规划，按照建设项目进行环境影响评价，不进行规划的环境影响评价。已经进行了环境影响评价的规划包含具体建设项目的，规划的环境影响评价结论应当作为建设项目环境影响评价的重要依据，建设项目环境影响评价的内容应当根据规划的环境影响评价审查意见予以简化。

3. 经济、技术政策环境影响评价

政策环境影响评价，是将环境影响评价置于重大宏观经济社会决策链条的前端，通过对环境进行数理分析预测及综合评价，科学理性地安排重点区域开发、生产力布局、资源配置和重大项目建设。与处于决策链末端的行业或地区规划、具体建设项目相比,处于决策链源头的宏观政策对环境显然更具全局性、持久性的影响,一旦决策失误,造成的环境灾难将难以估量。因此,政府在制定技术、经济政策的过程中,应该充分考量政策对环境可能造成的影响以提高决策的质量,建立起综合环境、经济、社会多种因素的多位一体决策机制。

受当时立法背景的局限,我国的《环境影响评价法》没有规定政策环境影响评价,但《环境保护法》就对政策产生的环境影响进行评价进行了原则性规定。该法第14条规定:"国务院有关部门和省、自治区、直辖市人民政府组织制定经济、技术政策,应当充分考虑对环境的影响,听取有关方面和专家的意见。"考虑到我国经济、技术政策的制定所牵涉的范围很广、不确定性大,政策制定没有明确的程序,可以通过修改《环境影响评价法》等配套立法,形成明确而系统的政策环境影响评价制度。

(三)不依法进行环境影响评价的法律后果[14]

《环境保护法》第19条规定,"编制有关开发利用规划,建设对环境有影响的项目,应当依法进行环境影响评价。未依法进行环境影响评价的开发利用规划,不得组织实施;未依法进行环境影响评价的建设项目,不得开工建设。"

1. 规划编制机关的法律责任。规划编制机关违反规定,组织环境影响评价时弄虚作假或者有失职行为,造成环境影响评价严重失实的,对直接负责的主管人员和其他直接责任人员,由上级机关或者监察机关依法给予行政处分。

2. 规划审批机关的法律责任。规划审批机关对依法应当编写有关环境影响的篇章或者说明而未编写的规划草案,依法应当附送环境影响报告书而未附送的专项规划草案,违法予以批准的,对直接负责的主管人员和其他直接责任人员,由上级机关或者监察机关依法给予行政处分。

3. 建设单位的法律责任。建设单位未依法报批建设项目环境影响报告书、报告表,或者未依法重新报批或者报请重新审核环境影响报告书、报告表,擅自开工建设的,依照有关法律法规予以处罚。

4. 环境影响评价编制机构的法律责任。环境影响评价编制机构违反国家有关环境影响评价标准和技术规范等规定,致使其编制的环境影响评价文件存在严重质量问题的,依照有关法律法规予以处罚;在有关环境服务活动中弄虚作假,对造成的环境污染和生态破坏负有责任的,除依照有关法律法规规定予以处罚外,还应当与造成环境污染和生态破坏的其他责任者承担连带责任。同时,建立对环境影响评价机构和环境影响评价从业人员的追责惩罚机制,要求环境影响评价机构对环境影响评价文件负全责,责任终身追究。对违法批准环境影响评价报告的机构和负责人,追究其行政和刑

---

[14] 《环境保护法》第19条、第61条、第63条、第65条等。

事责任。

四、生态环境标准制度

(一)生态环境标准制度的含义

生态环境标准,是指由国务院生态环境主管部门和省级人民政府依法制定的生态环境保护工作中需要统一的各项技术要求。[15] 生态环境标准制度是国家根据人体健康、生态平衡和社会经济发展对环境结构、状况的要求,在综合考虑本国自然环境特征、科学技术水平和经济条件的基础上,对环境要素间的配比、布局和各环境要素的组成以及进行生态环境保护工作的某些技术要求加以限定的规范,其主要内容为技术要求和各种量值规定。生态环境标准是环境保护法律体系中的重要组成部分,为实施环境法的其他规范提供准确严格的范围界限,为认定行为的合法与否提供法定的技术依据,是环境立法的科学依据,环境评价的技术基础,以及生态环境监督管理的重要手段。

我国的生态环境标准制度是随着环境法治的建立而逐步发展起来的,是生态环境保护的技术规范和法律规范有机结合的综合体,经历了一个从无到有,从单一到体系的发展过程。国际标准化组织(ISO)在1972年开始制定环境基础标准和方法标准。我国自1973年颁布《工业"三废"排放试行标准》开始,逐步建立了生态环境标准体系与生态环境标准法律制度。《环境保护法》第15、16条对我国的环境标准制度作了明确规定。在加快国内环境标准制定的同时,1980年我国加入国际标准化组织。1996年,ISO14000系列标准发布,我国于1997年成立了中国环境管理体系认证指导委员会,推进该项国际标准在我国的实施。

(二)生态环境标准的体系与分类

生态环境标准的体系是指依据环境标准的性质、范围、内容和功能,以及相互之间的内在联系,将其分类、分级,构成一个有机联系的统一整体。生态环境标准种类繁多,各国之间也不统一,我国的生态环境标准从不同角度看有不同的分类。

1. 依据生态环境标准的发布权限分类。按照生态环境标准发布权限,可以分为国家生态环境标准和地方生态环境标准。地方生态环境质量标准、地方生态环境风险管控标准和地方污染物排放标准可以对国家相应标准中未规定的项目作出补充规定,也可以对国家相应标准中已规定的项目作出更加严格的规定。

2. 根据环境标准的性质和功能分类。按照环境标准的性质和功能,可以分为生态

---

[15]《生态环境标准管理办法》第3条。

环境质量标准、生态环境风险管控标准、污染物排放标准、生态环境监测标准、生态环境基础标准、生态环境管理技术规范六类。[16]

3. 根据是否具有强制性分类。按照生态环境标准是否具有强制性，可以分为强制性生态环境标准和推荐性生态环境标准。强制性生态环境标准必须执行。推荐性生态环境标准被强制性生态环境标准或者规章、行政规范性文件引用并赋予其强制执行效力的，被引用的内容必须执行，推荐性生态环境标准本身的法律效力不变。[17]

《环境保护法》第15条特别规定鼓励环境基准研究。环境基准是指环境中污染物对特定保护对象（人或其他生物）不产生不良或有害影响的最大剂量或浓度，是一个基于不同保护对象的多目标函数或一个范围值。环境基准主要是通过科学实验和科学判断得出，它强调"以人（生物）为本"及自然和谐的理念，是科学理论上人与自然"希望维持的标准"。环境基准和生态环境标准是两个不同性质的概念，环境基准是科学术语，由环境物质与特定对象之间的剂量——效应关系确定，不包含社会、经济、技术等人为因素，也不具有法律效力，但它是制定生态环境标准的基础和科学依据。生态环境标准规定的环境有害化学组分或物理因素的容许浓度（或剂量、强度）原则上应小于或等于相应的环境基准值，它是生态环境保护工作的"自然控制标准"，是国家进行生态环境质量评价、制定生态环境保护目标与方向的前提依据。因此，进行环境基准研究意义重大。

（三）生态环境标准的实施

生态环境标准制度内容丰富，地位重要。在实施中，一是注重生态环境标准之间的内容衔接。生态环境标准类型繁多，但标准之间不能相互孤立，而要相互支撑、配合。例如，生态环境质量标准与污染物排放标准之间要有效衔接，才能通过减排提升生态环境质量。二是把生态环境标准的指引性与强制性有机结合。既要注重发挥生态环境标准的指引功能，明确可以排污的数值；又要注重发挥其约束功能，明确超标排污等违反环境标准行为的法律后果。三是把生态环境标准制度的完善融入环境保护制度的整体构建之中。完善以生态环境质量标准为核心的生态环境标准体系的科学性、系统性、适用性，形成层次分明、协同支撑、相互配合的系列生态环境标准，为生态环境管理提供支撑。同时，要把生态环境标准制度与环境规划制度、环境影响评价制度、生态补偿制度等其他制度有机结合起来，形成完整的环境保护法律体系。四是明确生态环境标准制定过程中的政府责任。省级地方政府有制定地方生态环境质量标

---

[16]《生态环境标准管理办法》。
[17]《生态环境标准管理办法》第5条。

准的权力,政府环境保护或其他主管部门有确定生态环境质量标准适用数值的权力,同时,亦要承担相应的法律责任。[18] 五是建立健全环境与健康监测、调查和风险评估制度,开展关于生态环境质量对公众健康的影响的研究,采取措施预防和控制与环境污染有关的疾病。

(四)违反生态环境标准的法律后果

生态环境标准一经颁布,即具有法律效力,必须严格执行,任何单位和个人不得擅自更改或降标。违反国家法律和法规规定,越权制定的国家生态环境质量标准和污染物排放标准无效。对不执行强制性生态环境标准的,依法予以处罚。

五、生态环境监测制度

(一)生态环境监测制度的含义

生态环境监测是指根据保护环境的需要,运用物理、化学、生物等方法,对反映生态环境质量的某些代表值进行长时间的监视和测定,跟踪其变化及其对生态环境产生影响的过程。生态环境监测的任务主要有三方面:一是进行生态环境质量监测,对组成生态环境的各项要素进行经常性监测,及时掌握、评价并提供环境质量状况及发展趋势;二是进行环境污染监测,对有关单位排放污染物的情况进行监视性监测,为实施环境管理提供准确、可靠的监测数据;三是进行环境科研和服务监测,发展环境监测技术,为环境科技的发展积累背景数值和分析依据。

生态环境监测制度是环境监测工作的制度化、法定化,是通过立法形成的有关生态环境监测工作的规范。目前,组成我国环境监测制度的主要是相关环境法律、法规、规章等。

(二)生态环境监测机构

我国生态环境监测机构覆盖全国,包括各级生态环境监测管理机构、各部门的专业监测机构和企事业单位的监测站,基本形成了分工负责、联合协作、共同工作的环境监测网络。

随着我国经济社会的发展,生态环境监测格局亦随之发生变化。为防止地方监测数据作假,避免地方干预监测数据,我国开始实行省以下生态环境机构监测监察执法垂直管理制度,对地方生态环境监测站事权适度上收,并加强对地方生态环境责任的

---

[18] 施志源:《环境标准的法律属性与制度构成——对新〈环境保护法〉相关规定的解读与展开》,载《重庆大学学报(社会科学版)》2016年第1期。

追究。根据《生态环境监测网络建设方案》,国控生态环境监测站的监测工作由生态环境部直接管理,省控环境监测站的监测工作则上收到省或直辖市的生态环境部门负责。事权上收,整合优化了国家环境监测网络,将有助于较大程度地防止地方行政干预,保证监测数据的正确性和真实性,提升环境监测数据的公信力和权威性。

(三)生态环境监测机构的管理

对生态环境监测机构的管理主要包括对监测质量的管理、对监测报告的管理、对检测对象的管理。在生态环境监测中,要实行"五个统一":统一管理、统一标准、统一监测、统一质量、统一信息发布,建立生态环境监测数据集成共享机制、构建生态环境监测大数据平台、建立统一的生态环境监测信息发布机制,使生态环境监测能力与生态文明建设要求相适应。[19]

(四)法律后果

经调查审核,确认存在监测数据弄虚作假行为的,按照法律法规和《环境监测数据弄虚作假行为判定及处理办法》的有关规定予以处理。《环境保护法》对篡改、伪造或者指使篡改、伪造监测数据的行为提出了明确的惩处规定,首次将数据的质量问题上升到法律层面,具有了更高的约束力。上述处理办法规定了行政手段和法律手段两类处理手段。

六、许可证制度

(一)许可证制度的含义

许可证制度是指负有生态环境行政监督管理职责的行政主管机关依据环境法及相关法律的规定,对提出申请的单位和个人颁发许可证、资格证书或者执照等文件,允许其从事某项对生态环境有不良影响的活动的法律制度。许可证制度要求凡是对生态环境有不利影响的各种排污或自然资源开发利用活动,需要事前经过申请,经有关行政主管机关依法审查批准,颁发许可证、资格证书或者执照后,才能赋予或者确认申请者具有从事排污或自然开发利用活动的法律资格或法律权利。许可证制度是国家为加强对环境的保护与管理而采取的一种行政审批和监督管理制度,是环境行政许可的法律化。它把可能影响环境的各种规划、开发利用、排污活动都纳入国家统一管理的轨道,并将其严格限制在国家规定的范围内,以便于对持证者实行有效的行政监督和管理。

---

[19]《生态环境监测网络建设方案》(国务院办公厅,2015年7月26日发布)。

环境行政许可制度是国家为加强生态环境监督管理而采用的一种制度，因其可以由主管机关针对不同的对象"量身定制"，并且可以实行跟踪管理，而被认为是生态环境监督管理的"支柱性"制度。这一制度在我国的许多环境法律法规中均有体现，我国许多法律、法规也规定了许可证制度。如《城乡规划法》中规定了建设用地规划许可证和建设工程规划许可证；《海洋环境保护法》中规定了海洋倾废许可证；《放射性同位素与射线装置安全和防护条例》中规定，生产、销售、使用放射性同位素和射线装置的单位，应当依法取得许可证；《森林法》规定了采伐许可证、木材运输许可证、木材经营加工许可证、占用林地许可证、进入自然保护区许可证、野生动物狩猎许可证等多种许可证。许可证制度贯穿排污单位和自然资源开发利用单位建设、生产等生态环境管理的全过程，能从源头上解决生态环境保护中的"搭便车"和外部性问题，是环境保护的基础性制度。2004年7月1日开始施行，2019年4月23日修正的《行政许可法》，也为规范我国的许可证制度提供了重要法律依据。

(二)许可证的分类

我国生态环境监督管理中使用的许可证大致可以分为三类：

第一，防止环境污染许可证，如排污许可证，海洋倾废许可证，危险废物收集、贮存、处置许可证，放射性同位素与射线装置的生产、使用、销售许可证，化学危险物品生产、经营许可证，固体废物进口许可证等。

第二，防止资源破坏许可证，如林木采伐许可证、采矿许可证、渔业捕捞许可证、取水许可证、野生动物特许猎捕证、狩猎证、驯养繁殖许可证等。

第三，整体环境保护许可证，如建设规划许可证等。在同一种许可证中根据不同的标准又可以进行不同的分类，如根据倾废物的毒性、有害物质含量和对海洋的影响可分为紧急许可证、特别许可证和普通许可证。

(三)排污许可证制度

排污许可证制度是指生态环境主管部门根据排污单位的申请和承诺，通过发放排污许可证法律文书形式，依法依规规范和限制排污行为、明确环境管理要求、依据许可证对排污单位实施监管执法的环境管理制度。排污行为的一系列环境行政过程是指有关排污许可证的申请、核发、执行以及与排污许可相关的监管和处罚等方面的管理程序。

我国生态环境监督管理中最广泛使用的、最重要的就是排污许可证。我国于1987年开始在水污染防治领域实行排污许可制度，20世纪90年代以来，逐步推进污染物排放总量控制和排污许可证制度。我国已建立以许可证为核心的污染源管理制度体系，并与环境影响评价、总量控制、排污收费等制度相协调，发挥制度组合的整体效能。

2024年4月,生态环境部发布《排污许可管理办法》,于2024年7月1日起施行。《排污许可管理办法》明确规定固定污染源"一证式"综合许可管理,全面落实相关法律法规标准要求,将大气、水、固废、噪声等多环境要素以及土壤污染重点监管单位的控制有毒有害物质排放、土壤污染隐患排查、自行监测等要求依法全部纳入排污许可证。《排污许可管理办法》深化排污许可"全周期"管理理念,明确申请、审批、管理许可证的全流程管理要求,紧抓排污单位生产、治理、排放的全过程管控重点,强化排污许可全周期管理,突出全面衔接融合环境管理制度,落实事前事中事后管理,推动建成以排污许可制为核心的固定污染源监管制度体系,打通固定污染源环境监管的"全周期"。

(四)违反许可证制度的法律后果

根据《行政许可法》的规定,设定和实施环境行政许可应当依照法定的权限、范围、条件和程序。行政机关违反许可证制度,应当承担相应的行政法律责任,构成犯罪的,应当依据《刑法》承担刑事法律责任;许可证的申请人及其被许可人违反许可证制度,予以行政处罚或者限制申请资格,构成犯罪的,应当依据《刑法》承担刑事法律责任。我国《环境保护法》规定,企业有义务按照许可证记载的事项履行防止污染、保护环境行为;监管机关必须按照许可证记载的事项进行跟踪检查与督促。现场检查应针对许可证的要求进行,对不履行许可证义务的行为要依法追究法律责任,加大惩罚力度,明确提高罚款数额,罚款数以污染物单论,并与按日计罚挂钩。对违法发放许可证和不履行监管义务的责任人也要追究责任。[20]

七、突发环境事件应急制度

(一)突发环境事件应急制度的含义

突发环境事件是指由于污染物排放或自然灾害、生产安全事故等因素,污染物或放射性物质等有毒有害物质进入大气、水体、土壤等环境介质,突然造成或可能造成环境质量下降,危及公众身体健康和财产安全,或造成生态环境破坏,或造成重大社会影响,需要采取紧急措施予以应对的事件,主要包括大气污染、水体污染、土壤污染等突发性环境污染事件和辐射污染事件。突发环境事件定义明确了突发环境事件的原因和界定,列举了引发和次生突发环境事件的情形,将突发性污染和一些累积性污染都纳入突发环境事件的范畴,体现了国家对环境安全的底线思维,有利于最大限度地减少事件的环境影响,有助于增强各级政府及其有关部门和企业的环境意识,适应应急

---

[20] 《环境保护法》第59条、第60条、第62条、第63条。

管理工作从单项向综合转变的发展态势,尽可能减少对环境的损害,防范次生突发环境事件。[21] 环境应急是针对可能或已发生的突发环境事件需要立即采取某些超出正常工作程序的行动,以避免事件发生或减轻事件后果的状态,也称为紧急状态。

当前我国的环境安全形势面临挑战,环境应急管理形势严峻,一是突发环境事件频发,二是环境风险十分突出,且二者呈现出高度复合化、高度叠加化和高度非常规化的趋势。频发的突发环境事件和环境风险,对环境应急管理提出更系统、更严格和更规范的要求。制定突发环境事件应急制度,有助于从总体上加强环境应急管理工作,有效应对突发环境事件严峻形势,有力保障环境安全,促进经济社会的协调发展。在我国,最初由《海洋环境保护法》规定了因船舶海损事故而采取的强制应急措施;后来,《水污染防治法》规定了水污染事故的强制应急措施;《大气污染防治法》对大气污染事故的应急制度作了规定;国家制定了《突发事件应对法》,《环境保护法》第47条规定了突发环境事件应急制度,随后又修订颁布了《国家突发环境事件应急预案》和《突发环境事件应急管理办法》,进一步明确了生态环境主管部门和企业事业单位在突发环境事件应急管理工作中的职责定位,从风险控制、应急准备、应急处置和事后恢复等四个环节构建全过程突发环境事件应急管理体系。至此,我国建立了较完备的突发环境事件应急制度。

(二)突发环境事件应急制度的内容

突发环境事件应对工作的责任主体是县级以上地方人民政府。按照"坚持统一领导、分级负责,属地为主、协调联动,快速反应、科学处置,资源共享、保障有力的原则",突发环境事件发生后,地方人民政府和有关部门应该立即自动按照职责分工和相关预案开展应急处置工作。[22] 国家层面主要是负责应对重特大突发环境事件,跨省级行政区域突发环境事件和省级人民政府提出请求的突发环境事件。国家层面应就工作分为生态环境部、国务院工作组和国家环境应急指挥部三个层次,这样规定是对我国近年来重特大突发环境事件应对实践的总结和法律化。如2019年发生的"3·21"江苏响水化工厂爆炸事故等,国务院成立了应急指挥部统一领导、组织和指挥应急处置工作。就一些敏感的重大环境事件,成立了由生态环境部等相关部门组成的国务院工作组,负责指导、协调、督促有关地区和部门开展突发环境事件应对工作。其他重特大突发环境事件国家层面的应对则多是由生态环境部负责的,生态环境部对部门工作组的响应分级、响应方式、响应程序、工作内容进行了系统规定。

---

[21] 《国家突发环境事件应急预案》(国务院办公厅,2014年12月29日发布)、《突发环境事件应急管理办法》(原环境保护部,2015年4月16日发布)。
[22] 《国家突发环境事件应急预案》总则1.4。

从全过程角度系统规范突发环境事件应急管理工作。在总结各地环境应急管理实践经验的基础上,以《环境保护法》第47条为依据,现行制度从事前、事中、事后全面系统地规范了突发环境事件应急管理工作,主要是突发环境事件应急管理"管什么"和"怎么管"的问题。

构建了突发环境事件应急管理具体制度。围绕生态环境部门和企业事业单位两个主体,构建了八项突发环境事件应急管理具体制度,分别是风险评估制度、隐患排查制度、应急预案制度、预警管理制度、应急保障制度、应急处置制度、损害评估制度、调查处理制度。这八项具体制度组成了突发环境事件应急管理工作的核心内容。

明确了突发环境事件应急管理优先保障顺序。突发环境事件应急管理的目的是预防和减少突发环境事件的发生及危害,规范相关工作,保障人民群众生命安全、环境安全和财产安全。由此规定,突发环境事件应急管理优先保障顺序确定为"生命安全""环境安全""财产安全",突出强调了环境作为公共资源的特殊性和重要性。

(三)违反突发环境事件应急制度的法律后果

对于发生突发环境事件并造成后果的,相关法律法规已多有严格规定,但在风险防控和应急准备阶段,《环境保护法》和《突发事件应对法》等有相关义务规定,但没有与之对应的责任规定或者规定不明。为完善制度,生态环境主管部门规章针对六种情形设立了警告及罚款等法律后果。

第三节 "改革确认型"环境法基本制度

"改革确认型"环境法基本制度是指现行环境法仅有原则性规定,在生态文明体制改革实践中,以环境政策的形式在全国推行,经实践检验行之有效的环境法基本制度。主要有中央生态环境保护督察制度、生态环境损害赔偿制度等。

一、生态环境保护督察制度

(一)生态环境保护督察制度及其发展

1. 生态环境保护督察制度的含义

生态环境保护督察制度是党中央、国务院为了加强生态文明建设,提高地方党委、政府履行生态环境保护责任的能力,推动生态环境质量的持续改善,通过自上而下的激励问责,确保中央关于生态环境保护的决策部署得到有效执行而设立的一项制度。

生态环境保护督察是一项具有显著中国特色，且行之有效的生态文明建设重大制度创新，它建立在地方政府环境保护责任，以及上级人民政府及其环境保护主管部门的监督权基础之上。《环境保护法》第6条第2款规定："地方各级人民政府应当对本行政区域的环境质量负责。"第67条第1款规定："上级人民政府及其环境保护主管部门应当加强对下级人民政府及其有关部门环境保护工作的监督……"

2. 生态环境保护督察制度的发展

生态环境保护督察是习近平总书记亲自谋划、亲自部署、亲自推动的重大改革举措，是贯彻落实习近平生态文明思想的制度性保障。生态环境保护督察起源于区域环保督查、综合督查、环境监察等制度。[23] 2015年4月，中共中央、国务院发布了《关于加快推进生态文明建设的意见》，明确规定"各级党委和政府对本地区生态文明建设负总责"，将生态文明建设的责任主体由各级政府扩大到各级党委。2015年8月，中共中央办公厅、国务院办公厅发布了《环境保护督察方案（试行）》，提出"建立环保督察工作机制"并作出具体规定；2015年9月，中共中央、国务院发布《生态文明体制改革总体方案》，提出建立环境保护督察制度，强调环境保护工作"党政同责""一岗双责"。2016年以来，在全国31个省（区、市）实现全覆盖的中央环保督察，在督促地方党委、政府解决重大环境问题上取得了显著成效。第一轮督察及"回头看"共推动解决群众身边的生态环境问题约15万个，向地方移交责任追究问题509个，问责干部4218人。[24] 2018年党和国家机构改革后，中央环保督察提升为中央生态环境保护督察。2019年，中共中央办公厅、国务院办公厅发布《中央生态环境保护督察工作规定》（已失效），以党内法规形式明确了中央生态环境保护督察的制度构成、督察对象和内容、督察程序和权限，以及督察纪律和责任，同时确立了中央和省级两级督察体制。2022年，中共中央办公厅、国务院办公厅发布《中央生态环境保护督察整改工作办法》，规定完善生态环境保护督察整改工作长效机制，形成发现问题、解决问题的督察整改管理闭环。2019年至2022年在全国范围内完成第二轮中央生态环境保护督察，督察整改方案明确了2164项整改任务。[25] 2023年11月21日，第三轮中央生态环境保护督察全面启动。2025年4月28日，中共中央、国务院发布《生态环境保护督察工作条例》，强调要坚持和加强党对生态环境保护督察工作的领导，继续发挥督察利剑作用，进一步压实各地区各部门抓好美丽中国建设的政治责任。

---

[23] 陈海嵩：《环保督察制度法治化：定位、困境及其出路》，载《法学评论》2017年第3期。
[24] 罗三保、杜斌、孙鹏程：《中央生态环境保护督察制度回顾与展望》，载《中国环境管理》2019年第5期。
[25] 《第二轮中央生态环境保护督察整改情况全部对外公开》，载生态环境部网，https://www.mee.gov.cn/ywgz/zysthjbhdc/dczg/202310/t20231010_1042707.shtml。

（二）生态环境保护督察制度的主要内容

1. 生态环境保护督察体制

生态环境保护督察实行中央和省、自治区、直辖市两级督察体制。其中，中央生态环境保护督察制度开展时间长，制度规范更为成熟。中央实行生态环境保护督察制度，设立专职督察机构，对省、自治区、直辖市党委和政府、国务院有关部门以及有关中央企业等组织开展生态环境保护督察，它包括例行督察、专项督察和"回头看"等形式。中央成立中央生态环境保护督察工作领导小组，负责组织协调推动中央生态环境保护督察工作。领导小组组长、副组长由党中央、国务院研究确定，组成部门包括中央办公厅、中央组织部、中央宣传部、国务院办公厅、司法部、生态环境部、审计署和最高人民检察院等。中央生态环境保护督察办公室设在生态环境部，负责中央生态环境保护督察工作领导小组的日常工作，承担中央生态环境保护督察的具体组织实施工作。各省、自治区、直辖市生态环境保护督察，作为中央生态环境保护督察的延伸和补充，形成督察合力。省级生态环境保护督察可以参照《生态环境保护督察工作条例》执行，各省也相继制定生态环境保护督察的地方性党内法规。

2. 生态环境保护督察的对象和内容

中央生态环境保护督察的对象包括：(1)省、自治区、直辖市党委和政府及其有关部门，并可以下沉至有关地市级党委和政府及其有关部门；(2)承担重要生态环境保护职责的国务院有关部门；(3)从事的生产经营活动对生态环境影响较大的有关中央企业；(4)其他中央要求督察的单位。

中央生态环境保护督察根据不同形式确定重点内容：其中，例行督察的内容全面，包括学习贯彻习近平生态文明思想、党中央决策部署落实、法律法规执行、党政同责推进、突出环境问题整治等；"回头看"重点检查例行督察整改实效及形式主义、官僚主义问题；专项督察则直击重点领域突出问题、整改不力案件等特定事项，强化震慑问责。三类督察形成"全面体检—整改复查—精准点穴"的闭环监督体系。

3. 生态环境保护督察的程序和权限

中央生态环境保护督察一般包括督察准备、督察进驻、督察报告、督察反馈、移交移送、整改落实和立卷归档等程序环节。中央生态环境保护督察强化问责与公开机制：一是严格责任追究，对履职不力导致生态损害的领导干部精准问责，并倒查该问责而不问责的责任；二是深化信息公开，依法公开从工作安排到整改落实的全链条信息，既压实地方责任又保障公众的知情权和监督权。

（三）生态环境保护督察制度的领导干部政治责任

生态环境保护督察中，领导干部除承担相应的法律责任以外，还以多种形式承担

政治责任,主要有:

1. 实行环境保护目标责任制和考核评价制度。将环境纳入政绩考评,改变过去只注重经济指标的做法。加大资源消耗、环境保护等评价考核指标的权重,进行绿色政绩评价考核。地方党委和政府的生态文明评价考核应分年度评价考核、中期评价考核和离任评价考核。[26]

2. 实行"党政同责""一岗双责"。我国制定了《党政领导干部生态环境损害责任追究办法(试行)》,[27]在国家层面首提环境保护"党政同责",通过明晰领导干部在生态环境领域的责任红线,从而实现有权必有责、用权受监督、违规要追究。通过终身追责的办法惩处损害生态环境的干部,破解"权责不对等"难题,坚持"党政同责"、差别追责、联动追责、主体追责、终身追责,把党政领导干部追责的结果与其评优、提拔、转任等结果挂起钩来,形成完整的责任链条。

3. 领导干部"终身追责"。我国2013年首次提出对领导干部实行自然资源资产离任审计,建立生态环境损害责任终身追究制[28];2014年规定,对自然资源资产管理进行监督[29];2015年制定《党政领导干部生态环境损害责任追究办法(试行)》,进一步明确,对于造成生态环境损害的领导干部,不论其是否已被调离、提拔或者退休,都必须严肃追责,明确领导干部"终身追责"。

(四)生态环境保护督察制度的实施

我国已实施了三轮中央生态环境保护督察,成效显著。省级生态环境保护督察制度也在逐渐完善之中。生态环境保护督察制度的实施,具有鲜明的中国特色,主要如下:

1. 强大的政治动员机制。生态环境保护督察制度是党中央、国务院通过自上而下的政治监督,采用了最高规格的政治动员形式,督促落实地方党委和政府的环境保护主体责任。

2. 严格的督察问责机制。生态环境保护督察以"督政""督党"为重点,实现了对"党政企"的全覆盖,强调"党政同责""一岗双责""终身追责"。同时,督察结果报送组织部门,成为领导干部考核评价和任免、责任追究以及财政资金安排的重要依据。

---

[26] 《关于改进地方党政领导班子和领导干部政绩考核工作的通知》(中共中央组织部,2013年12月6日发布)。

[27] 《党政领导干部生态环境损害责任追究办法(试行)》(中共中央办公厅、国务院办公厅,2015年8月9日发布)。

[28] 《中共中央关于全面深化改革若干重大问题的决定》(中国共产党第十八届中央委员会第三次全体会议,2013年11月12日通过)。

[29] 《党政主要领导干部和国有企业领导人员经济责任审计规定实施细则》(中共中央组织部等,2014年7月27日发布)。

3. 充分的公众参与机制。生态环境保护督察注重充分发动媒体和民众对环境违法现象提供信息线索和证据支撑,加强督察整改工作宣传报道和信息公开,以及舆论监督作用。

4. 健全的环境治理长效机制。生态环境保护督察的主要目的不是查办具体案件,而是督促落实地方党委和政府的环境保护主体责任,推动地方政府强化执法,构建以环境政策、法规、制度等为主体框架的长效机制,实现以强化环境法治促进生态文明建设的长远目标。

二、生态环境损害赔偿制度

(一) 生态环境损害赔偿制度及其发展

1. 生态环境损害及生态环境损害赔偿制度

生态环境损害,是指因污染环境、破坏生态造成大气、地表水、地下水、土壤等环境要素和植物、动物、微生物等生物要素的不利改变,及上述要素构成的生态系统功能的退化。[30]《环境保护法》第64条笼统规定了"损害"并将其引致原《侵权责任法》《森林法》(2019年修订)、《长江保护法》、《黄河保护法》、《青藏高原生态保护法》等规定,造成生态环境损害的,有权请求侵权人承担修复责任、赔偿损失和有关费用等赔偿责任,但并未规定"生态环境损害"的概念。《民法典》第1234条规定了生态环境损害,"违反国家规定造成生态环境损害,生态环境能够修复的,国家规定的机关或者法律规定的组织有权请求侵权人在合理期限内承担修复责任。侵权人在期限内未修复的,国家规定的机关或者法律规定的组织可以自行或者委托他人进行修复,所需费用由侵权人负担"。[31] 生态环境损害专指对生态环境本身的损害,与人身损害、财产损害并列。[32] 根据《生态环境损害赔偿管理规定》,生态环境损害赔偿不包括涉及人身伤害、个人和集体财产损失要求赔偿的,以及涉及海洋生态环境损害赔偿的情形。

《环境保护法》第5条规定:"环境保护坚持保护优先、预防为主、综合治理、公众参与、损害担责的原则。"生态环境损害赔偿制度是生态文明制度体系的重要组成部分,它将生态环境领域内部成本外部化,使"环境有价""损害担责"原则落到实处,是及时修复受损的生态环境,预防环境风险、提升环境质量强有力的制度保障。

2. 生态环境损害赔偿制度的发展

为破解"企业污染、群众受害、政府买单"的困境,党的十八届三中全会明确提出,

---

[30] 《生态环境损害赔偿制度改革试点方案》(已失效)、《生态环境损害赔偿制度改革方案》。
[31] 2018年12月23日,全国人大宪法和法律委员会《关于〈民法典侵权责任编(草案)〉修改情况的汇报》中,明确要区分"民事主体的人身、财产损害"与"生态环境本身的损害"这两类损害。
[32] 吕忠梅:《环境法典视角下的生态环境法律责任》,载《环球法律评论》2022年第6期。

对造成生态环境损害的责任者严格实行赔偿制度。2015年12月，中共中央办公厅、国务院办公厅发布《生态环境损害赔偿制度改革试点方案》（已失效），决定在贵州等7个省市进行试点，赋予政府向污染环境、破坏生态的责任人索赔的权利。试点结束后，2017年12月，中共中央办公厅、国务院办公厅印发了《生态环境损害赔偿制度改革方案》，推动生态环境损害赔偿制度进入全国试行阶段。2019年6月4日，最高人民法院发布了《关于审理生态环境损害赔偿案件的若干规定（试行）》（法释〔2019〕8号），并于2020年12月29日对该司法解释进行了修正。2020年5月28日通过的《民法典》第1234、1235条分别规定了生态环境损害赔偿的求偿主体和赔偿范围。在生态环境损害赔偿资金的管理上，2020年3月，财政部、自然资源部、生态环境部等9部门印发了《生态环境损害赔偿资金管理办法（试行）》（财资环〔2020〕6号）；2022年4月26日，生态环境部、最高人民法院、最高人民检察院等14个国家机关发布了《生态环境损害赔偿管理规定》（环法规〔2022〕31号），标志着在全国范围内构建了生态环境损害赔偿制度。2025年1月13日，生态环境部、司法部、财政部等12个国家机关又印发了《关于深入推进生态环境损害赔偿制度改革若干具体问题的意见》（环法规〔2025〕6号）。这些文本从行政与司法、实体与程序等方面系统回应了生态环境损害赔偿的法律依据、赔偿范围、赔偿程序、救济方式，以及资金管理等问题。各省级人民政府也根据国家的生态环境损害赔偿制度实施方案制定了地方的实施细则。

（二）生态环境损害赔偿制度的主要内容

1. 生态环境损害的范围

生态环境损害的范围包括：(1)生态环境受到损害至修复完成期间服务功能丧失导致的损失；(2)生态环境功能永久性损害造成的损失；(3)生态环境损害调查、鉴定评估等费用；(4)清除污染、修复生态环境费用；(5)防止损害的发生和扩大所支出的合理费用。

2. 生态环境损害赔偿权利人与义务人

国务院授权的省级、市地级政府（包括直辖市所辖的区县级政府）作为本行政区域内生态环境损害赔偿权利人，可以根据有关职责分工，指定有关部门或机构负责生态环境损害赔偿的具体工作。赔偿权利人及其指定的部门或机构，有权请求赔偿义务人在合理期限内承担生态环境损害赔偿责任。有关国家机关应当依法履行职责，不得以罚代赔，也不得以赔代罚。

违反国家规定，造成生态环境损害的单位或者个人，是生态环境损害赔偿的义务人，应当按照国家规定的要求和范围，承担生态环境损害赔偿责任，做到应赔尽赔。民事法律和资源环境保护等法律有相关免除或者减轻生态环境损害赔偿责任规定的，按相应规定执行。赔偿义务人的财产不足以同时承担生态环境损害赔偿责任和缴纳罚款、罚金时,优先用于承担生态环境损害赔偿责任。

3. 生态环境损害赔偿的救济方式

(1)生态环境损害赔偿磋商。生态环境损害发生后,赔偿权利人根据生态环境损害鉴定意见、鉴定评估报告或者专家意见,按照"谁损害、谁承担修复责任"的原则,主动与赔偿义务人磋商,旨在推动赔偿义务人自觉承认并积极履行其赔偿责任。经磋商达成赔偿协议的,赔偿权利人及其指定的部门或机构与赔偿义务人可以向具有管辖权的人民法院申请司法确认。对于经司法确认的赔偿协议,赔偿义务人不履行或不完全履行的,赔偿权利人及其指定的部门或机构可向人民法院申请强制执行。

(2)生态环境损害赔偿诉讼。生态环境损害发生后,赔偿权利人与赔偿义务人经磋商未达成一致或者无法进行磋商的,赔偿权利人及其指定的部门或机构应当作为原告,及时提起生态环境损害赔偿民事诉讼。磋商是生态环境损害赔偿诉前解决问题的渠道,也是提起生态环境损害赔偿诉讼的必备前置环节,但应防止"久磋不决"。

4. 生态环境损害赔偿的方式

生态环境损害可以修复的,应当修复至生态环境受损前的基线水平或者生态环境风险可接受水平。赔偿义务人根据赔偿协议或者生效判决要求,自行或者委托开展修复的,应当依法赔偿生态环境受到损害至修复完成期间服务功能丧失导致的损失和生态环境损害赔偿范围内的相关费用。生态环境损害无法修复的,赔偿义务人应当依法赔偿相关损失和生态环境损害赔偿范围内的相关费用,或者在符合有关生态环境修复法规政策和规划的前提下,开展替代修复,实现生态环境及其服务功能等量恢复。

(三)生态环境损害赔偿制度的实施

生态环境损害赔偿制度是生态文明体制改革的重要举措。自2015年以来,从地方试点逐步发展为全国试行和正式实施,其依据也从政策文件逐步扩展到多部司法解释,并通过《民法典》得到法律确认,明确了生态环境损害的修复责任和赔偿范围。生态环境损害赔偿制度的实施,确保受损生态环境得到系统性修复,并与生态环境保护督察、环境公益诉讼等制度形成协同效应。全国各地政府积极探索磋商机制的具体实施方式,生态环境损害赔偿磋商案件数量显著增长,涉及大气污染、水污染、土壤污染、生态破坏等多种类型。生态环境损害赔偿诉讼案件的类型更加丰富,除传统的工业污染外,还涉及农业面源污染、渔业资源损害、林地破坏等,案件审理中更加注重生态修复的实际效果,探索多种形式的替代性修复。生态环境部发布了生态环境损害鉴定评估技术指南,包括总纲和关键环节、环境要素、生态系统、基础方法,以及固体废物鉴别的相关技术标准,农业农村部、国家林业和草原局也分别发布了有关农业、渔业、林草等多项生态环境损害评估的技术指南,这些指南共同构成了生态损害鉴定评估的技术标准体系,规范了鉴定评估的流程和标准。生态环境损害鉴定评估技术不断进步,生态环境损害鉴定评估结果的采信率不断提高,为磋商和诉讼提供了更加科学和精准的科学支撑。但是,我国生态环境损害赔偿制度的相关规范主要是通过司法解释、规范性文件以及部门规章等形式加以确立和完善的,还存在理论基础有争议,法律依据不足,生态环境损害事实认定困难,磋商与诉讼衔接不畅等问题,需要在改革中不断完善。

延伸阅读 环境法监管实例一则

2021年7月2日,江苏省南京市生态环境局执法人员对南京红太阳生物化学有限责任公司(以下简称建设单位)现场检查时发现,该公司补办的80吨/天废水生化处理项目及500平方米危废仓库项目环境影响报告表未如实反映污水处理站废气治理设施实际建设内容,引用的监测数据与原始监测报告中的数据不一致。经查,建设单位废水生化污水处理站及其废气治理设施实际于2019年5月建成投用。2021年4月,该公司以4000元价格委托南京睿华勘察设计有限公司(以下简称环境影响评价编制单位)编制80吨/天废水生化处理项目及500平方米危废仓库项目环境影响报告表(补办环境影响评价手续),并于2021年5月26日取得环境影响评价批复。2020年8月至2021年1月,该建设单位陆续将综合治理车间8个百草枯工艺废水储罐含有氨和非甲烷总烃的呼吸尾气接入污水处理站废气处理装置内处理,补办环境影响评价编制的环境影响评价文件中未能如实反映工艺改造过程,仍按照原有工艺编写。同时,在环境影响评价文件编制过程中,该建设单位委托南京某环境科技集团股份有限公司进行现状监测,原始监测报告显示废气处理装置出口非甲烷总烃第一次监测结果和均值监测结果分别为39.1毫克/立方米和13.5毫克/立方米,而环境影响评价编制单位出具的环境影响评价文件引用的监测数据与原始监测结果不一致。

思考题

1. 上述环境法监管实例中,建设单位和环境影响评价文件编制单位的行为违反了《环境影响评价法》的哪些规定?各自应该承担哪些法律责任?
2. 环境影响评价机构到底应向谁负责?
3. 监测数据造假应当承担哪些法律责任?
4. 公众如何全面参与项目环境影响评价?

第六章　环境法律责任

> **│本章导读│**
>
> 环境法律责任是指违反环境法上的义务或依据环境法与其他法律规定，对所造成的生态环境损害以及他人人身、财产权益损害，由国家机关认定并归于有责主体的强制性义务及其所承担的否定性后果。环境法律责任是保障环境法律发挥实效，实现规制社会行为、保护生态环境的关键环节和重要方式。环境法律责任由责任主体、环境污染或破坏行为、损害后果和因果关系等要件构成，它以保障和实现公民的环境权益、维护环境公共利益为宗旨，是一种综合性的法律责任。环境法律责任具体分为环境行政责任、环境刑事责任、环境民事责任、专门环境法律责任。

第一节　环境法律责任概述

一、环境法律责任的概念和特点

（一）环境法律责任的概念

法理学通常把法律责任分为广义法律责任和狭义法律责任。广义的法律责任就是一般意义上的法律义务的同义词，狭义的法律责任则是由违法行为所引起的不利后果。这种区分虽有一定的可取之处，但是在实际使用过程中却会不可避免地引起某种混乱。所以，越来越多的学者倾向于在狭义上使用"法律责任"这一术语。[1] 我们也采用了狭义上的环境法律责任，其是指主体实施了环境违法行为所引起的法律上的不利后果。

环境法律责任可从以下几个方面加以认识：（1）行为人即行为主体包括公民、法人和其他组织；（2）责任产生的原因是行为人实施了危害环境的行为，或者说造成了

---

[1] 张文显主编：《法理学》，高等教育出版社、北京大学出版社1999年版，第121页。

生态环境和人身财产权益受损害的结果;(3)这种责任对承担者而言是不利的,是法律对行为人危害环境行为的否定性评价;(4)这种责任由国家强制实现,由专门国家机关依法强制实施。

(二)环境法律责任的特点

环境法律责任是法律责任的一种,具有一般法律责任的属性。但环境法律责任也具有自身的特殊性。

1. 环境法律责任是一种特殊意义上的义务

所谓特殊意义上的义务是与一般意义上的义务相对而言的。一般意义上的义务又称第一性义务,即人们通常所说的法律义务,包括法定的作为或不作为的义务以及合法约定的作为或不作为的义务;特殊意义上的义务又称第二性义务,通常是指由于违反了法定义务或约定义务而引起的新的特定义务。因此,法律责任是由于侵犯法定权利或违反法定义务而引起的、由专门国家机关认定并归结于法律关系的有责主体的、带有直接强制性的义务,即由于违反第一性法定义务而招致的第二性义务。[2] 环境法律责任是特定主体因为违反某些环境法律义务而需要承担的某种新义务。这种语境下的环境法律责任是狭义的法律责任,既揭示了环境法律责任与环境法律义务的区别,又明确了两者之间的关系。例如,建设项目的开发建设主体应承担环境影响评价的义务,是第一性义务,当这些主体不按规定进行环境影响评价就违反了第一性义务,这时就可能引起新的特定义务即环境法律责任,新的特定义务是环境法律对于其违反第一性义务的否定性评价,需要其承担环境法上的不利后果。

2. 环境法律责任具有复合性

(1)责任范围的交互性。环境法与传统法律部门一样要调整人与人之间的社会关系,因此,违反了人与人之间的社会关系就会产生人对人的法律责任。同时,环境法作为"人与自然共同体规则",所调整的社会关系具有间接性,呈现"人—自然"关系与"人—人"关系互为中介特性;[3] 而且,环境法与传统法律把环境视为纯粹客体具有差异,环境法承认生态环境具有一定的自身价值或者说主体性,所以环境法律责任在一定程度上包括了人对环境的责任。

(2)责任构成的复合性。由于环境法由多种性质不同的法律规范综合而成,因此环境法律责任不是由单一的责任形式构成的。一般而言,环境法律责任由行政法律责任、民事法律责任、刑事法律责任、专门法律责任等多种责任形式共同构成。

---

[2] 张文显:《法哲学范畴研究》(修订版),中国政法大学出版社2001年版,第122页。
[3] 吕忠梅主编:《超越与保守:可持续发展视野下的环境法创新》,法律出版社2003年版,第15页。

3. 环境法律责任功能上的多样性

由于环境法律责任具有多种责任形式和承担责任方式,因此在功能上必然多样化。主要表现在:惩罚性功能,如非法猎捕、杀害国家重点保护的珍贵、濒危野生动物者,处5年以下有期徒刑或者拘役,并处罚金;填补性功能,如造成噪声危害者,有责任排除危害,并对受害人赔偿损失;教育性功能,如对行政相对人进行的批评教育、谴责或警戒;预防性功能,如建设项目必须事前进行环境影响评价等;修复性功能,如造成生态环境破坏的,有责任将生态环境修复到损害发生之前的状态和功能,无法完全修复的,可采用替代性修复方式,并承担生态环境修复费用。[4]

在上述功能中,环境法律责任的惩罚性功能在当代社会中发挥着越来越大的作用,其理由在于:环境污染和破坏具有极大的社会危害性,一旦遭破坏或污染,通常很难恢复原状或恢复成本很高,因此,环境法律责任应该趋重化,体现习近平生态文明思想"最严格保护"的精神。习近平总书记多次强调,用最严格制度最严密法治保护生态环境。这主要表现为:(1)加重行政处罚的力度和范围,如责令污染企业停产关闭或对罚款实施"按日计罚";(2)实施惩罚性损害赔偿,损害赔偿的费用往往高于损害的实际价值;(3)严厉惩处环境犯罪,实行双罚或多罚制;(4)在重要领域制定专门法律法规,建立健全专门性的环境法律责任。

二、环境法律责任的功能

一般而言,法律责任的目的是通过它的三个功能来实现的,即惩罚、救济、预防的功能。惩罚是对违法者而言使其对自己的违法行为负责;救济是对受害者而言把物或人恢复到受损前所处的状态;预防功能则是对于社会而言,通过法律责任的追究,促进社会整体利益的增进。环境法律责任的功能也包括惩罚、救济、预防三个方面。同时,基于环境法的自身特征和救济生态环境损害的客观需要,环境法律责任还具有恢复功能,这是传统法律责任所不具备的。下面从四个方面的功能加以展开。

(一)环境法律责任的惩罚功能

环境法的立法目的是保障人民的生命安全和健康,保障和改善生活环境和生态环境,促进社会、经济和生态环境的可持续发展。环境法律责任作为国家强制力的重要体现,通过预防和控制违法行为的发生、对违法者实施惩罚制裁,确保环境立法目的真正实现。但是,从我国目前环境法律责任的设定来看,惩罚性功能还远远不够。例如,民法上的损害赔偿责任主要着眼于对人的救济,对生态损害的关注不足,也未在满足

---

[4]《民法典》第1234条、第1235条,以及最高人民法院《关于审理环境民事公益诉讼案件适用法律若干问题的解释》第20条等相关规定。

特定情形时确立惩罚性赔偿、精神损害赔偿的责任；行政法上的处罚力度设定过低；环境犯罪也存在入罪门槛高、刑罚力度小的问题。这些问题，使得无法通过法律责任的追究实现污染成本的"内部化"，并导致"违法成本低、守法成本高"的悖论。因而，党的十八大以来，建立最严格的源头保护制度、损害赔偿制度、责任追究制度，成为生态文明建设及体制改革着力推进的方向。

（二）环境法律责任的救济功能

环境侵害会同时导致"对人的损害"和"对环境的损害"，传统的损害赔偿责任一般实行全额赔偿原则，即加害人承担赔偿责任的大小以其所造成的实际损害为限，损失多少，赔偿多少。但是，由于环境侵害行为具有持续性、缓慢性的特点，对环境的侵害是不间断的，对人的影响是缓慢的、渐进的、累积的。要想实现环境法律责任的救济功能，必须对两种损害进行全面救济，发现破坏环境资源的行为后，不仅要追究行为人损害赔偿责任，而且要追究其环境修复责任；不仅要追究行为人财产赔偿责任，还要在符合条件时要求其赔偿精神损失；不仅让行为人承担民事责任，而且要让他承担行政责任或者刑事责任；不仅让违法者承担有形责任，还要让其承担无形责任等。

（三）环境法律责任的预防功能

预防功能在环境法中体现为两个层面：一是直接规定一些具有预防功能的责任制度对个案进行预防；二是通过具体责任形态的落实发挥法律责任的一般预防功能。前者如为防止生态环境损害的发生和扩大而建立的停止侵害、排除妨碍、消除危险等责任机制；后者则是通过对行为人法律责任的严格追究，对潜在违法者形成威慑。

（四）环境法律责任的恢复功能

上述三类功能本质上是传统法律责任理论在生态环境保护领域的适用。必须看到，环境法自身的独特特质决定了其具有传统法律部门所不具备的功能。就法律责任而言，传统的惩罚方式是对人身权、财产权的限制，停止侵害、消除危险、赔偿损失等是对已遭受的人身或财产损害的填补，这些责任形式和救济方法，要么无法作用于生态环境自身，要么不足以对已经遭受损害的生态系统起到"救济"的作用。因此，为了有效维护生态环境公共利益、保护自然生态系统，必须从尊重自然、顺应自然的角度，建立以恢复生态为目的的专门环境责任承担方式及其责任追究程序，在法律上确立环境法律责任的恢复功能。专门环境法律责任不同于传统责任，其功能设定更加注重对生态环境风险的预防和恢复生态系统平衡，本质上是对生态系统功能的恢复，通过原地修复或异地修复的方式，恢复被破坏的生态平衡和生态服务功能。

第二节　环境民事责任

一、环境民事责任概述

(一) 环境民事责任的概念

环境民事责任,是指单位或个人因污染环境或破坏生态导致他人人身、财产损害,所应承担的民事责任,包含物权责任、合同责任与侵权责任。

我国物权立法在制定过程中对环境保护予以高度重视,在制度设计中融入了环境保护的先进理念和指导思想,并直接纳入环境保护的相关要求。在 2007 年制定的《物权法》中,相关内容主要包括[5]:(1)将自然资源纳入调整范围,规定了矿藏、水流、海域、野生动植物资源的归属;(2)规定了相邻污染侵害制度,不动产权利人不得违反国家规定弃置固体废弃物,排放大气污染物、水污染物、噪声、光、电磁波辐射等有害物质;(3)确立了用益物权人所负有的维护环境的义务,如原《物权法》第 120 条规定,用益物权人行使权利,应当遵守法律有关保护和合理开发利用资源的规定,所有权人不得干涉用益物权人行使权利;(4)原《物权法》确立的地役权制度可以更大地发挥在环境保护方面的作用;(5)原《物权法》规定的准用益物权制度,包括海域使用权、采矿权、取水权、养殖权、捕捞权等,对保护环境和维护生态破坏有着重要作用。当上述权利受到侵害时,就产生侵害物权的民事责任,受害人可以依据原《物权法》的规定请求排除妨害、消除危险、恢复原状或者损害赔偿。在 2020 年《民法典》中,上述规定基本得到延续和保留。

合同责任在生态环境保护实践中也得到越来越广泛的适用。《民法典》第 509 条第 3 款规定,当事人在履行合同过程中,应当避免浪费资源、污染环境和破坏生态。这一规定明确了合同履行中的生态环境保护义务,是合同类环境民事责任的主要法律依据。关于现实中的主要表现,2014 年 12 月,国务院办公厅公布《关于推行环境污染第三方治理的意见》,通过排污企业与环境服务公司签订的委托合同,由当事人双方自主进行污染治理交易服务,将"产污"与"治污"主体分离,使污染治理模式从"谁污染,谁治理"转变为"谁污染,谁付费,第三方治理"。此时,如果合同当事人违反合同约定造成环境污染后果,就可能产生相应的合同责任,当事人将承担继续履行、采取补救措施或赔偿损失等违约责任。

---

[5]　孙佑海:《物权法与环境保护》,载《环境保护》2007 年第 10 期。

侵权责任是环境民事责任的主体,是民事主体因实施侵权行为而应承担的民事法律后果,其原因行为既可能是侵害他人物权,也可能是侵害他人人身权利。由于侵害物权的责任形式基本上都涵盖在侵权责任之中,加上环境侵权实行的特殊归责更有利于受害者保护,因此,《民法典》第七编"侵权责任编"用专章(第七章"环境污染和生态破坏责任",第1229~1235条)对因环境污染、生态破坏产生的侵权责任进行了规范。第1229条规定,因污染环境、破坏生态造成他人损害的,侵权人应当承担侵权责任,这是侵权类环境民事责任的主要法律依据。在某种意义上,环境侵权责任几乎已经成为环境民事责任的代名词,笔者在后面用专门部分加以详述。

(二)环境民事责任的特征

在现代环境问题产生之初,各国多沿用传统的民事责任体系加以应对,并不承认环境民事责任的特殊性。但后来逐渐发现这些传统责任体系在应对环境侵害上力有不逮,故逐渐发展出环境民事责任的一些特殊规则。

1. 环境民事责任是一种特殊责任

相比于传统的民事责任,环境民事责任首先体现为一种特殊责任。其特殊性源于环境法上的环境侵害与民法上的传统侵害具有显著的不同。

从外部而言:(1)原因行为及损害形式不同,民法的原因行为具有单一性,客体明确且静止,环境法的原因行为具有多样性,客体间互相联系并且在运动中;(2)损害后果不同,民法上的损害后果主要是对"人"的损害,环境法上的损害后果还包括对"环境"的损害;(3)救济主体不同,民法上的受害人确定,而环境法上的受害人则不确定;(4)价值理念不同,民法上强调个人本位,环境法强调的是整体主义理念,以及对自然环境的尊重或价值承认。[6] 上述差异,使环境法上的环境侵害与民法上的环境侵权呈现出不同的特征。

就内部而言,环境民事责任主要指向侵权责任,环境侵权责任的构成要件也区别于一般侵权责任。一般侵权责任的构成要件为四个方面:主观过错、行为违法性、损害结果、违法行为与损害结果之间的因果关系。然而,环境侵权责任作为特殊侵权行为引起的法律后果,有着不同特性。其构成要件主要包括:(1)有排放(含直接排放和间接行为导致排放以及处理、处置)污染物或破坏生态环境的行为;(2)有损害结果;(3)排污或破坏行为与损害结果之间有因果关系。其中,污染或破坏行为是确定责任的前提和基础条件,不以行为违法为要件,只要有损害事实和因果关系即应承担相应环境民事责任。

---

[6] 吕忠梅:《环境侵权的遗传与变异——论环境侵害的制度演进》,载《吉林大学社会科学学报》2010年第1期。

2. 环境民事责任是一种复合责任

环境民事责任的复合性主要体现在不同责任之间既可能发生聚合，也可能发生竞合。

责任聚合，是指同一法律事实基于法律的规定以及损害后果的多重性，而应当使责任人向权利人承担多种内容不同的法律责任的形态。[7] 由于在经济社会生活中，人们对环境有影响的行为多种多样，对环境法律关系进行调整的法律也涉及多部，因此，一个环境污染或者生态破坏行为可能导致对不同权益的损害，需要行为人承担不同的法律责任。具体而言，人们在排放、处理处置污染物或对生态环境开发利用时，可能造成对人身、财产和环境的损害，因此，环境侵权包括侵犯人身权、财产权和环境权益，其中，侵犯人身权和财产权的环境民事责任由民法规定，侵犯环境权益的环境民事责任由环境法规定。如果侵权行为导致了不同的损害后果，行为人应同时承担对人身、财产损害的民事责任和对生态环境损害的民事责任。

责任竞合，又称请求权竞合，是指一个自然事实，符合多个法律责任构成要件，从而产生多个请求权，当事人可以选择行使，其中一个请求权因目的达到而消灭时，其他请求权也因此而消灭的现象。例如，相邻不动产利用产生的污染损害，当事人既可以依据《民法典》第 294 条主张相邻污染侵害责任，也可以依据《民法典》第 1229 条主张侵权责任，但二者只能择一行使。

3. 环境民事责任是包含公共利益的责任

环境侵害的媒介性，使环境污染和生态破坏在导致"对人的损害"的同时，必然造成"对生态的损害"即生态环境损害，而生态环境损害本质上是一种公益损害。如果生态环境损害在民事责任体系中无法得到反映，就无法有效贯彻"损害担责"原则，不符合生态文明建设与生态文明体制改革的要求。故与传统民事责任不同，环境民事责任还必须体现公益保护的特性，这主要体现在侵权责任的拓展和创新上，要求环境侵权制度克服传统侵权法在环境损害救济中的局限性，在行为认定上从单一的环境污染转向环境污染与生态破坏的双重认定，在救济对象上从单一的私益转向私益与公益的双重保护，在救济方式上从传统的民事救济到以生态修复为主的综合救济，基于整体主义的"生态恢复论"法理，将生态系统的恢复和修复作为环境侵权责任的目标之一[8]，有力地增进环境公共利益。

---

[7] 王泽鉴：《法律思维与民法实例：请求权基础理论体系》，中国政法大学出版社 2001 年版，第 166 页。
[8] 吕忠梅、窦海阳：《以"生态恢复论"重构环境侵权救济体系》，载《中国社会科学》2020 年第 2 期。

二、环境侵权责任

(一)环境侵权责任的原因行为

从环境侵权责任的规范体系来看,我国目前已形成了以民事基本法律(《民法典》)为统领、环境立法为补充、司法解释为细化的法律适用与实施体系。一直以来,立法中一般使用"环境污染和其他公害"、"环境污染致人损害"、"环境污染危害"或"环境污染责任"等表述,将环境侵权责任的原因行为限制在单纯的环境污染。2014年修订的《环境保护法》第64条专门规定,"因污染环境和破坏生态造成损害的,应当依照《中华人民共和国侵权责任法》的有关规定承担侵权责任",将环境侵权的原因行为拓展至生态破坏,但对于破坏生态行为究竟是适用原《侵权责任法》第八章"环境污染责任"还是原《侵权责任法》的其他章节,未作明确规定,在法律适用上存在疑义。2015年6月,最高人民法院发布的《关于审理环境侵权责任纠纷案件适用法律若干问题的解释》(以下简称《环境侵权责任解释》)首次采用了"环境侵权责任"概念,第18条第1款规定:"本解释适用于审理因污染环境、破坏生态造成损害的民事案件,但法律和司法解释对环境民事公益诉讼案件另有规定的除外。"该条款明确地将破坏生态造成损害的行为纳入,但由于环境污染和生态破坏既有联系又有区别,并且可能产生完全不同的损害后果,因此,对于如何承担民事责任、承担何种民事责任以及是否需要承担原《侵权责任法》以外的民事责任等,当时并不统一。2020年《民法典》"侵权责任编"在整合原《侵权责任法》的基础上,进一步完善了环境侵权责任的相关规定,第1229条规定,因污染环境、破坏生态造成他人损害的,侵权人应当承担侵权责任。该规定正式将生态破坏纳入环境侵权责任的原因行为。2023年8月,最高人民法院发布的《关于审理生态环境侵权责任纠纷案件适用法律若干问题的解释》(以下简称《生态环境侵权责任解释》)采用了"生态环境侵权责任"概念,废止了2015年的《环境侵权责任解释》,从概念表述上将环境污染和生态破坏共同确认为侵权责任的原因行为,是环境民事责任的最新发展。

(二)环境侵权责任的归责原则和构成要件

侵权行为的归责原则是指在行为人的行为致人损害时,根据何种标准和原则确定行为人的侵权责任,是追究环境侵权责任最为重要的法律规则。2009年《侵权责任法》第65条规定,"因污染环境造成损害的,污染者应当承担侵权责任",首次确立了环境污染责任的无过错责任。2015年《环境侵权责任解释》第1条第1款规定,"因污染环境造成损害,不论污染者有无过错,污染者应当承担侵权责任。污染者以排污符合国家或者地方污染物排放标准为由主张不承担责任的,人民法院不予支持",更为明确地从环境污染侵权的构成要件中排除了过错与违法性要件,使环境侵权责任成为法定的特殊侵权责任,环境侵权责任的构成只需具备损害事实、加害行为以及二者之间的因果关系要件,不考虑侵害人的过错。《民法典》第1229条沿袭了这一立法安排。2023年《生态环境侵权责任解释》第4条第1款规定,"污染环境、破坏生态造成他人损害,行为人不论有无过错,都应当承担侵权责任"。实行无过错责任的环境侵权责任的构成要件包括如下几点。

1. 有损害事实

损害事实也称为损害结果,是指污染或破坏环境的行为对他人环境权益所造成的不利影响。损害事实既是侵权行为所产生的危害和后果,又是承担民事责任的依据,所以是构成一般民事责任与环境民事责任都必须具备的要件。《环境保护法》第64条规定的承担环境侵权责任的条件是"因污染环境和破坏生态造成损害的",《民法典》第1229条规定的条件是"因污染环境、破坏生态造成他人损害的"。可见,"造成他人损害"是承担环境侵权责任的必要条件,应围绕该表述进行理解。特别要说明的是,这里的"损害"特指"对人的损害",不包括公益性的"对生态的损害"。根据《民法典》的立法精神,应区分私益性的环境侵权责任(《民法典》第1229~1233条)和公益性的生态环境损害赔偿责任(《民法典》第1234、1235条),前者适用无过错责任,后者适用过错责任。[9] 这也是《民法典》第1229条专门强调"造成他人损害"而不是笼统地说"造成损害"的用意所在,强调适用无过错责任的环境侵权责任是对人身权、财产权损害后果的救济。

当然,根据生态文明建设要求和基本精神,环境法上的"损害",不仅包括环境资源的经济价值损害,而且包括生态性价值以及其他非生态性价值损害,具体的损害后果体现为财产损失、人的身心健康损害、生态系统服务功能损失、当代人和后代人的生存条件损害等,这是毫无疑义的。前文对私益性的环境侵权责任和公益性的生态环境损害赔偿责任的区分,是根据《民法典》立法原意进行的学理解释,目的在于明确无过错责任适用的条件(仅包含对他人人身权、财产权造成损害的情形),避免不加区分地主张"环境民事责任适用无过错责任",应注意到生态环境损害赔偿责任适用过错责任。[10] 这就能够在法解释上明确"环境侵权责任"概念的准确内涵,使学理概念和司法实践相一致,并不是人为限制环境法上的损害范围,而是明确在环境侵权责任的语境中,损害仅仅指私益性的他人人身权、财产权侵害。因此,在规范意义上,因污染环境和破坏生态造成的"生态环境损害后果"不属于环境侵权责任的救济范围,而是公益性的生态环境损害赔偿责任的救济范围,归属于本章节后面所述"专门环境法律责任"的范畴。

---

[9] 黄薇主编:《中华人民共和国民法典侵权责任编释义》,法律出版社2020年版,第176、200页。
[10] 陈海嵩:《生态环境损害救济体系的法典化构造》,载《比较法研究》2025年第1期。

2. 有加害行为

环境侵权责任的构成，需以加害人实施了污染环境或破坏生态的行为为前提。但对于加害行为是否需要具备违法性，我国学界通说持否定意见，违法性仅仅被视为过错客观化的一个判断标准，违法行为是严重的过错行为，但过错又不限于违法行为，还包括了大量的违反道德规范和社会规范的不正当行为。[11] 环境侵权责任也采纳这种观点，认为污染者以排污符合国家或者地方污染物排放标准为由主张不承担责任的，人民法院不予支持。其理由在于，国家或者地方规定的污染物排放标准，只是环保部门决定排污单位是否需要缴纳超标排污费和进行环境管理的依据，而不是确定排污单位是否承担赔偿责任的界限。[12]

3. 因果关系

环境侵权责任构成要件中的因果关系指的是致害行为与损害事实之间的因果关系，即受害人的损害是行为人污染环境、破坏生态的行为所造成的。在传统的侵权责任中，要求违法行为与损害结果之间具有直接的、确定的因果关系，但由于环境侵权责任中不以违法行为为构成要件，而是更强调侵害行为造成的危害后果，因此，我们表述为致害行为与损害后果之间的因果关系。

由于环境侵权具有"人—环境—人"的间接性，环境污染或者生态破坏行为造成的损害后果中还有着环境要素间或生态系统内部的物理、化学、生物学等自然作用，因此，损害事实与损害行为之间的因果关系非常复杂，多因一果、一因多果、互为因果、因果时差等情形常常出现，在环境侵权责任中要求直接的、确定的因果关系证明往往不可能，这就非常不利于处于弱势地位的受害者，故各国逐渐降低环境侵权责任重因果关系认定的证明标准。大陆法系通常采用因果关系推定，受害人仅需进行表见证明，无须达到高度盖然性的标准；英美法系则采用盖然性占优势的标准。我国主要采用举证责任倒置的认定方法。其最早来自原《侵权责任法》第66条。《民法典》第1230条规定，因污染环境、破坏生态发生纠纷，行为人应当就法律规定的不承担责任或者减轻责任的情形及其行为与损害之间不存在因果关系承担举证责任。这体现了保护弱势群体、便利获得法律救济的目的。需要强调的是，举证责任倒置不意味着原告（受害人）不用承担任何举证责任，绝对化的免除举证责任并不符合法的公平正义，而是需要在原告和被告之间实现利益平衡。根据2023年8月最高人民法院发布的《关于生态环境侵权民事诉讼证据的若干规定》，原告须承担三类举证责任：一是行为与损害事实，原告需证明被告实施了污染环境或破坏生态的行为，以及原告的人身或财产受到损害或存在损害风险。二是关联性的初步证明。原告需提供被告行为与损害之间

---

[11] 王利明：《我国〈侵权责任法〉采纳了违法性要件吗？》，载《中外法学》2012年第1期。
[12] 《国家环境保护局关于确定环境污染损害赔偿责任问题的复函》（〔91〕环法函字第104号）。

具有关联性的初步证据。三是损失费用。原告主张赔偿费用时,需对损失费用的数额承担举证责任。与此相对应的,被告(行为人)须承担致害行为与损害后果之间不存在因果关系的举证责任,否则就面临败诉的后果。

(三)不承担责任或减轻责任的情形

环境侵权责任的免责事由又称抗辩事由,是指民法或环境法规定的环境侵权致害人因污染或破坏环境侵犯他人环境权益,造成他人人身和财产损害时可以不承担法律责任的事由。我国法律中所规定的环境侵权责任的免责事由主要有以下方面。

1. 不可抗力

不可抗力是指独立于人的行为之外,且不以人的主观意志为转移的客观情况,即不能预见、不能避免且不能克服的客观情况。一般来说,不可抗力不受人的意志所支配,要人们承担与其行为无关而无法控制的事故性后果,不仅对责任的承担者不公平,而且也不能真正发挥法律责任的功能。《民法典》第180条第1款规定:"因不可抗力不能履行民事义务的,不承担民事责任。法律另有规定,依照其规定。"2014年《环境保护法》第64条规定,"依照《中华人民共和国侵权责任法》的有关规定承担侵权责任",将该问题引致到民法领域。因此,环境侵权纠纷中不可抗力的抗辩效力,适用《民法典》的相关规定,需要法官综合各种因素进行判断。1989年《环境保护法》第41条第3款规定:"完全由于不可抗拒的自然灾害,并经及时采取合理措施,仍然不能避免造成环境污染损害的,免予承担责任。"显然在环境侵权责任中将不可抗力作为不承担责任的事由,在审查标准上比一般侵权责任更为严格,同时满足"完全由于不可抗拒""经及时采取合理措施,仍然不能避免"两个条件才能成立,这就促使相关主体尽到注意义务,在日常生产经营中注重环境风险防范和日常管理。

2. 受害人故意

受害人故意也是环境民事责任的免责事由之一。原《侵权责任法》第27条规定:"损害是因受害人故意造成的,行为人不承担责任。"这一规定沿袭成为现行《民法典》第1174条。所谓受害人故意,是指受害人明知自己的行为会引发损害自己的后果,而希望或放任此种结果发生的后果由受害人自己承担,致害人免于承担责任的情况。受害人对损害的发生具有故意,足以表明受害人的行为是损害发生的唯一原因,因此,该损害结果与受害人的行为之间有因果关系,而与致害人之间无因果关系,故应由受害人自己承担责任,从而免除致害人的责任。但对于污染在先、居民在后的"迎向污染"问题,是否可以直接援引受害人故意进行抗辩,值得进一步思考。

3. 第三人过错

在普通侵权中,如果侵害结果由第三人的故意或者过失造成,则被告人自然不应承担责任,应由造成损害的第三方承担。但是由于环境污染的特殊性和因果关系的复杂性,原《侵权责任法》第68条规定:"因第三人的过错污染环境造成损害的,被侵权人可以向污染者请求赔偿,也可以向第三人请求赔偿。污染者赔偿后,有权向第三人追偿。"《民法典》第1233条规定:"因第三人的过错污染环境、破坏生态的,被侵权人可以向侵权人请求赔偿,也可以向第三人请求赔偿。侵权人赔偿后,有权向第三人追偿。"可见,立法精神基本保持一致。据此,受害人分别或者同时起诉污染者、第三人的,人民法院应予受理,被侵权人请求第三人承担赔偿责任的,人民法院应当根据第三人的过错程度确定其相应赔偿责任;污染者以第三人的过错污染环境造成损害为由主张不承担责任或者减轻责任的,人民法院不予支持。

(四)数人环境侵权责任的责任划分

原《侵权责任法》第67条规定:"两个以上污染者污染环境,污染者承担责任的大小,根据污染物的种类、排放量等因素确定。"该条究竟是承担连带责任后的内部责任划分,还是直接规定了按份责任,一直存在争议。2015年《环境侵权责任解释》对此作出了明确解释,规定了数人环境侵权的外部责任和内部责任。外部责任是指数个侵权人共同实施侵权行为时,对受害者承担的连带责任或按份责任,外部责任包括两种情形,一是共同侵权,二是分别侵权造成同一损害的。内部责任是指数个侵权人在对外承担连带责任后,内部之间如何分担责任的问题。《民法典》第1231条对该问题进行了丰富和完善,规定:"两个以上侵权人污染环境、破坏生态的,承担责任的大小,根据污染物的种类、浓度、排放量,破坏生态的方式、范围、程度,以及行为对损害后果所起的作用等因素确定。"2023年《生态环境侵权责任解释》作出了更为明确的解释,外部责任的要点包括:其一,两个以上侵权人分别实施污染环境、破坏生态行为造成同一损害,每个人的行为都足以造成全部损害的,侵权人承担连带责任。其二,两个以上侵权人排放无害物质相互作用产生污染物,或者两个以上侵权人排放污染物相互作用产生次生污染物的,由于每个侵权人的行为都是损害发生的原因,侵权人应当承担连带责任。其三,两个以上侵权人中每个侵权人的行为都不足以造成全部损害的,根据《民法典》第1172条的规定确定各侵权人的责任比例和份额,即能够确定责任大小的,各自承担相应的责任;难以确定责任大小的,平均承担责任。其四,部分侵权人的行为足以造成全部损害,部分侵权人的行为只造成部分损害的,由足以造成全部损害的侵权人对全部损害承担责任,并与其他侵权人就共同造成的损害部分承担连带责任,但被侵权人受偿应以侵权行为造成的全部损害为限。数人环境侵权内部的责任划分,则根据《民法典》第1231条的规定,由法官根据污染物的种类、浓度、排放量,破坏生态的方式、范围、程度,以及行为对损害后果所起的作用等因素加以综合考虑。

(五)环境侵权责任精神损害赔偿的适用

原《侵权责任法》第22条规定:"侵害他人人身权益,造成他人严重精神损害的,被侵权人可以请求精神损害赔偿。"依据体系解释,如果环境侵权造成他人严重精神损害的,亦可适用精神损害赔偿。《民法典》沿袭了这一精神,第1183条第1款规定:"侵害自然人人身权益造成严重精神损害的,被侵权人有权请求精神损害赔偿。"为环境侵权责任中适用精神损害赔偿提供了依据。但是,环境侵权适用的无过错责任和举证责任倒置本身是对原告利益的重大倾斜,并不涉及对加害人的道德谴责,而是对于不幸损害的合理分配。因而,并非所有环境侵权都能引发精神损害赔偿请求,其应适用于那些因环境污染或生态破坏而产生精神痛苦或心理创伤的情形,而且所造成的精神损害必须达到"严重"的标准,这通常需要通过医学鉴定等方式予以证明,如长期暴露于高分贝噪声下的居民所产生的失眠、焦虑等症状并对人体健康造成较大影响。为达到利益平衡,加害人达标排放或者遵守法律规定仍然导致损害的,仅承担物质方面的损害赔偿,不产生精神损害赔偿问题;如果加害人超过国家或地方污染物排放标准排放污染物,或者违反法律、行政法规的强行性规范,造成健康权益的严重受损,则可以作为认定"造成严重精神损害"的情形。

三、环境侵权责任的承担

传统上,大陆法系将请求权区分为物权请求权、债权请求权、人格权请求权与身份权请求权,与环境民事责任有关的主要是前三种请求权。物权请求权包括标的物返还请求权、除去妨害请求权以及妨害预防请求权三种;人格权请求权则涵盖排除妨害请求权、停止妨害请求权和人身损害赔偿请求权;债权请求权又可以分为侵权行为请求权和其他债权请求权(合同、不当得利、无因管理等)。[13] 侵权请求权作为侵害绝对权(物权、人格权)的救济方式,主要体现为损害赔偿请求权,其中以恢复原状为原则、赔偿损失为例外。

我国原《民法通则》以及原《侵权责任法》并未区分各种请求权基础,而是将各种责任形式通过列举的方式加以规定。这使侵权责任的承担方式同时涵盖了物权请求权和人格权请求权,也使侵权责任成为绝对权救济上的主要方式。《民法典》沿袭了这一做法,第179条对承担民事责任的方式进行了规定,包括:停止侵害;排除妨碍;消除危险;返还财产;恢复原状;修理、重作、更换;继续履行;赔偿损失;支付违约金;消除影响、恢复名誉;赔礼道歉;惩罚性赔偿。就责任承担的方而言,其中可以运用到环境侵权责任上的方式主要有停止侵害、排除妨碍、消除危险、恢复原状、赔偿损失、惩罚性赔偿。

要注意到,在环境侵权中不能简单套用传统的恢复原状民事责任,基于生态系统的复杂性特征,完全恢复原状对于自然环境可能性不大,缺乏可操作性。最高人民法

---

[13] 王泽鉴:《民法思维:请求权基础理论体系》,北京大学出版社2009年版,第55页以下。

院在 2015 年《环境侵权责任解释》中,根据生态系统的可再生、可循环特性,规定了生态修复责任,这是对原《侵权责任法》的扩大解释,也是恢复原状在环境侵权责任中的特殊表现形式。《民法典》在制定时考虑到这一情况,专门在第 1234 条明确了生态修复的民事责任,规定"违反国家规定造成生态环境损害,生态环境能够修复的,国家规定的机关或者法律规定的组织有权请求侵权人在合理期限内承担修复责任。侵权人在期限内未修复的,国家规定的机关或者法律规定的组织可以自行或者委托他人进行修复,所需费用由侵权人负担"。在司法实践中,生态修复的具体形式除支付修复费用外,还包括限期履行、补种复绿、增殖放流、劳务代偿、第三方治理等。

第三节 环境行政责任

一、环境行政责任的产生

(一)环境行政责任的含义

环境行政责任,是指环境行政法律关系主体违反环境行政法律规范所应承担的法律上的不利后果。我国《宪法》第 9 条第 2 款及第 26 条确认了我国的环境基本国策,对国家公权力提出了保护环境资源的法定义务,规定了各国家机关在环境资源方面的职责;2018 年修宪将生态文明建设纳入"国家根本任务"的范畴,包括生态文明在内的"五位一体"国家任务的落实,成为所有国家权力及国家机关的法定职责。[14] 这为行政主体承担环境行政责任提供了充足的宪法依据。《环境保护法》对行政主体及行政相对人的环境行政责任进行了详细规定,此外各环境保护单行法中也对行政法律责任问题进行了明确规定。可以从以下方面来理解环境行政责任的含义。

1. 环境行政责任的特征

对于环境民事责任和刑事责任,环境行政责任具有自己的特征。

(1)环境行政责任是一种危害性相对较轻的行为后果。一般而言,环境污染和破坏行为的危害程度由轻到重,是从环境民事责任到环境行政责任再到环境刑事责任;构成环境行政责任的污染和破坏行为的危害程度较为"适中",或者大多尚未造成直接的污染和破坏后果,只是可能造成环境不良影响。

(2)环境行政责任的追究主体广泛。由于环境行政责任实际上包括了环境行政机关的责任和环境行政相对人的责任两个方面,因此,环境行政责任的追究主体相对

---

[14] 陈海嵩:《生态环境治理现代化中的国家权力分工——宪法解释的视角》,载《政法论丛》2021 年第 5 期。

广泛,包括人民政府及环境监管部门和人民法院等。

(3)环境行政责任追究程序多元。行政责任追究的主体不同,适用的追责程序必然不同。环境行政责任的追究程序既有行政程序,也有司法程序;在我国,还包括监察程序。

2. 环境行政责任的构成要件

环境行政责任的构成要件中,行为违法性和主观上有过错是必要条件;危害后果和违法行为与危害后果的因果关系,只有在法律明文规定时才存在,是"选择条件"。

(1)环境行政行为的责任主体。一般而言,承担环境行政责任的主体是环境行政主体及其工作人员,承担责任的前提是存在违法行政或不当行政行为。但是,由于环境法允许行政主体依据法律委托一些社会组织依法行使权力,因此,受委托的社会组织发生违法或者不当行为的,也可能引起环境行政责任。

(2)环境行政相对人也是行政责任主体,其必须自觉遵守环境行政法律规范,在享受环境法律权利的同时,认真履行义务。如果不履行或者不当履行环境法律义务,可能构成环境行政违法行为,应承担相应的法律责任。

3. 环境行政责任是一种否定性的法律后果

环境行政责任因行为人违反环境行政法律规范或不履行环境行政法律规范所设定的义务或滥用权力(权利)而产生,是对环境违法行为的否定性评价而衍生的一种新的法律义务。环境行政违法行为,是环境法律关系的主体违反行政法律规范所规定的义务,侵害法律所保护的环境行政关系,对社会造成一定程度的危害,尚未构成犯罪的行为,包括环境行政主体的违法和环境行政相对人的违法。

(二)环境行政责任产生的原因

现代国家的产生,根源于公民对封建制度的反抗;通过相互签订契约的过程,使全体意志统一在唯一人格之中,即形成了国家。环境问题表面上是人与自然的矛盾,实质上仍然是人与人的利益冲突,这种冲突来源于生态环境承载力的有限性与人类个体欲望无限性的矛盾。国家介入的必要性在于环境领域普遍存在的"市场失灵"。概言之,环境保护作为一种公益事业,特别需要"国家"这个拥有特殊公共职能的主体发挥作用。国家必须承担为当代人和后代人保护环境的职责。这种职责在国家治理实践中,表现为国家始终占据环境保护的主导地位,这是由环境保护的特殊性质和国家的特殊职能所决定的。[15]

但是,如果单纯强调环境保护的国家监管而忽视对国家权力的制约,则极易走向事物的反面,也违反法治国家建设的基本原则。从世界范围内的环境保护实践来看,

---

[15] 夏光:《环境保护的国家意志》,载《中国环境管理干部学院学报》2007年第2期。

"政府失灵"同样是一个普遍存在的问题。在我国,由于法治传统不足,加之一直以来强烈的经济发展冲动,这一问题表现得较为突出,即公权力有可能出于经济发展的考虑放松环境监管,甚至被污染企业所"俘获"。此时,政府不仅不承担保护环境的公共职责,而且异化为环境保护的对立面,成为污染企业的"保护伞"。其具体表现为:个别地方政府出于保护地方利益目的,对环境违法行为予以庇护;有的地方政府疏于承担环境保护职责,形成"政府不作为";一些地方环境保护部门受制于内外部环境,无法进行有效的环境监管。一些地方政府不履行环境保护责任或者不完全履行环境保护责任,已成为制约我国环境保护事业和环境法律实施的严重阻碍。[16] 因此,须完善对权力的制约和限制机制,建立完整的法律责任体系并切实加以落实。

有必要指出的是,"国家"是一个抽象的政治实体,其在环境保护领域的权力运用主要依靠环境行政主体(行政机构)。因此,违法行政的环境行政责任主体首先是政府以及职能部门,也就是环境法律关系中的环境监管主体。环境监管主体的环境行政权,要依靠具体的自然人即公务员或法律授权的人来具体实施。公务员或获得法律授权的人取得行使环境行政权的职务,就必须履行相应的职责并正确地履行职责,否则就要承担法律责任。同时,环境法律关系中的受制主体——环境行政相对人如果有违反环境法律规定的行为,也要承担相应的法律责任,这也是环境行政责任的重要内容。

(三)环境行政责任的类型

根据不同的标准,可以将环境行政责任进行不同的分类。

1. 环境行政主体的环境行政责任和环境行政相对人的环境行政责任

这是根据承担责任主体的不同作的分类。环境行政法律关系主体包括行政主体和行政相对人,因而环境行政责任相应地包括环境行政法律关系双方主体的行政责任。这两类环境行政责任在概念、构成要件、责任承担方式等方面都存在区别。

2. 环境内部行政责任和环境外部行政责任

这是根据责任关系的不同作的分类。前者是基于内部行政法律关系而产生的行政责任,如行政主体工作人员对行政主体的责任,受委托的组织和个人对委托的行政机关的责任等。后者是基于外部行政法律关系而产生的行政责任,包括行政主体及其工作人员对行政相对人承担的责任和行政相对人的行政责任。

3. 财产性环境行政责任和非财产性环境行政责任

这是根据责任内容的不同作的分类。财产性环境行政责任,是指以财产的给付作为责任承担方式的环境行政责任,如罚款、没收违法所得、没收非法财物、行政赔偿等。非财产性环境行政责任,是指以人身权利的限制、责令作出某种行为等作为责任承担

---

[16] 吕忠梅:《监管环境监管者:立法缺失及制度构建》,载《法商研究》2009年第5期。

内容的环境行政责任,如通报批评、赔礼道歉、恢复名誉、消除影响、停止违法行为、警告、责令停产停业、责令关闭等。

4.惩罚性的环境行政责任和补救性的环境行政责任

这是根据责任功能和目的的不同作的分类。惩罚性的环境行政责任,是指环境行政违法行为必然导致法律上对违法主体进行惩戒的法律后果,通过给责任主体施加某种制裁而达到教育和预防作用的环境行政责任。其具体形式有行政处罚、行政处分、行政强制等,行政处罚是最主要的形式,包括警告、通报批评、罚款、没收违法所得、没收非法财物、限制开展生产经营活动、责令停产停业、责令关闭、吊销许可证等。补救性的环境行政责任,是指环境行政违法行为主体补救履行自己的法定义务或补救因自身违法行为所造成的危害后果,以恢复遭受破坏的环境行政法律关系和行政法律秩序为目的的环境行政责任。其具体责任形式包括:承认错误、赔礼道歉、恢复名誉、消除危害、履行职务、纠正不当、恢复原状、停业治理等。此外,还可以根据违法行为的种类不同,将环境行政责任分为作为的环境行政责任和不作为的环境行政责任。[17]

二、环境行政责任的构成及承担

(一)环境行政主体的责任

环境行政主体承担法律责任的前提是存在违法行政行为,即环境行政监管主体在具体的环境行政过程中侵犯了受保护的法律关系但尚未构成犯罪的有过错行为。环境行政主体承担的行政责任包括内部责任和外部责任,其中,行政处分是承担内部责任的主要形式,这是一种惩罚性后果;行政赔偿责任是外部责任,这是一种补救性后果。行政处分的主体是环境保护监管机关的公职人员;行政赔偿的主体是环境监管机关。

《环境保护法》第68条对环境行政法律责任作了具体规定。明确了环境保护主管部门、其他负有环境保护监督管理职责的部门及其工作人员承担环境行政法律责任的具体情形及其法律后果。根据该规定,可以将其概括为环境行政不作为和违法行政作为的法律责任。

1.环境行政不作为

环境行政不作为是指地方各级人民政府、县级以上人民政府环境保护主管部门和其他负有环境保护监督管理职责的部门应当履行法定职责而不履行法定职责的行为。环境行政不作为的构成要件为:(1)有法定的作为义务;(2)有履行义务的可能性;(3)有履行义务的必要性。

---

[17] 张璐主编:《环境与资源保护法学》,北京大学出版社2010年版,第154页。

《环境保护法》第68条规定了环境行政不作为的三种情形：(1)依法应当作出责令停业、关闭的决定而未作出的；(2)对超标排放污染物、采用逃避监管的方式排放污染物、造成环境事故以及不落实生态保护措施造成生态破坏等行为，发现或者接到举报未及时查处的；(3)应当依法公开环境信息而未公开的。环境行政机关及其工作人员应对三种不作为行为承担行政法律责任。

2. 环境行政行为违法

环境行政行为违法是指地方各级人民政府、县级以上人民政府环境保护主管部门和其他负有环境保护监督管理职责的部门滥用职权、玩忽职守、徇私舞弊的行为。

环境行政行为违法的构成要件有两个：(1)没有法定权利；(2)有超越职权、滥用职权的行为。

《环境保护法》第68条规定了五种违法情形：(1)不符合行政许可条件准予行政许可的；(2)对环境违法行为进行包庇的；(3)违反本法规定，查封、扣押企业事业单位和其他生产经营者的设施、设备的；(4)篡改、伪造或者指使篡改、伪造监测数据的；(5)将征收的排污费截留、挤占或者挪作他用的。

地方各级人民政府、县级以上人民政府环境保护主管部门和其他负有环境保护监督管理职责的部门的直接负责的主管人员和其他直接责任人员，实施了不作为或者违法行为中的一种或数种，视情况予以记过、记大过或者降级的处分；造成严重后果的，给予撤职或者开除处分，其主要负责人应当引咎辞职。

(二)环境行政相对人的责任

环境行政相对人责任的前提是行政相对人违反环境法律法规的规定，实施危害环境但尚未构成犯罪的行为。环境行政相对人的责任是不履行环境法律义务、违反环境法律法规所造成的法律后果。

1. 环境行政处罚

环境行政处罚是环境行政主体依法对违反环境行政法律规范的相对人所给予的制裁。根据我国《环境保护法》《行政处罚法》《生态环境行政处罚办法》的有关规定，环境行政处罚的主要种类和形式包括：

(1)警告。警告是环境行政主体对违法的相对人所进行的批评教育、谴责和警戒。《行政处罚法》第9条和《生态环境行政处罚办法》均将"警告"作为行政处罚之一。《环境保护法》没有作具体规定，但《海洋环境保护法》明确规定了警告。

(2)罚款。罚款即环境行政主体强制违法的相对人向国家缴纳一定数额的款项的经济处罚。我国几乎所有的环境保护法律、行政法规在法律责任部分均规定了罚款这一罚种。除一般意义上的罚款外，《环境保护法》第59条规定了按日连续计罚，即针对持续性违法行为，以天为单位计算对违法单位或个人的经济处罚额度，是一种随时间累加而不断加总的动态罚款模式。根据《环境保护法》和《环境保护主管部门实施按日连续处罚办法》第5条的规定,实施按日计罚的条件是污染企业"受到罚款处罚,被责令改正,拒不改正";实施按日计罚的主体是"依法作出罚款处罚决定的环境保护主管部门",实施按日连续处罚的行为:一是超过国家或者地方规定的污染物排放标准,或者超过重点污染物排放总量控制指标排放污染物;二是通过暗管、渗井、渗坑、灌注或者篡改、伪造监测数据,或者不正常运行防治污染设施等逃避监管的方式排放污染物;三是排放法律、法规规定禁止排放的污染物;四是违法倾倒危险废物;五是其他违法排放污染物行为。

(3) 责令限制生产、停产整治。根据《环境保护法》第60条的规定,处罚的对象是"超过污染物排放标准或者超过重点污染物排放总量控制指标排放污染物的"企事业单位和其他生产经营者;实施主体是"县级以上人民政府环境保护主管部门",具体处罚为"限制生产、停产整治等"。这是临时性的、阶段性的措施,在规定时间内,如果达到了整治要求,可以恢复生产,如果达不到治理要求,也可能产生更为严重的法律后果。

(4) 责令停产停业、责令关闭。根据《环境保护法》第60条的规定,处罚的对象是超过污染物排放标准或者超过重点污染物排放总量控制指标排放污染物,情节严重的企事业单位和其他生产经营者;实施主体是"县级以上人民政府环境保护主管部门",具体处罚为停止生产、停止营业、关闭。相对于责令停产整顿,这是一种永久性的处罚。其他环境保护法单行法中也有责令停产、停业、关闭的规定,包括《水污染防治法》《海洋环境保护法》等。

(5) 暂扣、吊销许可证或者其他具有许可性质的证件。行政主体依法对持有某种许可证而实施行政违法行为的相对人采取暂时限制或剥夺其相应行为能力的处罚形式。《行政处罚法》对吊销许可证规定了听证程序,以确保慎重适用该处罚形式,保护相对人的合法权益。[18]《海洋环境保护法》第107条规定,未按照倾倒许可证的规定倾倒废弃物的,处以罚款,暂扣或者吊销倾倒许可证,必要时可以扣押船舶。

(6) 没收违法所得、没收非法财物。其指环境行政主体对相对人从事违法行为的器具或非法所得予以强制收缴的处罚。该种行政处罚在很多环境保护法律、行政法规中均有规定。比如,《固体废物污染环境防治法》第112条规定,未按照国家有关规定填写、运行危险废物转移联单或者未经批准擅自转移危险废物的,未按照国家环境保护标准贮存、利用、处置危险废物或者将危险废物混入非危险废物中贮存的,由生态环境主管部门责令改正,处以罚款,没收违法所得。

(7) 行政拘留。行政拘留即公安机关对违法的相对人实施的短期限制人身自由的处罚。拘留是一种人身自由罚,也是最严厉的行政处罚,适用于严重违反环境法律

---

[18] 姜明安主编:《行政法与行政诉讼法》,北京大学出版社、高等教育出版社1999年版,第223页。

法规但不构成犯罪,而警告、罚款处罚不足以惩戒的情况。根据《环境保护法》第63条的规定,环境行政拘留的实施主体是公安机关,移送主体是县级以上人民政府环境保护主管部门或者其他有关部门。环境行政拘留的对象是对企业事业单位、其他生产经营者的环境违法行为负有直接责任的主管人员和其他直接责任人员。环境行政拘留的前提条件是企业事业单位、其他经营者故意实施了严重的妨害环境管理秩序而尚不构成犯罪的四类行为。

(8)法律、行政法规设定的其他行政处罚。环境行政处罚是环境行政责任中非常重要的内容,在具体的环境法律法规中有明确详细的规定,对不同的处罚形式,法律规定了不同的构成要件。有关部门实施环境行政处罚必须严格依照《行政处罚法》及相关法律法规的规定和程序实施,以保障相对人的合法权益。

2.环境行政命令

从性质上看,环境行政命令是具有补救性的责任形式,包括消除危害、支付治理费用、恢复原状、赔偿损失等。其中一些责任形式与民事责任形式完全相同,这是国家承担环境管理职责,扩大环境行政权的结果。在环境污染和破坏后果严重,而依民事法律程序不利于及时、迅速地制止非法行为的情况下,法律将原应由司法机关追究的责任转由行政机关追究,可以发挥行政程序简便、快速的特点,更好地保护环境。

《环境保护法》关于补救性环境行政法律责任的规定主要有:第59条规定对"企业事业单位和其他生产经营者违法排放污染物"的"责令改正";第61条规定,"建设单位未依法提交建设项目环境影响评价文件或者环境影响评价文件未经批准,擅自开工建设的",由负有环境保护监督管理职责的部门责令"停止建设"和"恢复原状"。

第四节 环境刑事责任

一、环境刑事责任概述

(一)环境刑事责任的含义

环境刑事责任是刑事责任的一种,它是指由环境刑事法律规定的,因实施违反环境法律法规造成或可能造成环境严重污染或破坏所构成的犯罪行为而产生的,由司法机关强制犯罪者承受的刑事惩罚或单纯否定性法律评价的负担。自20世纪70年代开始,一些污染严重的西方国家开始进行环境刑事立法,将严重的环境违法行为入罪,形成了较为系统的环境刑事法律规范。但是,由于环境问题的产生与经济社会发展密切相关,且环境污染和破坏在一定程度上是与经济社会发展相伴随的"副产品",不具有传统刑法上的社会危害性和可谴责性,因此,环境刑事责任只能作为环境治理的"最后手段",即在其他较缓和的措施特别是行政措施不能奏效时才可采取。[19]

(二)环境刑事责任的特点

相比于传统的刑事责任,环境刑事责任特点如下:

1. 保护范围扩大。传统刑法的保护范围仅限于人身权和财产权。在环境法中,环境要素及生态系统功能、环境权益成为主要的保护对象。这决定了运用刑法手段保护环境,必须扩大刑法的适用范围,将对人身及财产的保护扩大到环境要素、环境权益的保护,"生态法益"在一定程度上构成刑法保护的对象。从可持续发展观出发,重视生态环境要素的价值,在法律关系中尊重环境要素的主体性,应将其纳入刑法的保护范围。

2. 特别刑法出现。传统刑法中对生态环境保护并无规定。为了应对严重的环境问题,对造成严重社会危害的环境污染和破坏行为,予以严厉的制裁,一些国家制定了特别刑法,或专门制定有关危害环境罪及其处罚的专门刑事法律(如日本的《公害罪法》),或修订普通刑法专设危害环境罪(如德国);或在环境法律法规中规定刑事条款(如俄罗斯)等。这些为保护环境而生的刑法具有了不同于传统刑法的特性,也产生了一些新的规则:如因果关系推定由日本的《公害罪法》所确立,俄罗斯环境保护法创设了非法捕捞海洋鱼类的按尺寸、按条数、按渔季处以刑罚的刑事责任形式。

3. 刑罚形式多样。由于环境污染和破坏后果的难以逆转性,特别是对人或生态造成的危害在有些情况下不可弥补,事后的刑事处罚基本于事无补。一些国家立足于预防原则,加大了刑法手段在事前和事中的运用,确立环境犯罪的危险犯制度,规定了抽象的犯罪构成,以降低对孕育着环境危险的行为的处罚门槛。如法国,采取了列举具有危险性的典型行为方式,对于已列举的行为不要求产生具体的损害或发生损害后果的现实可能性,只要存在具体的危险就应承担刑事责任;如果具体的危险或造成了一定损害,则可以成为加重刑罚的依据。同时,环境刑事责任中还有法人与个人并罚制度,对于同一犯罪行为,对企业和相关责任人同时处以刑罚。

4. 以财产刑为主。追究环境刑事责任的根本目的在于修复和改善遭受损害的生态系统和环境质量。所以,环境法上的刑事责任主要是财产刑。在国外环境刑事立法中,并处财产刑是环境刑事责任的一个显著特征。在我国,《刑法》也主要采取了财产刑,因为环境污染犯罪的主体主要是企业;虽然破坏资源犯罪的主体以自然人为主,但为了修复环境,一般也在人身刑的基础上并处财产刑。在司法实践中,由于破坏资源的犯罪主体主要是农民,一些地方法院在审理案件过程中创造了"复种补绿""劳务代

---

[19] 焦艳鹏:《刑法生态法益论》,中国政法大学出版社 2012 年版,第 1-10 页。

偿"等形式,在对犯罪人处以较轻的人身刑的同时,判处一定形式的劳务罚,以劳务方式实现生态修复的目的。

(三)各国的环境刑事立法类型

由于各个国家的环境问题的特点不同、经济社会发展程度不同、法律及文化传统不同,各国的环境刑事立法也有一些不同的特性。但是,从刑法理论上看,这些国家的立法也有一些适应环境保护需要的共性。总结而言,世界范围内的环境刑事立法,有三种主要立法模式。

1. 以日本为代表的专门环境刑事立法

20世纪中叶,在日本经济迅猛发展的同时,环境污染事件不断产生,日本成为世界上污染最严重的国家之一,引发了严重的社会动荡。鉴于此,日本开始了公害立法,所制定的环境法律法规中,都有追究环境犯罪者刑事责任的规定,同时,也开始了环境刑事立法。最有代表性的是1970年国会制定的《公害罪法》,该法仅7个条文,但在世界上是首次出现的关于环境犯罪的特别刑法,也是最早运用刑法手段保护环境的立法。《公害罪法》体现了环境刑事立法的鲜明特征:(1)规定了危险犯及其刑罚;(2)明确了环境犯罪的因果关系推定原则;(3)确立了环境犯罪的双罚原则,既处罚法人又处罚法人成员。

2. 以德国为代表的法典化环境刑事立法

德国环境刑事立法经历了附属刑法和环境刑法法典化两个阶段。原西德从20世纪70年代起开始对环境保护进行刑事立法,但这些立法都附属在环境立法中,如1972年颁布的《垃圾处理法》,1974年颁布的《联邦污染防治法》。1998年颁布的《德国刑法典》在第29章专设"污染环境犯罪",以法典化的方式对环境刑事责任进行规定。具体罪名包括:污染水域、污染土地、空气污染、造成噪声和震动、未经许可处理垃圾、未经许可开动核设备、未经许可交易放射性物质及其他危险物品、侵害保护区、情节特别严重的危害环境犯罪、放毒造成严重危害等。

3. 以英国和美国为代表的附属性环境刑事立法

英国和美国没有成文的刑法典,环境刑事责任条款主要以附属法形式存在于环境立法中。如英国的《清洁空气法》《放射性物质法》《河流防污法》《水资源法》《有毒废物倾倒法》等,其中都有环境刑事责任的规定。美国的环境刑事立法分为联邦法、州法、地方条例三个部分。在联邦法中,除《环境政策法》没有规定刑事法律责任外,有关单行法都有刑事条款。如《清洁空气法》《清洁水法》《固体废物处置法》《有毒物质管制法》《资源回收法》《环境反应、赔偿和责任综合法》等。美国环境刑事立法仅为名目详细完整的刑事罚则总汇,虽然涉及范围较广,但并不完备。

二、我国环境刑事立法

我国采取了环境刑事责任法典化的方式,即在《刑法》中专节设破坏环境资源保护罪,同时,通过刑法修正案和司法解释的方式不断丰富环境资源犯罪的内涵。

(一)《刑法》及司法解释的相关规定

我国自1997年修改《刑法》开始,逐步完善了危害环境资源犯罪的内容。这是环境刑事责任主要的法律渊源。同时,目前《刑法》有十二个修正案,历年修正案中也涉及危害环境资源犯罪,其中规定比较集中的是2020年12月全国人大常委会通过的《刑法修正案(十一)》,特别强调了对特定区域生态环境的严格保护,包括饮用水水源保护区、自然保护地核心保护区等,并明确了相应的刑事法律责任和加重处罚条件。另外在2013年、2016年、2023年,最高人民法院、最高人民检察院出台《关于办理环境污染刑事案件适用法律若干问题的解释》并取代原有解释,对具体的法律适用问题进行了明确,不断完善环境刑事责任的具体规定。这是环境刑事责任的重要法律依据。根据现行《刑法》以及最高人民法院、最高人民检察院《关于执行〈中华人民共和国刑法〉确定罪名的补充规定》,涉及环境资源的犯罪主要有:走私罪、妨害文物管理罪、破坏环境资源保护罪和渎职罪四类。

1. 走私罪

《刑法》分则第三章第二节规定了走私罪,其中与环境资源有关的有:第151条第1款规定的走私核材料罪,第151条第2款规定的走私文物罪和走私珍贵动物、珍贵动物制品罪,第151条第3款规定的走私珍稀植物、珍稀植物制品罪。

2. 妨害文物管理罪

《刑法》分则第六章第四节规定了妨害文物管理罪,其中与环境资源有关的有:第324条第1款规定的故意损毁文物罪,第324条第2款规定的故意损毁名胜古迹罪,第324条第3款规定的过失损毁文物罪,第325条规定的非法向外国人出售、赠送珍贵文物罪,第326条规定的倒卖文物罪,第327条规定的非法出售、私赠文物藏品罪,第328条第1款规定的盗掘古文化遗址、古墓葬罪,第328条第2款规定的盗掘古人类化石、古脊椎动物化石罪。

3. 破坏环境资源保护罪

《刑法》分则第六章第六节规定了破坏环境资源保护罪,其中包括如下内容:第338条规定的污染环境罪,第339条第1款规定的非法处置进口的固体废物罪,第339条第2款规定的擅自进口固体废物罪,第340条规定的非法捕捞水产品罪,第341条第1款规定的危害珍贵、濒危野生动物罪,第341条第2款规定的非法狩猎罪,第342条规定的非法占用农用地罪和破坏自然保护地罪,第343条第1款规定的非法采矿罪,第343条第2款规定的破坏性采矿罪,第344条规定的危害国家重点保护植物罪,

第 345 条第 1 款规定的盗伐林木罪,第 345 条第 2 款规定的滥伐林木罪,第 345 条第 3 款规定的非法收购、运输盗伐、滥伐的林木罪。

4. 渎职罪

《刑法》分则第九章规定了渎职罪,其中与环境资源管理有关的内容包括:第 407 条规定的违法发放林木采伐许可证罪,第 408 条规定的环境监管失职罪,第 410 条规定的非法批准征收、征用、占用土地罪和非法低价出让国有土地使用权罪,第 413 条第 1 款规定的动植物检疫徇私舞弊罪,第 413 条第 2 款规定的动植物检疫失职罪,第 419 条规定的失职造成珍贵文物损毁、流失罪。

(二)《环境保护法》的相关规定

2014 年修订的《环境保护法》第 69 条规定:"违反本法规定,构成犯罪的,依法追究刑事责任。"由于我国采取环境刑事责任法典化的立法模式,《环境保护法》并没有直接规定环境刑事责任,而是采用引致条款。但结合《刑法》的相关规定来理解,《环境保护法》的这一规定体现了如下理念:

1. 污染环境的犯罪是行为犯。《刑法》第 338 条规定:"违反国家规定,排放、倾倒或者处置有放射性的废物、含传染病病原体的废物、有毒物质或者其他有害物质,严重污染环境的,处三年以下有期徒刑或者拘役,并处或者单处罚金;情节严重的,处三年以上七年以下有期徒刑,并处罚金……"这也意味着,只要实施了污染环境的行为,就构成犯罪。造成财产、人身或环境损害,不是构成污染环境罪的必要条件,只是作为犯罪情节,在量刑时加以考虑。这一规定体现了对"生态法益"的保护。

2. 环境犯罪的责任主体既包括单位也包括个人。我国《刑法》规定的犯罪主体包括单位和自然人两类。《刑法》第 346 条对单位环境犯罪作了规定,相关罪名也适用于自然人犯罪。《环境保护法》第 69 条作为指引性规范,意味着环境犯罪的刑事责任适用《刑法》的相关规定,故在犯罪主体上也是一致的。

(三)环境刑事责任的法律适用问题

犯罪的本质是对法益的侵犯。法益是由法律所确认和保护的利益,为环境刑法所保护而为环境犯罪行为所侵害的利益称为环境刑法法益,它是危害环境行为罪与非罪的本质根据。环境刑法所保护的法益可概括为两个方面:第一,"环境"本身的安全,即"生态法益";第二,人的生命、健康和公私财产安全,即"个人法益"。传统刑法都对"个人法益"加以保护。但在环境刑法出现以前,不承认独立的"生态法益",从而将对环境本身造成损害的行为也作为犯罪进行处罚。

环境刑法的出现,实现了从"个人法益"到"生态法益"的双重保护,这意味着人类对环境问题、人与环境关系的新认识。比如,德国环境刑法采取了结合"个人"和"生态"两方面利益作为保护法益的立场,一方面,处置造成或可能造成人身伤害和公私财产损失的环境污染行为;另一方面,承认独立的环境法益,将"环境"本身的安全加以保护,把对环境造成或可能造成的污染视为对生态法益造成的破坏,而不去探究其是否对"人身"或"财产"造成具体或抽象的危害或者有造成危害的危险。

我国《刑法》和《环境保护法》的规定,虽然在一定程度上体现了对"生态法益"的保护理念,但总体上看,还比较模糊,一些罪名的犯罪构成要件缺失或者不能适应保护"生态法益"的需要,需要进一步完善。

1. 环境犯罪的构成

(1)主观方面。我国刑法一直坚持主客观相一致原则,追究行为人的刑事责任,不仅要求客观上有危害行为,而且要求主观上有罪过,即必须有故意或者过失,不是在故意或过失支配下实施的行为,即使造成了损害结果,也不构成犯罪。但是,《刑法》对环境犯罪主观罪过形式规定得并不明确,从而导致学界的认识分歧。如污染环境罪,到底是故意还是过失,或者两者皆可,等等,极易引起分歧;擅自进口固体废物罪的主观方面,也是如此。这种情形使相关主体在司法实践中常常陷入困境。如盐城水污染案,由于污染环境罪在主观方面规定不明确,法院最终采用了过失说处理。鉴于行为人故意排放污水的意图明显,司法机关无法适用《刑法》第338条,最终以投放危险物质罪定罪。

(2)客观方面。我国《刑法》规定了环境犯罪的行为犯、结果犯,但没有规定危险犯。目前仅就污染环境罪规定了行为犯,其他罪名依然以结果犯为主。这既不利于贯彻"预防为主"原则,也有悖生态环境保护的规律。从环境保护的要求看,追究环境污染和破坏危险犯的刑事责任,将足以造成环境污染和破坏危险状态的行为规定为犯罪,而无须消极地等待环境污染、生态破坏行为造成生命、健康、公私财产和环境生态系统重大损失后才予以刑事处罚,有利于充分发挥刑法的预防功能及其在环境保护方面的先期屏障作用。此外,在环境污染结果犯及危险犯的设置上,也应充分体现生态环境保护理念,把环境本身的损害作为其结果或者危险的重要内容。实践中,还存在一些企业以不作为形式造成的环境污染和破坏,故环境犯罪除规定作为犯外,也应规定不作为犯。鉴于环境污染犯罪严重的社会危害性,除处罚既遂犯外,还应该对那些严重污染环境的未遂犯进行处罚。这些问题需要在《刑法》及相关司法解释中加以明确。

2. 环境犯罪证明方法

环境污染犯罪必须要有证据来证明,证明是惩治环境污染犯罪的前提。然而,环境污染犯罪的证明和其他传统犯罪及破坏资源犯罪的证明相比,存在相当的困难,其难点在对该种犯罪因果关系的证明,而证明的结果对行为人刑事责任的有无及刑事责任的轻重具有至关重要的影响。因此,为了有效打击环境犯罪,许多国家设法用新的理论来认定环境刑法中的因果关系,包括疫学因果关系理论、因果关系推定等。我国目前在环境民事责任的证明方面,采用了因果关系倒置方法。然而,在环境犯罪因果关系的证明问题上,尚无立法及司法解释明确规定适用何种证明方法,需要以法律形式加以明确。

3. 刑罚方式

我国环境犯罪的处罚主要采用自由刑和罚金刑并处制度,无论犯罪情节轻重,在判处自由刑的同时都科以罚金刑。这种做法虽然符合罚金刑惩治贪利性犯罪的立法初衷,但不符合罚金刑适用于轻罪的发展趋势,且易造成罚金刑在实践中难以执行。因此,可以实行自由刑和罚金刑并处制度。在自由刑方面,可适当增加法定刑幅度的规定,并适当降低其法定最高刑,以适用各种不同程度的环境犯罪行为。在罚金刑方面,应增加一些可操作性规定。对于不能缴纳罚金的,在对贫困者实行减免制度的同时,既可实行劳务代偿,也可以实行罚金刑易科,即将罚金刑改为自由刑,以更好实现环境刑事责任的目的。

第五节 专门环境法律责任

一、专门环境法律责任的含义

专门环境法律责任是指违法者对其环境违法行为所应承担的、专门由环境法规范所规定的不利法律后果。这种专门责任来源于特定的环境法律义务,代表了环境法律对特定环境违法行为的否定性评价,并非根源于传统法律责任类型的环境民事责任、环境行政责任和环境刑事责任,而是鲜明地体现了环境法律理论和制度的特色,是环境法作为一个独立法律部门对于规制社会秩序、保护生态环境所作出的独特贡献。必须看到,专门环境法律责任在推进中国环境法治中发挥着不可或缺的关键作用,是进行中国特色环境法治建设的关键要素。

在法理上,责任是连接义务和制裁的桥梁,是确保法律义务得以实现的中介。因此,法律责任作为法律运行的保障机制,是法治不可缺少的环节,法律对责任规定的合理性在很大程度上决定了法的强制力和执行力。但是,不能狭隘地将所有的法律责任都和法律制裁画上等号。法律责任是行为人因为其违法行为或法律的特别规定而承受的一种不利法律后果,这种不利法律后果并不必然意味着"制裁"或"惩罚"。"制裁"或"惩罚"意味着法律对当事人行为的否定性评价,但这种"否定性评价"并不等同于所有的不利法律后果。例如,许多民事责任和行政责任在本质上,并不是对当事人行为的否定,而是基于公平正义之目的而对利益关系进行的调整。实际上,单纯将

"制裁"和"惩罚"作为法律责任的本质,是以刑法和刑事责任为基本模式并加以泛化而得出的错误结论。著名法学家哈特就指出,只有在刑法和侵权法领域,人们把确定何种行为构成可起诉的不法行为的规则说成是强加于他们的力戒某种行为的责任的规则,这种措施被称为"制裁"。但是,还有其他重要类别的法律,这种法律不强加责任和义务,而是通过创设权利和义务结构,来为个人提供实现他们愿望的便利。因此,它们执行的是完全不同的社会功能,同以威胁为后盾的命令全然无共同之处。[20] 可见,为实现法律的利益调整功能,在常规性的体现法律惩罚的责任体系之外,也可以设立其他责任形式。

就环境法而言,目前的理论与实践对于环境法律责任包括民事责任、行政责任和刑事责任并无争议。但专门环境法律责任是否存在?有无设立的必要?这是传统环境法理论和教学中很少涉及的问题。在我国环境法律体系中,环境法律责任规定较为复杂,形态多样。[21] 本书认为,专门环境法律责任的设立,既有理论上的可能性,也有实践中的必要性。可能性表明的是专门环境法律责任的存在具有理论上的可行性,必要性是从现实角度去探讨专门环境法律责任制度设计对于解决实际问题的重要意义。

(一)设立专门环境法律责任的必要性

一般而言,现有的法律责任的分类根源于法律部门的划分,主要以当事人违反民法、行政法、刑法等几个主要传统法律部门为基础。这种按照传统部门法对法律责任进行的划分只是提供了一个基础框架并不是一个封闭的、静止的体系,对于法律责任的划分远未穷尽,因为社会生活不断向前发展,新的法律部门和法律现象会不断出现。传统部门法的划分在整体上是一种"异面"划分,不仅会有许多遗漏,而且在局部上还可能存在一些交叉,必须有所突破和超越。在法学理论上,法律责任除具有制度设计之初的基本的惩罚作用之外,还有恢复权利和教育的作用;[22] 就现代法律权利本位来说,法律责任的恢复权利之功能更为凸显,因此,对于法律责任划分的标准和来源要相应适时地考虑权利因素。环境法是维护公民环境权益的核心法律规范,专门环境法律责任的出现既是环境法治完善的需要,也是当代社会法律发展的必需。

(二)设立专门环境法律责任的可行性

法律作为一种调整社会关系的手段,实质上不过是以人的有限理性把握无限世界的方法。同样,法律责任是法律所创制的概念,并没有先天的、固定不变的本质,在不

---

[20] [英]哈特:《法律的概念》,张文显等译,中国大百科全书出版社1996年版,第29-30页。
[21] 陈海嵩、孙萧宇:《法典化视野下环境法律责任的优化路径研究——基于162个法律责任条款的实证分析》,载《湖南科技大学学报(社会科学版)》2024年第6期。
[22] 公丕祥主编:《法理学》,复旦大学出版社2002年版,第468-469页。

同的历史时期、不同的国家和地区以及在同一国家的不同法律部门中,其含义、分类往往会发生许多微妙的变化,因此,就需要有不同的理论和观点来进行解释。当法治环境发展时,现有的法律概念体系必然随之变动,既有的法律责任理论不应当也不可能绝对化。[23] 法律是自生自发秩序规则和人类理性设计同时并存的产物,法律的发展和完善既与现实世界的发展又与人类认识能力的提高紧密相关,所有制度设计都应该是一个不断发展完善、趋近现实世界的动态过程,绝不能故步自封。环境法在整个法律体系中属于新兴、晚近学科,因此,法律体系应以开放的心态接纳包括专门环境法律责任在内的环境法理论及制度。

从法学理论上看,环境法作为一个新兴的法律领域,有着专门的法律规范,必然要求有相应的法律责任。近年来,我国环境立法进入了高峰期,但现实环境问题层出不穷,环境法的实施面临困境,许多问题需要深入思考。环境法为何难以得到有效实施?现有的环境法律责任体系是否真正适应生态文明建设的要求?这需要我们从多角度进行反思,需要根据中国环境法治实践,提炼升华出具体的、创新的法律责任形式,促进环境法理论与实践的发展。

二、专门环境法律责任的内容

不同种类的法律责任之间并非完全隔绝,而是存在一定的交叉和内在的关联,各个不同的部门法只是对某类责任形式更为侧重而已,但并不意味着要排除其他的责任类型,各种形式的责任形式会体现或贯穿于多个部门法的责任体系之中。环境法律责任实际上存在于传统部门法与专门环境立法中,并呈现"和而不同"的样态。[24] 所以,本章前面论述的环境民事责任、环境行政责任、环境刑事责任应该说是环境法律责任体系中的主要方面,体现了环境法与其他部门法的紧密联系,但专门环境法律责任必不可少,具有自身的特殊性和重要性。从当代中国的环境法律实践出发,可以归纳、提炼出专门环境法律责任的具体内容。

(一)环境保护行政问责制

环境保护行政问责制是行政问责制的一个方面。行政问责制是政治问责制的一个重要组成部分,是指特定的问责主体针对各级政府及其公务员承担的职责和义务的履行情况而实施的,并要求其承担否定性结果的制度安排。环境保护问责制就是在环境保护领域,就对环境保护享有职权承担职责的各级政府、各级政府所属机构及其公务员的一切行为及其后果都必须和能够追究责任的制度。其实质是通过各种形式的

---

[23] 吕忠梅、陈虹:《经济法原论》,法律出版社 2007 年版,第 226 页。
[24] 吕忠梅:《环境法典视角下的生态环境法律责任》,载《环球法律评论》2022 年第 6 期。

责任约束,限制和规范政府权力和官员行为,使其公共权力的行使最终达到保障公民环境权、保护环境的目的。其所追究的"责任"主要涉及政治责任、行政责任、法律责任等方面。

我国的行政问责制是随着一系列突发公共性危机和重大恶性事故的出现而不断完善的。环境突发事件非常引人注目,如 2005 年年底爆发的松花江污染事件等,因此,国家特别强调了环境保护领域的问责制。我国自 2006 年 2 月 20 日起公布施行的《环境保护违法违纪行为处分暂行规定》详细规定了环境保护问责制的具体内容。随着重大突发环境事件频繁发生,我国在全面推进生态文明建设的政策背景下,越来越重视地方各级政府承担的环境保护责任,推动环境保护领域目标责任制实施,对各级政府及其环境保护主管部门和其他负有环境保护监督管理职责的部门及其直接负责的主管人员和其他直接责任人员进行问责成为了制度建设的常态。2014 年修订的《环境保护法》第 68 条规定了行政问责制的具体内容,明确了地方各级人民政府、县级以上人民政府环境保护主管部门和其他负有环境保护监督管理职责的部门及其直接负责的主管人员和其他直接责任人员具体的行政法律责任。

（二）生态环境保护"党政同责"

多年来,我国在环境保护领域一直存在认识误区,比较突出的就是认为环境保护只是环保部门的事。这种认识直接导致了两个明显的矛盾:一方面是经济社会发展遭遇严重的环境资源"瓶颈",另一方面是环境污染和资源浪费没有得到根本性遏制;一方面是中央政府坚定的节能减排决心,另一方面是地方政府的"软执行"导致中央决策效力的消减。中央批评地方追求 GDP 污染了环境,地方埋怨中央给的经济发展压力过大;同时,各个相关部门间的权力分割也导致相互掣肘。

为改变传统环保部门单打独斗治理环境的状况,2014 年修订《环境保护法》建立了"多元共治"的体制机制,实现多元主体的协同治理。2015 年 8 月,中共中央办公厅、国务院办公厅印发《党政领导干部生态环境损害责任追究办法（试行）》,明确了"党政同责"的基本要求。这意味着,只要发生环境污染和生态破坏事件,不仅政府主要领导成员要担责,党委和相关部门的领导也有可能被追究相应责任。这个党内法规的出台,为实现环境治理的多元共治提供了有效途径,有力地推动形成全面、系统的有权必有责、有责必担当、失责必追究的环境责任制度体系。[25]

根据《党政领导干部生态环境损害责任追究办法（试行）》,地方各级党委和政府对本地区生态环境和资源保护负总责,党委和政府主要领导成员承担主要责任,其他有关领导成员在职责范围内承担相应责任。该办法具体规定了应当追究相关地方党

---

[25] 吕忠梅:《习近平生态文明思想的"最严法治"论》,载《法学》2024 年第 5 期。

委和政府主要领导成员责任的情形、应当追究相关地方党委和政府有关领导成员责任的情形、党政领导干部利用职务影响应当追责的情形。包括：决策失误，指地方党委和政府主要领导成员作出的决策严重违反城乡、土地利用、生态环境保护等规划；监管不力，指政府有关工作部门领导成员违反生态环境和资源方面政策、法律法规批准开发利用规划或者进行项目审批；失职渎职，指履职不力、监管不严、失职渎职导致生态环境被严重破坏的行为。

在具体责任形式上，党政领导干部生态环境损害责任追究形式有：诫勉、责令公开道歉；组织处理，包括调离岗位、引咎辞职、责令辞职、免职、降职等；党纪政纪处分。组织处理和党纪政纪处分可以单独使用，也可以同时使用。追责对象涉嫌犯罪的，应当及时移送司法机关依法处理。负责作出责任追究决定的机关和部门，一般应当将责任追究决定向社会公开。

1. "党政同责"的法理依据

按照法律规定，地方如果发生了环境污染和破坏事件，可以实施行政问责，依法追究政府主要负责人、相关部门及主管人的责任；但过去党委的环保责任因为没有明确的规定而被虚化。就目前情况来看，"党政同责"的法治化的重点在于明确规定党委的责任。在国家立法层面，就这个问题不适宜进行直接规定，因此，必须要发挥党内法规的作用。

党的领导是中国特色社会主义最本质的特征，是社会主义法治最根本的保证。根据《中共中央关于全面推进依法治国若干重大问题的决定》，党内法规同样属于中国特色社会主义法治体系。从理论上，解决了"党政同责"从"事理"到"法理"、从"政策"到"法规"的问题。《党政领导干部生态环境损害责任追究办法（试行）》首次以党内法规的形式明确了"党政同责"的要求，避免出现"权责不对等"的现象，确保党委和政府在生态文明建设中共同担责。在实践中，除了中央层面的规范依据，也有一些地方采取党政联合出台规范性文件的方式，明确从党委和政府两个方面共同落实"党政同责"、一岗双责、齐抓共管的要求，其效力一方面属于行政规章，另一方面也属于党内法规。这种做法可以借鉴和参考。

2. 对"党政同责"的理解

对于"党政同责"，可以从两个方面来理解[26]：（1）"同有职责"，指的是党委和政府部门，在生态环境管理或者监管方面都有责任，党委书记、政府首长都应依法、依规承担责任；（2）违反职责时"同样承担责任"，因为党委和政府的职责有所不同，其行为引起的政治、纪律、法律后果也不完全相同，因此，不是完全承担一样的责任。

---

[26] 欧昌梅：《中央文件首提环境损害党政同责，突出地方党政主要领导责任》，载澎湃新闻网 2015 年 8 月 17 日，http://www.thepaper.cn/newsDetail_forward_1365250。

从职责范围方面来看，党委的领导主要是政治领导、思想领导和组织领导，党委也主要通过这三种领导方式落实"党政同责"的责任，或者说党委主要承担领导责任。政府依照法律授权，负有保护和改善所辖区域生态环境质量的职责，对污染和破坏环境行为的监管职责，还有加大生态环境保护投入、实现可持续发展的职责，政府主要通过依法履行职责落实"党政同责"的责任。

另外，按照《党政领导干部生态环境损害责任追究办法（试行）》的规定，对重大生态环境损害将实行终身责任制。这也意味着，造成生态环境和资源严重破坏的，不论责任人是否已被调离、提拔或者退休，都必须严格追责，确保责任追究的严肃性和持续性。

实际上，与《党政领导干部生态环境损害责任追究办法（试行）》同时出台的还有《环境保护督察方案（试行）》《生态环境监测网络建设方案》《开展领导干部自然资源资产离任审计试点方案》，这些规范依据具有内在的逻辑联系，对于生态环境损害终身追责制度的建立具有非常重要的意义。其中，建立环保督察制度是抓手，为严格落实环境保护主体责任、完善领导干部目标责任考核制度、追究领导责任和监管责任奠定了基础。完善生态环境监测网络是科学依据，通过全面设点、全国联网、自动预警，为依法追责提供事实证据。开展领导干部自然资源资产离任审计试点是途径，通过建立比较成熟、可操作的审计规范，推动领导干部守法守纪、守规尽责，促进自然资源资产节约集约利用和生态环境安全。终身追责是底线，按照客观公正、科学认定、权责一致的原则，针对决策、执行、监管中的责任，明确责任追究。

（三）生态环境损害赔偿责任

生态环境损害赔偿责任，是具有典型意义的专门环境法律责任形态，是我国生态文明体制改革的重要成果。现行规范依据主要有：2017年中共中央办公厅、国务院办公厅印发的《生态环境损害赔偿制度改革方案》；2020年最高人民法院发布的《关于审理生态环境损害赔偿案件的若干规定（试行）》；2022年生态环境部等发布的《生态环境损害赔偿管理规定》。2020年《民法典》第1234、1235条为生态环境损害赔偿责任提供了坚实的实体法依据。总结而言，生态环境损害赔偿责任的主要内容如下。

1. 生态环境损害的内涵

根据规定，生态环境损害是指因污染环境、破坏生态造成大气、地表水、地下水、土壤、森林等环境要素和植物、动物、微生物等生物要素的不利改变，以及上述要素构成的生态系统功能退化。需要承担生态环境损害赔偿责任的情形为：（1）发生较大及以上突发环境事件的；（2）在国家和省级主体功能区规划中划定的重点生态功能区、禁止开发区发生环境污染、生态破坏事件的；（3）发生其他严重影响生态环境事件的。

同时，一些行为被排除在生态环境损害赔偿范围之外：一是涉及人身伤害、个人和集体财产损失要求赔偿的，适用《民法典》等法律有关侵权责任的规定；二是涉及海洋生态环境损害赔偿的,适用《海洋环境保护法》等法律及相关规定。这与我们前面强调的区分私益性环境侵权责任和公益性生态环境损害赔偿责任相一致,是实现环境法律责任体系化、避免概念相互混淆的重要一环,要认真加以把握。

2. 生态环境损害赔偿的范围

根据规定,共包括六类:生态环境功能永久性损害造成的损失;生态环境修复费用(包括清除污染、修复生态等);生态环境修复期间服务功能丧失导致的损失;污染清除和应急处置费用;调查、鉴定、评估等合理费用;防止损害发生或扩大的合理费用。

3. 生态环境损害赔偿的权利人与义务人

生态环境损害赔偿权利人是提起整个索赔程序、负责索赔事项的主体。根据规定,国务院授权的省级、市地级政府(包括直辖市所辖的区县级政府,下同)作为本行政区域内的生态环境损害赔偿权利人。赔偿权利人可以根据有关职责分工,指定有关部门或机构负责具体工作。生态环境损害赔偿义务人,是违反法律法规,造成生态环境损害的单位或个人,是按照国家规定的要求和范围,承担生态环境损害赔偿责任的主体。民事法律和资源环境保护等法律中有相关免除或者减轻生态环境损害赔偿责任规定的,按相应规定执行;赔偿义务人应当依法积极配合生态环境损害赔偿调查、鉴定评估等工作,参与索赔磋商,实施修复,全面履行赔偿义务。

4. 生态环境损害赔偿的责任种类

责任种类分为两种情况:(1)生态环境损害可以修复的,应当修复至生态环境受损前的基线水平或者生态环境风险可接受水平。赔偿义务人根据赔偿协议或者生效判决要求,自行或者委托开展修复的,应当依法赔偿生态环境受到损害至修复完成期间服务功能丧失导致的损失和生态环境损害赔偿范围内的相关费用。(2)生态环境损害无法修复的,赔偿义务人应当依法赔偿相关损失和生态环境损害赔偿范围内的相关费用,或者在符合有关生态环境修复的法规政策和规划的前提下,开展替代修复,实现生态环境及其服务功能等量恢复。

(四)生产者责任的延伸

生产者责任的延伸,是指将产品生产者的责任延伸到其产品的整个生命周期,特别是产品消费后的回收处理和再生利用阶段,使生产者承担废弃产品的回收、处置等有关的法律义务,促进改善产品全部生命周期内的环境影响状况的一种环境保护制度,也具有环境法律责任的内涵。

生产者承担的延伸责任的内容主要有:(1)经济责任,指生产者承担产品生命周期内全部或部分环境成本,包括产品的回收、循环利用或最终处置的成本。(2)废物管理责任,指生产者直接参与废弃产品管理,负责产品回收及限期淘汰有毒有害危险材料的使用等,要求生产者就产品在使用寿命终结之后对环境产生的负面影响承担具体的责任。(3)信息责任,生产者要向产品生产过程中其他相关主体提供必要的信息。

生产者责任延伸是一种责任制度,其制度设计的初衷是保护环境和节约资源。我国自 2007 年 3 月 1 日起实施的《电子信息产品污染控制管理办法》(已失效)第 10 条规定:"电子信息产品生产者在生产或制造电子信息产品时,应当符合电子信息产品有毒、有害物质或元素控制国家标准或行业标准,采用资源利用率高、易回收处理、有利于环保的材料、技术和工艺。"该办法还规定了相应的法律责任。2004 年修改后的《固体废物污染环境防治法》第 5 条规定:"国家对固体废物污染环境防治实行污染者依法负责的原则。产品的生产者、销售者、进口者、使用者对其产生的固体废物依法承担污染防治责任。"第 18 条第 2 款规定:"生产、销售、进口依法被列入强制回收目录的产品和包装物的企业,必须按照国家有关规定对该产品和包装物进行回收。"根据这些规定,生产经营组织对其设计、制造、进口和销售的产品,在经消费者使用后有义务进行收集、处置和再利用等。2014 年《环境保护法》第 36 条规定:"国家鼓励和引导公民、法人和其他组织使用有利于保护环境的产品和再生产品,减少废弃物的产生。国家机关和使用财政资金的其他组织应当优先采购和使用节能、节水、节材等有利于保护环境的产品、设备和设施。"该规定从经济激励和政府引导的角度,在生产、流通和消费全过程中促进产业结构升级、清洁生产、绿色消费,实现生产者延伸责任的进一步落实。

延伸阅读 北京市朝阳区自然之友环境研究所诉山东某汽车制造有限公司大气污染民事公益诉讼案

环保部门在组织开展机动车排污监督检查过程中发现山东某汽车制造有限公司生产的某型号轻型柴油车的尾气排放不符合国四标准限值要求,氮氧化物检测结果是标准限值的 5.4~5.9 倍,碳氢+氮氧化物检测结果是标准限值的 5~5.5 倍。经审计,该公司于 2016 年 1 月至 5 月生产案涉型号柴油货车 100 余辆。2013 年以来,该公司销售新能源物流车 2300 余台,对节能减排作出了一定贡献。北京市朝阳区自然之友环境研究所认为该公司超标排放行为给生态环境带来持续性伤害,整改措施不到位,遂提起诉讼,请求判令其承担相应大气污染治理费用,并在国家级媒体及销售市场地媒体上公开赔礼道歉。

济南铁路运输中级人民法院委托专业机构对案涉车辆超标排放造成的大气污染损害进行量化评估,根据车辆排放数据,取平均行驶里程中位数,计算出排放总量。结合该公司积极进行产业升级、淘汰旧柴油车产品、开拓新能源货车市场的经营现状,提出以提供新能源汽车来弥补柴油车超标排放造成损失的替代性修复方案。经法院主持,当事人达成调解协议,约定该公司停止案涉车辆的生产和销售,向相关政府部门无偿交付约定型号的新能源电动车共计108辆（总数量可抵消排放NOx约6,810,320g）用于公益事业,并在8年内无偿对上述车辆进行保养和维修,在国家级媒体就其损害社会公共利益的行为公开赔礼道歉。新能源代偿车辆已完成交付。

本案是汽车制造企业生产车辆尾气排放不达标引发的民事公益诉讼案件,选入最高人民法院2021年度人民法院环境资源审判典型案例。在产业转型升级过程中,部分老牌车企面临产品升级迭代缓慢、绿色工业产品供给不足等问题。人民法院借助专业机构力量,跳出以金钱测算修复大气污染状况的传统思路,以污染物排放量为计量单位,以抵消污染物排放为方向,以新能源电动车替代燃油车减少汽车尾气排放,达到改善大气质量目的,对于深入践行新发展理念,促进碳达峰、碳中和具有积极意义。本案的依法调解促使双方达成协议,保留了企业发展活力,引导鼓励企业自觉加大技术升级力度、降低环境风险,实现新旧产能更新换代,践行了经济发展和环境保护协同推进的发展路径。

思 考 题

1. 在上述案例中,法院是如何认定具体责任的?
2. 环境民事责任的构成要件与传统民事责任有何不同?为什么会出现这种不同?
3. 为什么会出现专门性环境法律责任?这些责任与传统法律责任有哪些差别?

第七章　环境司法和环境诉讼

| 本章导读 |

环境案件具有的公益性、复合型、专业性、预防性、恢复性和职权性等特征,需要审判机构专门化、审理程序特别化、审判人员专业化,以促进环境案件的正确审理,发挥环境司法所具有的纠纷解决、权利保障、权力制约和公共政策形成功能。但从实践来看,传统私益诉讼仅能涵盖对个体权利受损造成的人身、财产损害的赔偿,使司法在应对环境问题上的功能受到很大限缩,故需确立环境公益诉讼制度,以实现司法对生态环境的完整保护。

第一节　环境司法和环境诉讼概述

一、环境司法的含义和功能

(一)环境司法的含义

1. 环境司法的概念

环境司法是指与环境保护有关的各种司法活动的总称,尤其是指法院对于环境案件的审理和执行。环境司法是实施实体法上规定的环境法律制度和落实环境法律责任最为正式也是最终的法律机制。如果环境法律制度不能通过司法加以实施,环境法律责任很难落实,环境法就只是"无牙的老虎"。在我国,环境法长期被视为不具有执行力的"软法",在很大程度上与司法对环境保护的介入不足有关。因而,要促进环境法的执行和遵守,应当注重发挥司法的作用。

环境司法作为司法在环境保护领域的体现,应当尊重司法的一般规律。但同时,由于环境纠纷的特殊性,环境司法具有不同于一般司法的特点,把握这些特点,有助于我们正确理解环境司法的内涵。

2. 环境司法所涉纠纷的特殊性

环境纠纷是随着日益严重的环境问题而出现的一类新的社会冲突形式,环境侵害行为是引发纠纷的主要原因。环境侵害行为通常呈现出多源头排放(multi-sources)、多介质受损(multi-environmentalmedia)、多途径暴露(multi-exposureroutes)以及多受体危害(multi-receptors)的特性,使环境侵害具有行为的整体性与交互性、过程的风险与不确定性、后果的时空大尺度性等特质,进而使环境纠纷具有不同于传统纠纷的特点。[1] 这些特点,大体上体现为以下几个方面。

(1)二元性

污染环境和破坏生态行为往往不是直接作用于人身或者财产,而是首先作用于水、空气、土壤等环境介质,导致环境介质在化学、物理、生物或者放射性等方面特性的改变,从而破坏生态环境,危害人身财产安全。这个侵害过程,充分体现了环境纠纷的二元性特征:一是原因行为包括了污染环境行为和生态破坏行为;二是损害形式包括了"对人的损害"和"对生态环境的损害";三是救济主体包含了个人和人类;四是价值目标包括了私益保护和公益保护。正是因为环境侵权的二元性,直接导致实践中所产生的纠纷关涉私益与公益、有形主体与无形主体、个人损害与生态环境损害、直接利益与间接利益、实际损失与未来风险等多重因素,在纠纷解决过程中存在复杂的因果关系、难以计量的损害后果、行为的不可谴责性等难题。[2]

(2)复合性

环境案件的复合性是指环境案件诉讼关系所具有的复合性,主要体现在以下两个方面:一是特定环境事件可能涉及民事、行政、刑事中的两类或者三类法律关系。由于环境事件本身比较复杂,往往涉及社会关系的各个领域,这种社会关系的复杂性决定了环境法的社会法属性。社会法以社会本位、国家干预、公私法融合为特征,超越了传统民法、行政法的理论与制度。环境审判中公众环境权益的救济,需要公法和私法救济手段的结合,人民法院当前实行的刑事、行政、民事三大诉讼分立的传统模式,已经难以适应环境专业化审判的需要。二是私益诉讼和公益诉讼的交叉。由于侵害环境权益的行为往往同时侵害了环境公共利益和众多公民、法人和其他组织的私益,且公共利益和私益相互交织,因此,要积极探索公益诉讼和私益诉讼的协调机制。既要发挥公益诉讼在环境保护中的作用,又不能无限扩大公益诉讼的受案范围,甚至以涉及公益为名将私益诉讼拒之门外,否则非但不能实现公益诉讼保护公共利益的初衷,反而有损于私益诉讼的健康运行。[3]

---

[1] 张宝:《环境规制的法律构造》,北京大学出版社2018年版,第30-35页。
[2] 吕忠梅:《论环境侵权的二元性》,载《人民法院报》2014年10月29日,第8版。
[3] 吕忠梅:《论环境侵权纠纷的复合性》,载《人民法院报》2014年11月12日,第8版。

(3)专业性

环境案件具有很强的专业性、技术性,对于损害行为和损害数额的认定、环境侵害行为和损害之间是否存在因果关系、生态环境修复等专门性问题通常需要从专业技术的角度作出评判。这决定了只具有法律专业背景的普通法官很难处理具有高度科技性和复杂性的环境案件,需要借助"外脑"进行处理。

(4)恢复性和预防性

环境案件处理结果中的恢复性功能是环境司法的重要特点。环境司法的目标不仅是解决当事人之间的民事权益争议,更重要的是恢复生态环境的状态和功能,这决定了生态环境修复责任在环境案件责任方式中处于核心地位。环境案件要充分体现恢复性司法理念,凡有可能采取措施修复生态环境的,应当予以修复。但是,恢复性司法更多是一种末端和事后的司法理念,基于环境侵害具有长期潜伏性,为避免不可逆损害,要求环境法本着"预防胜于后悔"的理念进行制度建构。这一理念同样体现在环境司法中,要求环境司法注重预防性功能的发挥,尤其是允许就可能对生态环境造成显著影响的环境决策提起公益诉讼,将司法功能延伸到环境规制的上游。

(5)职权性

生态环境纠纷主要分为侵害特定人生态环境权益、侵害不特定多数人生态环境利益、侵害生态环境公共利益三大类型,具有侵害行为的二元性、侵害法律关系的复合性、因果关系的复杂性、侵害后果的不特定性等不同于传统纠纷的明显特征,需要采取综合性救济措施,兼顾个人权益与公共利益的保护。当环境纠纷形成诉讼后,则呈现出主体不特定、一个纠纷涉及多重法律关系、纠纷内容涉及"人—自然—人"关系而难以判断因果关系、证据难以获得和固定、后果无法按照既有方法加以确定等明显不同于传统诉讼的特性,使生态环境诉讼的目的与功能更加复杂,在程序启动、推进、裁判及利益救济的范围、程度、方法上均存在特殊性,因此,环境纠纷解决需要法院发挥职权主导作用,平衡当事人之间的信息和能力差异等问题,尤其是针对诉讼能力明显偏弱的受害人和无个人诉讼请求的生态环境公共利益,最大限度地实现当事人诉讼地位的实质平等,更好地保护生态环境公共利益。[4]

环境纠纷的上述特性,需要有相应的司法载体和程序进行回应。若按传统诉讼原则审理环境纠纷案件,难以区分传统法律与新型法律所调整社会关系的特性,不能综合考虑私益与公益、实体与程序、权利与权力的关系,就难以妥善审理环境纠纷,催生了环境司法专门化的需求。

---

[4] 吕忠梅:《建构绿色职权主义生态环境诉讼模式——以生态环境法典编纂为视角》,载《法律适用》2025年第1期。

(二)环境司法的功能

司法被誉为守护社会公平正义的最后一道防线。司法功能作为法律与其他社会系统联系的纽带和中介,其通过司法的运作(法院行使司法权或裁判权)而对社会生活产生实际的影响。一般认为,司法主要的功能表现为纠纷解决、权益保障、权力制约和影响公共政策等方面。环境司法的功能,也可以从这些方面加以理解。

1. 解决环境纠纷是环境司法的直接功能

司法的基本功能是定分止争、化解矛盾。司法可以把解决复杂社会矛盾的过程技术化、程序化、法律化,以较小的成本缓冲、化解社会矛盾冲突,维护社会稳定与和谐。在这个意义上,司法就成为以理性、平和的方式解决各类纠纷争议的最后渠道。有效化解矛盾纠纷、解决社会冲突,是司法权产生的原初目的,也是司法的直接功能。

当前,我国因环境污染和生态破坏引发的利益冲突日趋严重,群体性事件多发,且有从事后抗争向预防式维权过渡的趋势,成为转型过程中社会失范的重要导火索。[5] 司法要在纠纷解决中发挥作用,就必须建立起环境友好型司法制度,根据环境案件的特点,建立有助于环境纠纷解决的法律规则、司法体制和审理程序,引导人民群众通过司法渠道,理性化解环境纠纷。

2. 保障公众环境权益是环境司法的首要功能

保障权利是法治的精髓。立法分配权利、执法落实权利、司法救济权利,其中救济最为关键,"无救济则无权利",没有司法的保障,任何权利都将形同虚设。因而,权利保障就成为司法的重要追求和基本任务。

环境法中的核心权利是环境权,它作为生态性、实体性、集体性人权(参见本书第四章),在公法层面需要知情权、参与权、监督权等程序性"邻接权"的保障,在私法层面与人身权、财产权一起表征了因环境侵害所造成的权利损害——"对人的损害"与"对生态环境的损害",[6] 我们把这些称为公众环境权益。由此,司法对于公众环境权益的保障,不仅要包含对人身、财产等私人权益的救济,同时也应包含对环境公共利益的救济。

3. 规范环境行政权运作是环境司法的核心功能

权力制约是现代法治的核心。行政权力的不当行使,对法治的破坏、对权利的侵害远远大于个人和其他一般社会组织的行为,因此,完善对权利的司法保障、对权力的

---

[5] 事后型抗争主要指在损害发生后,受害人因自身受有损害而采取的围堵企业、抗议、信访或诉讼等方式;预防式维权则是在项目尚处于拟议阶段或者在建阶段时,无直接利害关系的人通过各种途径组织起来进行抗议的行为,这一类型往往比事后型抗争引发更严重的后果。

[6] 吕忠梅:《环境侵权的遗传与变异——论环境侵害的制度演进》,载《吉林大学社会科学学报》2010年第1期。

司法监督是推动法治进步的重要手段。

环境立法源于国家必须承担环境保护职能。因此，政府代表国家进行环境监管是环境保护的主要手段，行政规制在环境法中占据主要地位具有内在合理性，世界各国的环境法也由此具有了扩充行政权力、赋予行政机关更大的裁量权的特点。但如果政府不履行或怠于履行环境保护职责，甚至与污染企业合谋，则宪法规定的国家环境保护义务就难以落到实处。近年来，我国通过党政同责、生态环境保护督察、自然资源资产离任审计等手段不断强化"督政"力度，加强了对地方党委政府履行环境保护职责的监督和制约。但亦不可忽视司法在规范环境权力运作方面的功能。无论是行政相对人提起的行政私益诉讼，还是检察机关提起的环境公益诉讼，都是对环境行政权行使的重要监督渠道。

4. 影响公共政策形成是环境司法的间接功能

公共政策是公权机关为解决公共问题所形成的，用以规范、指导社会行动的法律法规、行政命令、政府规划等行为规则。司法不会涉及公共政策的制定，但法官在案件裁判过程中，需要进行法律解释，这种解释可能涉及法官对待公共政策的态度。虽然法官的裁判解释只对个案具有拘束力，但诸多个案裁判的结果可能影响现实社会关系，进而对公共政策的完善和执行发挥确认与补充作用，赋予现代司法政策形成的衍生功能。

环境诉讼由于迥异于传统诉讼的特性，被作为现代诉讼的典型代表，其政策形成功能表现为法官在个案中通过利益衡量，以法律解释等方式承认环境权益，影响现实环境保护社会关系，从而作用于环境法的制定。环境司法发挥影响公共政策形成功能的途径有三种：（1）消极否定的方式，通过司法裁判宣布法律、法令、规则或政策违法无效。如9名德国青年起诉德国联邦政府，认为《德国联邦气候保护法》只规定2030年的减排目标（将温室气体排放量减少至1990年的55%），没有为2030年后设定明确的减排路径，将导致2030年后需要采取更激烈的减排措施，严重限制未来世代的选择自由。德国宪法法院支持了原告诉求，认定该法部分违宪，要求立法机关修改法律，补充2030年后的年度减排目标和路径。（2）积极主动的方式，通过解释宪法或制定法创立公共政策。如美国联邦最高法院通过宣布二氧化碳为《清洁空气法》中"大气污染物"，从而使控制温室气体排放成为联邦环保署的法定职责，改变了美国气候变化法律和政策的走向。（3）直接通过司法解释、司法政策或指导案例形成公共政策。典型的如我国最高人民法院指导案例104号：李某、何某民、张某勃等人破坏计算机信息系统案，将环境质量监测系统归属于计算机信息系统，案涉被告用棉纱等物品堵塞环境质量监测采样设备，干扰采样，致使监测数据严重失真的，构成破坏计算机信息系统罪。再如，最高人民法院、最高人民检察院于2023年8月8日联合发布的《关于办理环境污染刑事案件适用法律若干问题的解释》（法释〔2023〕7号）在《刑法修正案

（十一）》的基础上,将承担温室气体排放检验检测、排放报告编制或者核查等职责的中介组织的人员故意提供虚假证明文件且情节严重的行为,纳入《刑法》第 229 条第 1 款规定的提供虚假证明文件罪的适用范围。

二、环境司法专门化

环境纠纷往往涉及众多不特定人的利益、影响范围大、延续时间长、纠纷双方矛盾尖锐,常常引发群体性事件。在西方发达国家,甚至酿成了大规模的社会反污染、反公害运动,严重影响经济社会生活秩序。司法作为以和平手段解决社会矛盾与纠纷的最后手段,理应发挥其减压阀、缓冲器的功能。但是,司法功能与作用的彰显,又以建立妥善应对环境案件的司法机制为前提,环境司法专门化由此被提上日程。

（一）环境司法专门化的内涵

环境司法专门化是近年来我国环境司法领域提出并高度重视的概念,是理论界对地方法院专设审判机构审理环境案件自下而上的学理概括,指向通过设立专门的环境资源审判机构、构建专业化的审判团队、制定针对性法律规则和程序,实现对环境资源案件集中、专业、高效审理的司法改革进程。其核心在于针对环境案件的特殊性(如公益性、技术性、跨区域性等),突破传统司法模式局限,形成适配生态环境保护的司法体系,包括了审判机构、审判机制、审判程序、审判理论、审判团队"五位一体"的专门化。[7]

审判机构专门化,是指设置专门的审判机关或审判机构对环境资源案件进行专属管辖、专门审理的体制和机制,是环境司法专门化得以实现的组织基础,对于环境司法专门化十分重要。

审判机制专门化,是指对与环境审判工作相关的各单位或部门间的人员、组织、职权及其相互关系,根据环境专门审判工作需要所作出的专门结构化的制度安排,主要包括行政管理与审判管理、审判等机制,是环境司法专门化得以实现的基本保障。

审判程序专门化,是指运用专门的、特别的程序对于环境案件进行处理,是审判机构设置和审判机制运行的核心主线。主要包括庭审规则、证据规则、因果关系认定、裁判规则等。

审判理论专门化,是指形成一套专门针对环境资源案件审判的独特理论体系,融合传统法律理论与环境科学、生态学等多学科知识,为环境司法实践提供科学的理论依据和指导思想,是环境司法专门化的理论基石。

审判人员专门化,是指打造一支具备专业法律知识和环境科学、生态学等相关领

---

[7] 沈洋:《环境资源审判推进"五位一体"专门化机制建设》,载《中国审判》2019 年第 15 期。

域知识的审判人员队伍,从人员配备上满足环境资源案件审判的专业性要求,是环境司法专门化的人才保障。

(二)环境司法专门化的必要性

20世纪中叶以来,全球工业化和城市化进程加速,环境污染与生态破坏问题愈发严重。从大气污染、水污染到土壤污染,从森林砍伐、物种灭绝到气候变化,这些环境问题不仅对生态系统造成了不可逆的损害,还严重威胁到人类的健康、生存与发展。传统司法在应对这些复杂、专业且具有重大影响的环境纠纷时,逐渐暴露出诸多不足,因而需要超越还原主义环境司法观的碎片化应对模式,建立环境司法专门化的制度体系。[8]

由于环境法律关系的特殊性,环境案件面临着不同性质的纠纷能否在一个案件中加以解决的问题。环境案件的复合性体现为一个纠纷涉及多种法律关系并关乎公益与私益两种利益。以环境侵权案件为例,一个侵权行为常同时侵犯私益和公益,环境法律责任制度旨在对这两类利益进行填补。虽然两类利益分属不同性质的法律领域调整、法律责任追究方式各不相同,但环境侵权行为却是一个。一旦这样的纠纷进入诉讼,应该如何处理?

这里可能出现的情况有二:(1)私益性环境侵权纠纷和私益性公益侵权纠纷,因私主体利益受到侵害,原告以主张私益方式提起诉讼;(2)公益性私益侵权纠纷和公益性纠纷,因目前尚无确定的私益受到侵害,常因公益主体缺乏而无法提起诉讼。

为解决公益主体缺乏问题,美国发明了公民诉讼(citizensuits)制度,通过立法赋予一定主体权利,在已有主体(行政机关、政府部门)不行使职权时,代表公共利益主张权利,提起诉讼,由此产生了所谓的"私人检察长"(private Attorney General,又译私人司法部长)理论。[9] 我国《民事诉讼法》《环境保护法》也对环境公益诉讼制度作出规定。环境公益诉讼中当事人的广泛性、诉讼目的的特殊性、诉讼理由的前置性、请求救济内容的预防性、诉讼裁判效力范围的扩张性等特质,对环境司法提出了专门需求。

更为突出的还有原告以主张私益的方式提起诉讼应该如何处理?不同于公益诉讼是一种全新的创造,须在既有规则基础上改造或接续。仔细分析我国环境侵权案件可知,当事人经常在民事诉讼与行政诉讼中来回奔波,最终却是案难结、事难了。[10] 出现这种情况的原因在于环境侵权涉及私益与公益,而法律授权环境行政管理部门代

---

[8] 张宝:《超越还原主义环境司法观》,载《政法论丛》2020年第3期。
[9] Carl Cheng, *Important Rights and the Private Attorney General Doctrine*, California Law Review, Vol. 73:6, p. 1929 – 1955(1985).
[10] 张帆:《走出环境司法的困境——访环境法资深学者吕忠梅》,载财新网,https://opinion.caixin.com/2014-11-21/100753682.html。

表公益,在当事人以主张私益方式提起诉讼时,行政机关的行为性质及其效力认定出现了诉讼机制障碍。对于我国现行的三大诉讼分离体制,当民事诉讼中有行政行为介入时,必须中止诉讼,待当事人提起行政诉讼并获得判决后再行恢复,因为民事诉讼法官无权对行政行为进行审查和判断,即便行政行为(行政处理、行政检查等)在民事诉讼中仅作证据,而非裁判依据。但按照行政诉讼法,行政诉讼只能审查具体行政行为的合法性,并不能审查其合理性和科学性。实际上,在环境侵权民事诉讼中,行政判决与民事诉讼的判断需求存在本质差异,反而是这种制度设计容易导致民事审判法官放弃证据效力认定的职权,简单依据行政判决"一判了之",形成了当事人循环诉讼、行政权力无所适从、司法公信不彰的局面。

放眼世界,为回应环境案件特殊性对司法的需求,各国采取了环境司法专门化的方式。美国未采用诉讼分立模式,而是在联邦法院体系中,在环保系统内设有环保法庭,按照成文环保法处理相关纠纷。德国有行政法院受理行政案件,普通法院受理民事案件,但对环境侵权纠纷按照民事诉讼规则处理:首先,在实体法上有"准物权"或"特许物权"规定,将自然资源开发利用的公法限制纳入,典型的如在民法典中先规定"动物不是物",然后明确"动物保护适用野生动物保护法的规定";其次,在程序上,环境责任法赋予环境污染受害人对环境保护行政机关、污染企业的信息请求权,便于法官统一甄别、判断证据,无须分两个诉讼由不同法庭审理。

环境司法在全球愈发趋向专门化,因其对环境私益保护和环境公益增进都具有特殊功能。一是环境司法专门化可以克服传统分离式诉讼对环境纠纷整体性的分解,克服分离式诉讼所带来的公益保护缺位、私益保障不足、预防功能低下、法院审理困难等问题。二是环境司法专门化可以提高诉讼效率、彰显司法权威,有效地制止环境污染和破坏行为,督促环境保护行政部门和相关部门履行其法定义务,鼓励公民和社会组织参与环境保护,维护公共利益;改变传统诉讼事后救济的被动性,填补法律漏洞,发挥司法的政策形成功能,促进环境法制的发展和完善。

各个国家诉讼体制存在差异,可以剖析各国不同机制背后的共同特征,然后根据中国的诉讼体制,结合当前正在进行的司法体制改革,设计出符合中国应对环境纠纷解决需要的司法专门化体制机制。

(三)环境司法专门化的发展历程

近年来,我国以实践为先导,试图根据环境司法的特殊性,建立适应环境案件审理需要的司法体制和裁判程序,取得了瞩目的成就。尤其是在 2014 年《环境保护法》实施以后,环境司法的功能得到进一步彰显强化,环境司法专门化有了很大进展,以下重点介绍审判机构的专门化、审判程序的特别化以及审判人员的专业化。

1. 审判机构的专门化

我国专门环境审判机构的发展大致可分为三个阶段。

第一阶段(萌芽期)为2007年之前。这一阶段的典型特征是与环保执法系统紧密联系,一些地方法院与环保局共同设立了环境保护法庭,如武汉市硚口区人民法院与区环保局共同设立了环保法庭,[11]辽宁省也先后于沈阳、丹东、大连等地环保局设立了10余个环保法庭作为派出机构,但由于这种设置不符合《人民法院组织法》的规定、有违司法权与行政权分立原则,且无案可审,故均被撤销。

第二阶段(初创期)为2007~2014年。在一些出现比较严重的环境污染事件的地方、在地方主要领导人的大力推动下,以贵阳市创设"环保两庭"(贵阳市中级人民法院环境保护审判庭和清镇市人民法院环境保护法庭)为起点,无锡、云南、海南、福建等地紧随其后,环保法庭增至300余家。这一时期的环保法庭基本上摆脱了前一阶段的影子,开始强调司法功能的发挥,其典型特点是各地"百花齐放"进行探索,并逐渐受到最高人民法院的关注。

第三阶段(发展期)为2014年至今。2014年,最高人民法院成立环境资源审判庭,同年印发了《关于全面加强环境资源审判工作 为推进生态文明建设提供有力司法保障的意见》(已修改),将环境司法专门化实践推向一个新的高度。该意见要求,高级人民法院要设立环境资源专门审判机构,中级人民法院应当根据环境资源审判业务量合理设立环境资源审判机构,个别案件较多的基层人民法院可以经高级人民法院批准设立环境资源审判机构。并要积极探索环境资源刑事、民事、行政案件由环境资源专门审判机构归口审理,优化审判资源,实现环境资源案件的专业化审判。同时,要逐步改变目前以行政区划分割自然形成的流域等生态系统的管辖模式,着眼于从水、空气等环境因素的自然属性出发,结合各地的环境资源案件量,探索设立以流域等生态系统或以生态功能区为单位的跨行政区划环境资源专门审判机构,实行对环境资源案件的集中管辖,有效审理跨行政区划污染等案件。环境资源专门审判机构的数量急剧增加,截至2023年年底,全国法院已设立环境资源专门审判机构、组织2813个,我国已成为环境资源专门审判机构覆盖最广、体系最完整的国家。[12]

---

[11] 这是我国第一个环保法庭的尝试。针对实践中的争议,湖北省高级人民法院向最高人民法院提交了"关于武汉市硚口区人民法院设立环保法院的情况报告",最高人民法院于1989年2月10日作出答复称:(1)环保法庭与人民法庭性质不同,目前在基层人民法院设立环保法庭尚无法律根据。为适应实际需要,可在武汉市硚口区人民法院有关审判庭内设立专门审理环保案件的合议庭进行试点,并注意总结经验。(2)国家审判机关的审判职能与国家行政机关的行政管理职能不应混淆,人民法院不要在法院以外同行政管理部门联合(或共同)另行设立专业法庭。(3)人民法院在审理专业性较强的案件时视案情需要,可请有关专家作为陪审员参加合议庭。

[12] 最高人民法院《中国环境资源审判(2023)》。

2. 审理程序的特别化

在推进审判机构专门化的同时，对专门环境诉讼机制的探索也在积极推进。自最高人民法院环境资源审判庭成立以来，先后出台了惩治污染犯罪、森林资源保护、环境侵权禁止令、惩罚性赔偿等21部司法解释，新时代全面加强生态环境司法保护意见、长江保护法实施意见等13个司法文件，发布26个指导性案例，24批260个典型案例，极大地丰富了环境诉讼的审理和裁判规则。

从实践来看，各地也在审理模式和裁判方式上进行了一系列探索。例如，各地设立的专门审判机构也多是采取民事、刑事、行政"三合一"或者纳入执行的"四合一"模式，截至2023年年底，全国共有1200余家法院实行"三合一"，500余家法院实行"民事＋行政"或者"民事＋刑事"的"二合一"，40家法院积极探索涵盖执行的"四合一"。一些地方开始探索适应环境案件审理需要的特色审判机制，在合议庭构成、鉴定评估、证据保全、举证分配、执行方式、救济途径等方面作出了特殊应对。例如，通过先予执行、禁令防止环境损害的扩大，以发挥环境司法的预防性功能；创造"异地补植""补绿复种""劳务代偿"等替代性责任方式，明确了环境司法的恢复性司法理念等。

3. 审判人员的专业化

环境案件的专业性、复杂性以及环境法与其他法律部门在功能取向上的差异，决定了传统普通法庭的法官在处理环境案件时往往力有未逮。目前专门审判机构的法官多从传统民事、行政、刑事审判庭抽调，并未经过系统环境法律训练，难以深入把握环境案件的特殊性；即便熟悉环境法律规则，鉴于环境诉讼的高度专业性和技术性，不具有专业背景和专门知识的法官也很难胜任，因而各国在环境案件的审理上均高度仰赖外部辅助。实践中各地多从内外着手提升审判人员的专业化水平。

就内部而言，主要是促进对环境法官的持续培训。由于环境诉讼需要较强的法律与技术背景，因而除了加强对法官的日常培训外，还应减轻环境法官的流动性，减轻其审案数量考核压力，使其专注于提升办案水平。就外部而言，主要是完善专家陪审员、专家证人和鉴定评估机制，以解决环境案件鉴定难、审理难的困境。近年来，人民法院积极探索"外脑"助力环境资源审判，出台《关于具有专门知识的人民陪审员参加环境资源案件审理的若干规定》（法释〔2023〕4号），规范和促进具有专门知识的人才参与环境资源案件的审理，打破环境资源案件中的技术壁垒，进一步保障环境资源案件审判的公正高效。一些地方开始探索设立生态环境技术调查官，借助其专业特长，使其在保全、勘验、庭审等诉讼环节辅助法官查明技术事实，为重大疑难复杂案件的审理提供专业支持。

总体而言，经过10余年努力，我国按照"四大检察"融合履职原则建立了生态环境公益检察及环境刑事、民事、行政检察体系，公安部门也按照相关分工建立了涉生态环境犯罪案件侦查体系；环境保护社会组织不断发展，环境律师、司法鉴定队伍不断壮大,体现中国司法体制特色、适应中国生态文明建设需要的环境司法和环境诉讼体系已经基本形成。

三、环境司法与环境诉讼

(一)环境司法与环境诉讼的关系

环境司法与环境诉讼是两个相关但又有区别的概念。相对而言,环境司法是一个更为宽泛的概念,指的是有司法权的国家机关按照诉讼程序运用法律规范来处理环境案件的活动。环境诉讼是环境司法活动的一个重要组成部分,主要指特定的主体(包括公民、法人或其他组织)认为其环境权益受到侵害或存在受到侵害的危险时,向法院提起诉讼,请求法院依法予以保护和救济的活动。

1. 环境司法与环境诉讼的联系

(1)目的一致性。环境司法通过系列司法活动,旨在维护环境法律秩序,保护生态环境,保障公众的环境权益,实现环境正义和可持续发展。环境诉讼是具体的法律手段,当事人通过向法院提起环境诉讼,要求法院对环境侵权等问题进行裁决,其最终目的也是保护自身或公共的环境权益,促进环境问题的解决和环境质量的改善,与环境司法的目的相契合。

(2)相互依存性。环境司法离不开环境诉讼。司法机关受理和审理各类环境诉讼案件,将环境法律规范用于解决具体环境纠纷,发挥环境司法功能。没有环境诉讼,将缺乏具体的案件和对象,难谓环境司法。环境诉讼依赖环境司法。从案件的受理、审理到判决执行,都需要司法机关依据程序和法律操作。司法机关凭借中立裁判、法律知识和司法权威,为环境诉讼提供公正保障,维护当事人的合法权益。

(3)制度关联性。环境司法构建了系列审判、司法执行等制度体系,为环境诉讼提供了制度框架和规范依据。同时,环境诉讼也构建了系列环境公益诉讼、环境民事侵权诉讼等制度,是环境司法制度的重要组成部分,丰富和细化了环境司法的内容和程序,使环境司法更具可操作性和针对性。

2. 环境司法与环境诉讼的区别

(1)概念范畴不同。环境司法概念更宽泛,涵盖了司法机关在环境领域的侦查、起诉、调解、审判、执行、监督等全部司法活动。环境诉讼更侧重当事人通过诉讼程序解决环境纠纷的具体行为和过程,是当事人寻求司法救济的途径和手段。如生态环境损害赔偿的磋商,是生态环境损害赔偿权利人与义务人在平等、自愿基础上就赔偿事宜进行协商,其自主性和灵活性强,无须遵循复杂诉讼程序,不具有对抗性,不属于环境诉讼,但仍属于环境司法体系中多元纠纷解决机制的重要组成部分。再如,环境行政非诉执行案件,环境行政机关作出行政处罚决定后,行政相对人在法定期限内既不申请行政复议或提起行政诉讼,又不履行义务,此时环境行政机关会向法院申请强制执行,在此过程中法院的强制执行活动属于环境司法活动,但并非环境诉讼。

(2)实施主体不同。环境诉讼的主体通常是与环境权益纠纷有直接利害关系的公民、法人或其他组织,在环境公益诉讼中,还包括法律规定的机关和有关组织。环境司法的主体除法院作为审判机关外,还包括检察机关,其承担环境犯罪起诉、环境公益诉讼支持等监督职责;司法行政机关也承担着保障和辅助工作。

(3)活动内容不同。环境诉讼围绕当事人的诉讼请求,通过法庭审理来解决纠纷,其核心在于当事人之间的对抗性诉讼活动。环境司法不仅包含环境诉讼案件的审理,还涉及对环境行政执法活动的监督,纠正违法行政行为;开展环境司法调解,以非诉讼方式解决环境纠纷;参与环境政策的制定和完善,从司法角度为环境治理提供建议等。

(4)程序严格程度不同。环境诉讼有严格的法定程序,各环节都有明确的规定和要求,需严格遵守以确保公正正义。环境司法中的其他活动,如环境司法调解、提出司法建议等,虽然也有一定的规范和要求,但相对更灵活自主,更注重根据具体情况和当事人意愿来解决问题。

(二)环境诉讼的模式

诉讼模式作为诉讼中法院与当事人之间诉讼权限以及当事人之间诉讼权限配置所呈现的关系形态,其构成要素即法院与当事人之间的诉讼权限及当事人之间的诉讼权限配置是司法制度的核心。厘清环境诉讼的模式,是环境诉讼得以顺利推进的重要前提。[13]

1. 从职权主义到绿色职权主义

环境司法专门化已形成以"三审合一"为核心的诉讼模式,在破解生态环境案件多重法律关系、科技关联性强、因果关系复杂、以行政机制为主的环境立法对司法裁判规则供给不足等难题上取得一定成效,初步解决了生态环境案件立案难、审理难、裁判难、执行难的问题。但是,随着生态环境司法专门化专业化的推进,"三审合一"本身也遇到了如何从生态环境刑事、民事、行政案件审判职能归口于一个审判庭"1+1+1"式的"物理"聚合,到审判理念、审判规则、审判程序的"化学"融合,进而发挥"1+1+1>3"的司法保护效能的新问题。当前"三审合一"中呈现出的案件交叉分类难、多重法律关系聚合证据认定难、发展与保护利益衡量难、法律责任承担方式趋同判决难、生态修复责任执行难等新情况新问题新困境,亟待通过进一步加强审判机制改革,

---

[13] 吕忠梅:《建构绿色职权主义生态环境诉讼模式——以生态环境法典编纂为视角》,载《法律适用》2025年第1期。

推动形成更加完善的生态环境诉讼模式。

生态环境案件并非传统民事、行政、刑事纠纷的简单叠加,而是一种全新的诉讼形态,核心在于环境诉讼必须同时处理和保护生态环境公共利益。这使当事人的诉讼权利必须受到公共利益保护要求的限制,法律由此授予法院在环境诉讼中的主导权,使职权主义生态环境诉讼模式具有极大的正当性与合理性。实践充分表明,职权主义诉讼模式对形成目前的"三审合一"机制功不可没,对生态环境司法专门化专业化发挥了巨大作用。但由于这种诉讼模式缺乏明确的法律依据和职权配置规则,法官有较大的"任性""随意"空间,加之各种功利性因素的影响,因此,以保护生态环境公共利益为主要目标、三大诉讼功能协同发力的实质性"三审合一"机制建立困难。尤其是在司法实践中生态环境公益诉讼案件以检察机关起诉为主、以刑事附带民事公益诉讼为主的情况下,因诉讼目的、诉权结构、当事人诉讼地位、举证责任、证明标准、法律适用原则、责任承担方式等方面的不同而产生的诸多实际问题日益凸显,亟待解决。由此,建构更加科学合理的生态环境诉讼模式,是实现"三审合一"从"物理聚合"到"化学融合"的关键。鉴于目前对生态环境诉讼作为完全独立的诉讼形态尚无法律依据,实践中依然将生态环境诉讼划分为环境民事诉讼、环境行政诉讼、环境刑事诉讼、环境公益诉讼,从解决目前"三审合一"化学融合过程中出现的困难和问题出发,可以建构以保护生态环境公共利益为核心的绿色职权主义诉讼模式。

2. 绿色职权主义诉讼模式的主要特点

绿色职权主义环境诉讼模式是以职权主义为基础,酌采当事人主义成分,是以生态环境公共利益保护为目的、以国家权力为主导、以实质真实为追求、以利益平衡为考量、以法院职权为推进诉讼程序主要力量,兼顾尊重和保障当事人诉讼权利和公众参与权的正当诉讼程序。该模式具有以下特点:

首先,诉讼程序的推进由法院主导,更侧重于发挥法官在审判中的主动作用,并以审判权作为诉讼程序的中心。法院在生态环境诉讼中的主导地位主要体现为法官充分行使程序控制权、程序事项裁决权、调查取证权、释明权、事实认定权等职权。具体表现为:依职权追加被告、对当事人诉讼请求适当性的审查与建议、依职权的行政前置程序审查或移送行政处理、决定专家参与程序的启动与结束、生态环境的预防性保护、综合调处机制的引入、裁判方案的衡量与择优、依职权直接交付执行等。

其次,法院在诉讼程序中的职权发挥并非毫无限制,其至少要在两个维度上保持必要的限度。一方面,介入目的应正当。生态环境诉讼过程中只能是在全面综合地保护国家生态环境安全、生态环境公共利益或合理促进诉讼效率提升的情况下,才可适度强化职权,应防止超越正当目的的任意干预。另一方面,介入力度应适当。法院在诉讼程序中的职权行为应守住"两条底线":其一,不能逾越司法边界,突破必要的司法被动与克制。这主要表现在对司法中立的恪守,不能偏颇任意一方当事人或与一方当事人串通,以保护当事人权益或生态环境公共利益为由,虚化诉讼程序,直接裁判。其二,不能逾越当事人诉讼权利边界,随意侵犯或限制、剥夺当事人诉讼权利。这主要表现在应充分尊重和保护当事人所享有的私益权利处分权,保障当事人的知情权、回避申请权、管辖异议权、诉讼时效抗辩权、举证权和证据保全申请权、财产保全申请权、辩论权等诉讼权利。

最后,诉讼主体在案件事实探知上应各司其职。对于私益性事实的证明,因直接与个体利益相关,故应遵循当事人主义,按照"谁主张谁举证"的原则由当事人负责主张与证明。比如,对个体私益性损害是否存在、所受损害大小、私益损害与被告行为之间的因果关系,原则上由当事人自己主张和证明,仅在当事人间的诉讼能力较为悬殊等特殊情况下,适当辅以职权主义以弥补特定当事人诉讼能力上的缺陷。对于公益性事实,则须强化法院的职权探知,由法院基于职权对当事人提出的主张予以询问、借助技术专家和社会公众参与进行调查取证。比如,对公益性环境利益的损害范围与程度、因果关系成立与否等事实,若当事人怠于主张或举证不能,法院应主动释明,并借助技术专家和社会公众予以查明。

(三)环境诉讼的类型

根据不同的分类标准,环境诉讼可以分为不同的类型。

1. 以诉讼性质为分类标准,可以分为:

(1)环境民事诉讼。因环境污染、生态破坏或其他环境损害行为导致人身、财产损害或环境公共利益受损,由受害人、法律规定的机关或组织向人民法院提起的,要求加害人承担民事责任的诉讼。主要分为环境民事私益诉讼与环境民事公益诉讼两类。

(2)环境行政诉讼。公民、法人、其他组织认为行政机关在环境行政管理中作出的具体行政行为侵犯其合法权益,或检察机关发现行政机关未依法履行环境监管职责导致环境公共利益受损,依法向人民法院提起的诉讼。主要分为:针对具体行政行为的诉讼,如对环保部门的行政处罚决定不服提起的诉讼;环境行政公益诉讼,如检察机关针对行政机关未依法履行环境监管职责提起的诉讼。

(3)环境刑事诉讼。国家检察机关对违反环境刑事法律、严重污染环境或破坏生态资源的行为,依法向人民法院提起公诉,追究犯罪嫌疑人或单位刑事责任的诉讼程序。

2. 以诉讼目的为分类标准,可以分为:

(1)环境私益诉讼。当事人因加害人从事环境污染或生态破坏行为或者行政机关的环境行政行为受到人身、财产损害而诉至法院请求救济的司法活动。就广义层面而言,私益诉讼还包含了当事人因合同纠纷而发生的诉讼。

(2) 环境公益诉讼。与案件争议标的无直接利害关系的相关主体作为原告，出于保护生态环境公益的目的，以行政机关或者环境利用行为人为被告，向法院提起的行政诉讼或者民事诉讼。[14] 从目前实践看，基于起诉主体的不同，环境公益诉讼又可以分为社会组织提起的环境民事公益诉讼、检察机关提起的环境民事和行政公益诉讼以及省级和设区的市级人民政府及其指定的部门或机构提起的生态环境损害赔偿诉讼。虽然有观点认为生态环境损害赔偿诉讼是不同于环境公益诉讼的特殊诉讼类型，但从其规范目的、适用范围、诉讼请求、责任方式、程序规则等方面来看，其与环境民事公益诉讼并无本质差异，故仍然属于环境民事公益诉讼范畴。[15]

3. 以诉讼领域为分类标准。

最高人民法院发布的《环境资源案件类型与统计规范（试行）》（法〔2021〕9号）将环境资源案件划分为环境污染防治、生态保护、资源开发利用、气候变化应对、生态环境治理与服务五大类型，在每一类型之下又囊括了刑事、民事、行政以及公益诉讼案件。据此，环境诉讼又可分为如下类型：

（1）环境污染防治类诉讼，指向大气、水、土壤和海洋等环境介质排放有毒有害物质、其他物质及能量，损害环境介质及其生态系统服务功能，以及导致个人或公众的人身健康、财产受损而产生的刑事、民事、行政以及公益诉讼。具体又可以分为环境介质污染、有毒有害物质污染、能量污染等诉讼。

（2）生态保护类诉讼，指因破坏遗传（基因）、物种、生态系统多样性、景观多样性以及影响生态系统功能正常运行而产生的刑事、民事、行政以及公益诉讼。包括生物多样性保护、景观多样性保护、重点生态区域保护和其他生态破坏诉讼。

（3）资源开发利用类诉讼，指在土地、矿产等各类自然资源开发利用过程中产生的，与生态环境保护修复密切相关的刑事、民事、行政以及公益诉讼。包括自然资源开发利用，侵害通风、采光、眺望、景观等环境权益等诉讼。

（4）气候变化应对类诉讼，指在应对因排放温室气体、臭氧层损耗物质等直接或间接影响气候变化过程中产生的刑事、民事、行政以及公益诉讼。包括气候变化减缓类诉讼和气候变化适应类诉讼。

（5）生态环境治理与服务类诉讼，指在利用税费、配额等规制措施以及第三方治理、环境容量利用权、绿色金融等市场机制，控制生态环境退化、改善生态环境质量过程中产生的刑事、民事、行政以及公益诉讼。包括环境污染第三方治理、环境资源税费、环境容量利用权和绿色金融等诉讼。

---

[14] 汪劲：《环境法学》（第4版），北京大学出版社2018年版，第298页。
[15] 张宝：《我国环境公益保护机制的分化与整合》，载《湖南师范大学社会科学学报》2021年第2期。

第二节 环境私益诉讼

一、环境私益诉讼概述

(一)环境私益诉讼的含义

顾名思义,私益诉讼是因为私人利益纷争而生的诉讼,此处的私人包含了自然人、法人和其他组织。提起私益诉讼,需要当事人与案件标的之间具有利害关系,因而私益诉讼本质上是一种"利害关系人诉讼"或者说"主观诉讼"。体现在立法上,2023年修正的《民事诉讼法》第59、122条以及2017年修正的《行政诉讼法》第25条均明确规定了原告与案件之间必须存在"法律上利害关系"。

原告与案件的利害关系是私益诉讼的核心概念,体现为原告对案件标的必须具有诉之利益,即原告要求法院就其私权主张予以裁判时所必须具备的必要性。"利益是衡量诉权的尺度,无利益者无诉权",以此防止滥诉。

环境私益诉讼亦应如此,是当事人因加害人从事环境污染或生态破坏行为或者行政机关的环境行政行为受到人身、财产损害,或者因发生生态环境合同纠纷而诉至法院请求救济的司法活动。

(二)环境私益诉讼的类型

当事人的人身、财产权利,既可能因当事人违反法定或者约定的义务而受到侵害,也可能因为行政机关作出的行政行为而受到影响。依其适用的法律领域与救济途径的区分,可以分为环境民事诉讼和环境行政诉讼两大类型。若依民事诉讼途径,受害人可以向加害人请求承担侵权责任或违约责任;若依行政诉讼途径,受害人可以请求排除侵害或者请求国家赔偿。这一分类,实际上建立在公私法区分的基础上,不认为环境诉讼具有独立于其他诉讼的地位和价值。

根据所主张责任形式的不同,环境民事诉讼又可以分为合同之诉和侵权之诉,侵权之诉又包括停止侵害之诉、排除妨碍之诉、消除危险之诉、恢复原状之诉与赔偿损失之诉,上述诉讼类型既可以单独主张,也可以合并提出;环境行政诉讼则可以分为确认之诉、变更之诉、撤销之诉、履行之诉与赔偿之诉。

与环境民事诉讼解决私人权益纠纷不同,环境行政诉讼着重于"私人与行政机关"及"生态环境与行政机关"之间的关系,行政机关往往并非公民权利及生态环境的真正加害人,反而可能充当"私人与私人"冲突的裁决者与把关者角色,如何确保行政机关能够落实环境行政的公平正义,是环境行政诉讼的主要任务。

二、环境民事诉讼

环境民事诉讼是指人民法院对平等主体之间有关环境权利义务的争议,依照民事诉讼程序进行审理和裁判的活动。环境民事诉讼作为民事诉讼的类型之一,适用《民事诉讼法》所规定的诉讼原则和制度。但是,由于环境案件的特殊性,环境民事诉讼呈现出不同于一般民事诉讼制度的面貌。

(一)环境民事诉讼的案由

根据最高人民法院《民事案件案由规定》,我国民事诉讼中涉及环境纠纷主要包括 5 类 18 个案由:

第一类,所有权纠纷。包括相邻关系纠纷一个案由,其下与环境纠纷有关的主要是相邻采光、日照纠纷和相邻污染侵害纠纷两个子案由。

第二类,用益物权纠纷。包括海域使用权纠纷、探矿权纠纷、采矿权纠纷、取水权纠纷、养殖权纠纷、捕捞权纠纷六个案由。

第三类,合同纠纷。包括探矿权转让合同纠纷、采矿权转让合同纠纷、排污权交易纠纷、用能权交易纠纷、用水权交易纠纷、碳排放权交易纠纷、碳汇交易纠纷七个案由。

第四类,侵权责任纠纷。包括环境污染责任纠纷和生态破坏责任纠纷两个案由。其中环境污染责任纠纷又被细分为大气污染责任纠纷、水污染责任纠纷、土壤污染责任纠纷、电子废物污染责任纠纷、固体废物污染责任纠纷、噪声污染责任纠纷、光污染责任、放射性污染责任纠纷八个子案由。

第五类,海事海商纠纷。包括船舶污染损害责任纠纷和海上、通海水域污染损害责任纠纷两个案由。

环境民事诉讼活动,基本上以这些案由立案开始展开。这些案由虽相对独立,但在适用法律和诉讼程序上并无实质区别,两个海事海商纠纷类型虽然适用海事特别诉讼程序,但本质上也属于环境污染责任的范畴;所有权纠纷、用益物权纠纷以及合同纠纷也可能与侵权责任纠纷发生聚合或竞合,由于环境污染属于特殊侵权,对于保护受害人利益更为有利,当事人更愿意选择环境污染责任纠纷作为诉由。由此,环境侵权诉讼几乎成为环境民事诉讼的代名词。

需要提及的是,环境司法专门化实践对于环境资源案件类型的统计范围远超前述列举的案由,重要原因之一是要确保环保法庭"有案可审"。如《环境资源案件类型与统计规范(试行)》(法〔2021〕9 号)将资源权属诉讼、文物诉讼等均纳入统计范围,使据此统计的案件范围远大于狭义的环境资源案件范围。

(二) 环境民事诉讼的特殊规定

由于实体法规定的抽象与不确定性,为解决"有关环境污染责任的规定与民法通则、环境保护法以及各环境保护单行法衔接适用问题不明确,审判实践中常常出现对环境污染责任归责原则、责任构成以及数人侵权责任划分等法律适用不统一"的问题,最高人民法院于2015年6月颁布《环境侵权责任解释》,以19个条文对环境侵权责任进行了具体化,对一些争议已久的问题如环境侵权的调整范围、归责原则、违法性、举证责任、责任划分等进行了明确,从诉讼角度看,该解释的重心在于解决环境侵权责任纠纷中的事实认定和法律适用问题。《民法典》通过后,最高人民法院对该解释进行了修改,分别针对生态环境侵权的实体和程序问题出台了《生态环境侵权责任解释》和《关于生态环境侵权民事诉讼证据的若干规定》(法释〔2023〕6号),对环境民事诉讼的特殊规定进行了明确,重点包括以下几个方面。

1. 因果关系推定的适用

由于环境侵害具有交互性、多因性、潜伏性等特征,如果沿用传统"谁主张,谁举证"的规则,无异于将宣告堵死受害者的救济之门。为克服这一难题,确保受害者不因因果关系的障碍而无法获得救济,在通过过错推定责任乃至无过错责任降低受害者举证责任的同时,一些国家和地区还采取了进一步降低受害者在因果关系上的证明难度的方法,我国亦如此。《民法典》第1230条多被称为建立了"举证责任倒置",成为环境侵权因果关系判断中"举证责任倒置"规则的主要规范依据。但是,对于受害者在因果关系上是否承担举证责任,理论界和实务界一直存在分歧。一种观点认为,受害者在因果关系上无须承担任何证明责任,"在没有法律或者司法解释特别明确受害人应对污染行为与损害之间的因果关系初步举证之前,应当从文义及立法目的出发,按照受害人无须承担因果关系的任何证明(包括初步证明)"[16]。另一种观点则认为,受害人在因果关系上仍应承担一定的举证义务,因为我国已经采取了无过错责任,如果再免除受害人在因果关系上的举证义务,将使其在环境侵权构成上的证明责任限缩为单纯的排污行为与损害后果,而鉴于加害人无法证明因果关系不存在与受害人不能证明因果关系存在的原因在本质上是相同的,这种组合方式对于加害人而言无异于绝对责任,也违反了证据法学关于"消极事实不可证"的基本原理。[17]

《环境侵权责任解释》采取了第二种观点,要求受害人需就加害行为与损害后果的关联度承担举证义务,即实行"因果关系推定"。法释〔2023〕6号沿袭了这种做法,

---

[16] 最高人民法院侵权责任法研究小组编著:《〈中华人民共和国侵权责任法〉条文理解与适用》,人民法院出版社2010年版,第463—465页。

[17] 张宝:《环境侵权诉讼中受害人举证义务研究——对〈侵权责任法〉第66条的解释》,载《政治与法律》2015年第2期。

在第 5~7 条对举证责任分配进行了规定,其中第 5 条规定,原告应当提供被告行为与损害之间具有关联性的证据,法院应当根据当事人提交的证据,结合污染环境、破坏生态的行为方式以及污染物的性质、环境介质的类型、生态因素的特征、时间顺序、空间距离等因素,综合判断被告行为与损害之间的关联性是否成立。显然,该司法解释采取了因果关系推定立场。

举证责任倒置和因果关系推定均是降低受害人证明责任的方式,但举证责任倒置意味着证明责任的重新分配,受害人是否对因果关系进行证明是权利而非义务;而因果关系推定并未改变证明责任分配,仅仅是降低了证明标准,即说服责任的降低。从适用效果看,举证责任倒置属于立法者推定,受害人无须再承担因果关系证明责任,加害人对因果关系的证明是无条件的,法官无自由裁量的幅度;而因果关系推定则属于司法者的推定,需经历"受害人举证满足某种盖然性—推定因果关系成立—加害人反证"三个阶段,法官对于是否满足盖然性要求进行自由心证,因此,才有疫学因果说等各种推定手段存在的可能。[18]

2. 诉讼时效的特殊认定

在法理上,诉讼时效作为一种消灭时效,是指民事权利受到侵害的权利人在法定的时效期间内不行使权利,当时效期间届满时,债务人获得诉讼时效抗辩权。由于环境损害具有潜伏性和滞后性,如果诉讼时效过短,可能使受害人获得救济的难度加大,因此,许多国家的环境立法都采取了延长诉讼时效的方法。我国《环境保护法》第 66 条规定:"提起环境损害赔偿诉讼的时效期间为三年,从当事人知道或者应当知道其受到损害时起计算。"但随着《民法典》第 188 条将普通诉讼时效期间由 2 年修改为 3 年,《环境保护法》规定的 3 年诉讼时效已经失去意义,考虑到环境损害的发生通常具有潜伏性和滞后性,未来可以考虑将环境诉讼时效修改为 5 年。

《生态环境侵权责任解释》进一步优化了诉讼时效的规定。第 27 条规定了诉讼时效以被侵权人知道或者应当知道权利受到损害以及侵权人、其他责任人之日起计算,侵权行为仍持续的,诉讼时效期间自行为结束之日起计算。第 28 条规定了若被侵权人向负有环境资源监管职能的行政机关请求处理损害,可主张诉讼时效中断。

《民法典》同时规定了最长诉讼时效,即从权利被侵害之日起超过 20 年的,人民法院不予保护。值得注意的是,这个时效是从人身、财产权利被侵害之日起算,不同于《环境保护法》的规定。虽然最长时效规定的目的在于防止社会关系长期处于未决状态,具有合理性,但对于环境侵害而言,由于不同污染物质造成损害的潜伏期不同,有的损害显现时,可能已经超出最长时效。比如,日本富山痛痛病事件,20 世纪初期,神

---

[18] 张宝:《环境侵权诉讼中受害人举证义务研究——对〈侵权责任法〉第 66 条的解释》,载《政治与法律》2015 年第 2 期。

通川沿岸出现水稻枯死、鱼类死亡；1931年发现首例"痛痛病"病人。1946～1960年，经过临床、病理、流行病学、动物实验和分析化学等多方面研究人员的多年跟踪研究，初步发现痛痛病是镉中毒，污染物镉是神通川上游的神冈矿山排放的废水；1961年，富山县成立"富山县地方特殊病对策委员会"，开始国家级的调查研究；1967年，日本发表联合报告，表明痛痛病主要是由于重金属尤其是镉中毒引起的；1968年，患者及其家属提起民事诉讼。还有日本水俣病事件，从企业排放含有甲基汞的污染物到出现大量水俣病患者，经过了将近半个世纪。因此，有些国家将环境民事诉讼的最长时效规定为50年甚至更长。我国对于环境民事诉讼时效，也有作出特殊规定的必要。

3. 审判辅助制度的完善

环境问题的高度科技关联性使环境诉讼过于依赖科学证据，无论是加害人的甄别、因果关系的判断还是损害的认定，都离不开科学证据和专家证言。最高人民法院近年来颁布的司法解释对环境诉讼中的科学证据与专家证言进行了拓展。

法释〔2023〕6号第16条规定："对于查明环境污染、生态破坏案件事实的专门性问题，人民法院经审查认为有必要的，应当根据当事人的申请或者依职权委托具有相应资格的机构、人员出具鉴定意见。"此外，该解释第25条还规定，负有环境资源保护监督管理职责的部门及其所属或者委托的监测机构在行政执法过程中收集的监测数据，形成的事件调查报告、检验检测报告、评估报告等材料，以及公安机关单独或者会同负有环境资源保护监督管理职责的部门提取样品进行检测获取的数据，经当事人质证，可以作为认定案件事实的根据。

同时，为增强法院审查的专业性，法释〔2023〕4号第1条规定："人民法院审理的第一审环境资源刑事、民事、行政案件，符合人民陪审员法第十五条规定，且案件事实涉及复杂专门性问题的，由不少于一名具有专门知识的人民陪审员参加合议庭审理。前款规定外的第一审环境资源案件，人民法院认为有必要的，可以由具有专门知识的人民陪审员参加合议庭审理。"

三、环境行政诉讼

环境行政诉讼是人民法院根据对具体环境行政行为不服的公民、法人或者其他组织（环境行政相对人）的请求，在双方当事人和其他诉讼参与人的参加下，依照法定程序，审理并裁决环境行政争议案件的司法活动。

(一) 环境行政诉讼的受案范围

根据《行政诉讼法》第25条的规定，能够提起行政诉讼的原告包括行政行为的相对人以及其他虽不是相对人但是与行政行为有利害关系的公民、法人或其他组织。结合该法关于受案范围的规定，环境行政诉讼中当事人所具有的"法律上利害关系"主要包括：(1)不服生态环境主管部门作出的行政处罚决定。根据《生态环境行政处罚办法》(2023年)，生态环境行政处罚的种类包括警告、通报批评，罚款、没收违法所得、没收非法财物，暂扣许可证件、降低资质等级、吊销许可证件、一定时期内不得申请行政许可，限制开展生产经营活动、责令停产整治、责令停产停业、责令关闭、限制从业、禁止从业，责令限期拆除，行政拘留以及法律、行政法规规定的其他行政处罚种类。同时，实施行政处罚时，行政机关还可以作出责令当事人改正或者限期改正违法行为的行政命令。(2)不服生态环境主管部门作出的查封、扣押等行政强制措施。(3)不服生态环境主管部门作出的许可决定，或者生态环境主管部门拒绝或在法定期限内不予答复。(4)申请行政机关履行保护人身权、财产权等合法权益的法定职责，行政机关拒绝履行或者不予答复的。(5)生态环境主管部门违法要求履行义务的。(6)认为行政机关侵犯其他人身权、财产权等合法权益的。

(二)环境行政诉讼中的特殊问题

环境行政诉讼作为行政诉讼的一种，必须遵守所有行政诉讼所共同遵守的司法原则。这些原则可以分为两类：(1)环境行政诉讼作为一般的诉讼活动应该遵守的基本原则，如人民法院独立行使审判权原则，以事实为依据、以法律为准绳原则，合议制原则，回避原则，公开审判原则，两审终审制原则，当事人法律地位平等原则，使用本民族语言文字进行诉讼原则，辩论原则，人民检察院实行法律监督原则等。(2)环境行政诉讼作为行政诉讼活动所要遵守的基本原则，如选择复议原则，具体环境行政行为不因诉讼而停止执行原则，被告负举证责任原则，不适用调解原则，审查具体环境行政行为合法性原则，有限司法变更权原则等。以下重点介绍环境行政司法审查中的特殊问题。

1. 环境行政司法审查的范围

传统上，环境行政司法审查的对象主要是环境行政处罚，近年来则逐渐拓展到对于建设项目的环境影响评价等环节，具有鲜明的预防性司法特征，但环境规划、环境标准制定等抽象性行政行为，尚未进入司法审查的范围。

环境影响评价的根本宗旨是政府决策时最大限度地反映或听取广大公众的合理化建议，能够做到政府决策的科学化、民主化及合理化。因此，环评制度有效落实的关键在于保障广泛的公众参与和充分的信息公开。依据现行《行政诉讼法》，环评制度的司法审查，也必须以原告与环评的对象具有"法律上利害关系"为前提，因此，法院的审查重点主要集中在是否充分保障公民的知情、参与、申辩、听证等权利。关于是否应该或者可以进行实质性审查，在理论上尚有争议，但近些年来，法院在环评司法审查中不仅注重对环评程序的合法性审查，还对环评内容的合理性进行审查，特别是对环评采用的标准是否符合国家强制性规定进行重点审查。如周某、张某波诉原中华人民共和国环境保护部环评批复案,北京市第一中级人民法院一审认为,评价单位按《环境影响评价技术导则》考虑了环境噪声现状等因素,被告根据《城市环境振动标准》及《环境影响评价技术导则》,认定项目环境振动评价意见无不当,判决驳回原告请求。法院对环评内容着重审查了采用标准是否符合规定及是否存在明显不合理等情形。

2. 环境行政司法审查的强度

传统上,法院对行政行为主要进行合法性审查,而不具体判断行政行为的合理性与适当性。2017年修正的《行政诉讼法》在坚持合法性审查原则的基础上,进一步加大了对行政行为合理性审查的力度,将原来的合理审查范围由"行政处罚显失公正"扩大到了所有行政行为的"明显不当",扩大了法院对行政行为的审查强度。对于环境行政而言,尤其环境问题涉及高度的科技关联和广泛的利益冲突,环境决策也由此具有浓厚的科技背景,甚至要"决策于未知之中",故环境行政法上充满了不确定法律概念,给行政机关留下了大量的裁量空间,也增加了行政恣意的风险。如果法院仅仅对行政合法性进行审查,难以对行政相对人进行有效的保护;但如果法院对环境行政行为的审查过密,则又不利于行政机关进行合理的环境决策,如何在强化对行政行为的审查和尊重行政机关的专业判断之间达到平衡,成为各国法院应对的重心。从各国经验来看,大多从正当程序出发,着重对环境决策程序进行合法性和合理性审查。

四、环境私益诉讼的局限与不足

环境私益诉讼在解决私人环境纠纷、保障私人权益、规范行政权运作等方面发挥了重要作用,但也存在明显局限。私益诉讼仅关注环境侵害造成的人身、财产损害,使环境司法应对环境问题的功能难以完整发挥。原因在于,环境私益诉讼建立在传统诉讼的基本预设之上,认为侵害行为仅会造成单一的人身、财产损害,本质上是一种对人责任;而环境损害则具有典型的二元特征,不仅会造成"对人的损害",而且还会造成"对环境的损害"。环境侵害具有典型的间接性与不特定指向,行为人的活动都不直接针对他人的财产或者人身,而是指向生态环境;行为造成的后果既有他人人身、财产、精神的损害,又有生态环境本身的损害。有时可能是"对人的损害"与"对环境的损害"并存(混合损害);有时则只有"对环境的损害"(纯生态损害)。

这决定了环境纠纷关涉私益与公益、个人损害与生态环境损害、直接利益与间接利益、实际损失与未来风险等多重因素。但私益诉讼仅关注个体的私益损害,且被局限于直接损害和实际损害,难以满足解决环境纠纷的需求。虽在个案中可能使个体的人身、财产权益得到救济,但由于无法关注公共利益损害问题,环境司法的功能将大打折扣。

(一)环境民事诉讼的局限

生态环境是民事法律关系和环境法律关系的共同客体,但由于民法与环境法秉持不同的价值追求和采取不同的权利保护手段,因而两者的本质属性不同。在人与自然和谐共生理念的影响下,现代民法进行了"绿色化"调适,将环境保护视为权利行使所负的社会义务,对生态环境保护具有间接作用。但在不改变意思自治理念的前提下,通过私益诉讼无法实现维护公共利益的目标,私益诉讼在生态保护方面的局限性十分明显:

1. 生态环境损害私法保护模式的涵盖范围有限。将生态环境损害纳入民法调整,必须以生态环境组分或要素可以特定化为物权客体为前提。作为物权客体的"物",至少需要具备"法律上具有排他支配之可能性",[19]即必须是特定物、独立物,可以彼此区分从而在法律上设定所有权。但并非所有的环境要素都可以成为所有权或用益物权的客体,如空气就不具有支配性、排他性、独立性等特征,无法将其特定化为物权客体,难以通过追究物权责任方式修复受污染的大气环境。

2. 生态环境损害间接保护模式的碎片化难以实现对生态价值的应有关注。间接保护模式的实质是依托生态环境的资源属性间接实现对其生态属性的观照,在具体做法上是将生态环境的组分或要素进行分割,使之成为特定之物从而归属于一定权利主体。然而,生态系统作为一种复杂适应系统,交互性和不可分割性是其最重要的特征,建立在近代经典科学基础上的还原主义法律观恰是导致环境问题的重要制度根源。[20] 运用传统的私益救济模式解决生态环境损害,注定是"只见树木,不见森林",虽能在一定程度上弥补个体损害,但难以实现对生态环境损害的有效填补。

3. 间接保护模式下环境权无法得到有效救济。生态环境损害所侵害的法益实际上是环境权,[21]但在间接保护模式下,环境权成为物权行使的"反射利益",而物权保护主要通过恢复原状和金钱赔偿手段。这两种救济手段在应对生态环境损害时往往存在诸多难题:恢复原状针对物的毁损,所涉及的也主要是经济损失,人们对环境所享有的权利和利益(附着于被侵害的财产上)往往未被考虑,导致间接保护方式救济生态环境损害在力度和范围上都极为有限,作为推进民法在应对环境问题上的尝试,很多学者都提出了可以采取扩大"一般人格权"的路径,或者将"洁净空气""纯净的水""无噪声"归入《民法典》所规定的"其他权利",或者将生态环境损害认定为"纯粹经济损失"等许多主张。[22] 但这些做法都受到很多质疑,认为会对法的安定性造成危害。若想在私法框架内解决生态环境损害,就必须开辟新法理,在通过间接保护方式

---

[19] 谢在全:《民法物权论》(修订5版),中国政法大学出版社2011年版,第10页。
[20] 张宝:《环境规制的法律构造》,北京大学出版社2018年版,第36-38页。
[21] 吕忠梅、张宝:《环境人权"入典"的设想》,载《人权》2022年第2期。
[22] [德]克里斯蒂安·冯·巴尔:《大规模侵权损害责任法的改革》,贺栩栩译,中国法制出版社2010年版,第81-87页。

进行个别救济的同时,更需要打破传统民事诉讼对于原告资格的限制,建立一种"公法性质、私法操作"的新型请求权,此时,原告提起诉讼并非基于其对生态环境享有直接的人身或财产权益,而是作为环境权的主体来提起诉讼,其目的不是"保障个人的权利或利益",而是通过立法在立法政策上,利用"争讼"这一程序来实现"维持客观的法秩序"或者"保护公共的利益"的目的,从而建立一种本质上不同于私益"主观诉讼"的客观诉讼制度。[23]

（二）环境行政诉讼的局限

环境行政诉讼在保护公民、法人和其他组织合法权益,监督环境行政机关依法行使职权方面发挥了一定作用。但在法律尚未明确承认环境权的背景下,环境行政往往被认为是为公共利益而运作,并非以保障公民个体的权利、利益为直接目的,[24]公民因环境行政而受到的利益,仅仅是"反射利益",公民与其并不具有"法律上利害关系"。这种对于原告资格的严格限制,决定了个案的示范效力极为有限。《环境保护法》在实体法上对于加大政府环境保护责任、加强环境行政管理机关的执法责任作出了努力,建立了严格的问责制度。通过司法监督政府依法履行环境管理职责,应当是环境行政诉讼的重心。

然而,环境保护是公共事务,许多行政行为并没有直接相对人,也不会对特定的个人权利义务产生影响,却可能对自然环境带来巨大影响甚至是毁灭性后果。当政府及生态环境主管部门出现违法履职、选择性执法、懈怠执法等情形时,公民或社会组织因不具有"法律上利害关系"而无法通过行政诉讼实现司法救济。由于行政机关是维护环境公共利益的法定责任主体,不允许通过司法对其进行监督,转而要求公众对污染企业提起诉讼,实际上是要求司法代替行政机关,有违宪法规定的权力配置原则,造成司法资源浪费。

第三节　环境公益诉讼

一、环境公益诉讼概述

（一）环境公益诉讼的类型

公益诉讼是指一定的组织和个人可以根据法律法规的授权,就违反法律、侵犯国

---

[23]　[日]盐野宏:《行政法》,杨建顺译,法律出版社1999年版,第429页。
[24]　如我国《环境保护法》的立法目的即明确指出是"保障公众健康",而非保障公民个人权利。

家利益和社会公共利益的行为,向法院提起诉讼,由法院追究违法者法律责任的诉讼制度。与私益诉讼不同,公益诉讼以促进公共利益为目的和诉讼条件,利害关系人甚至任何人均能提起,旨在督促政府机构或其管理相对人履行法定义务。

环境公益诉讼作为一种客观诉讼,是不同于私益诉讼的独立类型。从性质上讲,其不能简单归属于传统的诉讼类型。[25] 尽管环境司法专门化实践一直在推动民事、行政和刑事案件的集中管辖和归口审理,但目前归口审理还仅仅是一种形式的"集中",环境公益诉讼的类型仍是比照环境私益诉讼中民事和行政诉讼的二分法,依据被诉对象的不同,区分为环境民事公益诉讼和环境行政公益诉讼。

(二)环境民事公益诉讼与环境行政公益诉讼的关系

环境民事公益诉讼与环境行政公益诉讼是环境公益诉讼体系的重要组成部分,二者既相互独立又紧密关联,共同构成保护环境公共利益的司法防线。

首先,二者目的一致,均旨在纠正和预防环境污染和破坏行为,保障公众在良好环境中生产生活的权利,促进环境可持续发展。但作为不同的诉讼类型,两者在原告资格、被告对象、诉讼标的、诉讼管辖以及诉讼程序等方面存在区别(后文将详细阐述)。

其次,环境问题多为民事主体的污染或破坏行为与行政机关监管不力竞合的结果。在功能定位上,环境民事公益诉讼侧重"末端追责",直接针对污染者或破坏者追究民事责任,要求其承担治理污染、恢复生态等义务;而环境行政公益诉讼则侧重"源头防控",督促行政机关依法履行职责,加强对环境违法行为的监管,从源头上预防和减少环境问题的发生。

最后,二者相互配合、相互补充,形成了更为全面的环境公益保护机制,在保护生态环境、维护环境公共利益中发挥着重要作用。

二、环境民事公益诉讼

从现行规范体系来看,我国环境民事公益诉讼包括三种形态。

(一)社会组织提起环境民事公益诉讼

社会组织提起环境民事公益诉讼的法律依据是《民事诉讼法》第58条和《环境保护法》第58条,最高人民法院《关于审理环境民事公益诉讼案件适用法律若干问题的解释》(2015年制定,2020年修正)对社会组织提起诉讼的实体和程序问题进行了详细规定。

---

[25] 吕忠梅:《环境公益诉讼辨析》,载《法商研究》2008年第6期。

1. 原告资格

根据法律和司法解释的规定，社会组织提起环境民事公益诉讼需要具备下列条件：

(1) 在设区的市级以上人民政府民政部门登记的社会团体、基金会以及社会服务机构等，其中"设区的市级"包括设区的市，自治州、盟、地区，不设区的地级市，直辖市的区，质言之，与"设区的市级"相当即可。

(2) 社会组织章程确定的宗旨和主要业务范围是维护社会公共利益，且从事环境保护公益活动。其中，社会组织提起的诉讼所涉及的社会公共利益，应与其宗旨和业务范围具有关联性。但对"关联性"应当作宽泛理解，根据最高人民法院指导案例75号"中国生物多样性保护与绿色发展基金会诉宁夏瑞泰科技股份有限公司环境污染公益诉讼案"，虽然社会组织的章程未载明维护环境公共利益，但工作内容属于保护环境要素及生态系统的，应认定符合最高人民法院《关于审理环境民事公益诉讼案件适用法律若干问题的解释》(2015)第4条关于"社会组织章程确定的宗旨和主要业务范围是维护社会公共利益"的规定。"环境保护公益活动"，既包括直接改善生态环境的行为，也包括与环境保护相关的有利于完善环境治理体系、提高环境治理能力、促进全社会形成环境保护广泛共识的活动。社会组织起诉的事项与其宗旨和业务范围具有对应关系，或者与其所保护的环境要素及生态系统具有一定联系的，应认定符合上述司法解释第4条关于"与其宗旨和业务范围具有关联性"的规定。

(3) 社会组织在提起诉讼前5年内未因从事业务活动违反法律、法规的规定受过行政、刑事处罚。

(4) 社会组织不得通过诉讼牟取经济利益。

2. 受案范围

根据《环境保护法》及司法解释规定，环保组织可以对已经损害社会公共利益或者具有损害社会公共利益重大风险的污染环境、破坏生态的行为提起诉讼。在实践中，也有社会组织提起了这两类诉讼，法院均已受理。[26]

3. 诉讼管辖

第一审环境民事公益诉讼案件由污染环境、破坏生态行为发生地、损害结果地或者被告住所地的中级以上法院管辖。中级人民法院认为确有必要的，可以在报请高级

---

[26] 例如，中国生物多样性保护与绿色发展基金会针对实施雅砻江水电梯级开发计划可能破坏濒危野生植物五小叶槭生存的情况，提起了国内首例保护濒危植物公益诉讼，请求依法判令水电公司立即采取适当措施，确保不因雅砻江水电梯级开发计划的实施而破坏珍贵濒危野生植物五小叶槭的生存。绿发会、自然之友都针对生物多样性、古村落保护等提起了诉讼。2015年10月，绿发会又向郑州市中级人民法院提起国内首起人文遗迹(文物)保护公益诉讼，以破坏生态的诉由将郑州市上街区峡窝镇马固村村委会、上街区政府、上街区峡窝镇政府、上街区文化广电新闻出版局诉至法院。

人民法院批准后,裁定将本院管辖的第一审案件交由基层法院审理。经最高人民法院批准,高级人民法院可以根据本辖区实际情况,确定部分中级人民法院集中受理第一审案件。同一原告或者不同原告分别向两个以上有管辖权的法院提起的,由最先立案的法院管辖,必要时由共同上级人民法院指定管辖。

4. 鉴定评估

针对环境诉讼中鉴定难、鉴定贵问题,司法解释采取了四方面措施:第一,对于应当由原告承担举证责任且为维护社会公共利益所必要的专门性问题,人民法院可以委托具备资格的鉴定人进行鉴定。第二,对于应由原告负担的鉴定费用,人民法院还可以从其他环境民事公益诉讼生效裁判认定的生态环境修复费用以及生态环境受到损害至修复完成期间服务功能丧失导致的损失等款项中酌情予以支付。第三,保障当事人要求专家出庭发表意见的权利,对于符合条件的申请应及时通知专家出庭就鉴定意见和专业问题提出意见,专家意见经质证,可以作为认定事实的根据。第四,对于生态环境修复费用,人民法院可以结合污染环境、破坏生态的范围和程度,生态环境的稀缺性,生态环境恢复的难易程度,防治污染设备的运行成本,被告因侵害行为所获得的利益以及过错程度等因素,并可以参考负有环境资源保护监督管理职责的部门的意见、专家意见等,予以合理确定。

(二) 检察机关提起环境民事公益诉讼

检察机关提起环境民事公益诉讼的法律依据是《民事诉讼法》第58条,最高人民法院、最高人民检察院联合发布的《关于检察公益诉讼案件适用法律若干问题的解释》(2018年制定,2020年修正)对诉讼程序进行了规定。

1. 诉讼类型和地位

检察机关提起环境民事公益诉讼包括单独提起和通过刑事附带民事公益诉讼提起两种途径。实践中,刑事附带民事公益诉讼已经占据环境公益诉讼的绝对多数。

根据《民事诉讼法》第58条第2款的规定,检察机关在民事公益诉讼中居于补充和兜底地位,只有在没有法律规定的机关和组织或者法律规定的机关和组织不提起诉讼的情况下,其才可以提起诉讼。

2. 诉前公告

基于检察机关的兜底地位,司法解释规定了检察机关拟提起公益诉讼的,应当依法进行公告,公告期间为30日。如果其他主体提起诉讼的,检察机关可以支持起诉。

由于附带民事公益诉讼通常由审理刑事案件的人民法院管辖,且通常是在刑事诉讼程序中进行,而《刑事诉讼法》未规定刑事附带民事诉讼的公告程序,实践中大量附带民事公益诉讼都未经公告程序,很大程度上规避了检察机关提起民事公益诉讼需要公告的要求。因此,最高人民法院、最高人民检察院联合发布了《关于人民检察院提起刑事附带民事公益诉讼应否履行诉前公告程序问题的批复》(法释〔2019〕18号),明确附带民事公益诉讼应履行诉前公告程序。对于未履行诉前公告程序的,人民法院应当进行释明,告知人民检察院公告后再行提起诉讼。履行诉前公告程序可能影响相关刑事案件审理期限的,人民检察院可以另行提起民事公益诉讼。

3. 特殊规定

检察机关以公益诉讼人身份提起民事公益诉讼,其诉讼权利义务参照《民事诉讼法》关于原告诉讼权利义务的规定。司法解释也明确了一些特殊程序:(1)被告不能以反诉方式提出诉讼请求;(2)检察机关已经履行诉前公告程序的,法院立案后不再进行公告;(3)法院认为检察机关提出的诉讼请求不足以保护社会公共利益的,可以向其释明变更或者增加停止侵害、恢复原状等诉讼请求;(4)审理过程中诉讼请求全部实现的,检察机关可以撤回起诉;(5)检察机关享有调查取证权,有关行政机关以及其他组织、公民应当配合;(6)检察机关提起的第一审民事公益诉讼案件,由侵权行为地或者被告住所地中级人民法院管辖,但刑事附带民事公益诉讼案件通常由审理刑事案件的人民法院管辖。由于环境资源犯罪基本上是由基层法院审理,刑事附带民事公益诉讼也多由基层法院审理。

(三)行政机关提起生态环境损害赔偿诉讼

2015年12月,中共中央办公厅、国务院办公厅印发《生态环境损害赔偿制度改革试点方案》(已失效),拉开了省级政府作为赔偿权利人提起生态环境损害赔偿的改革序幕。历经《生态环境损害赔偿制度改革方案》(2017年)、《生态环境损害赔偿管理规定》(2022年)等政策文件以及《固体废物污染环境防治法》《民法典》等法律的确认,生态环境损害政府索赔制度基本成形,其核心是由省级、设区的市级人民政府及其指定的部门或机构作为赔偿权利人,就生态环境损害的修复和赔偿与赔偿义务人进行磋商,并在磋商不成时向法院提起民事诉讼。2019年6月4日,最高人民法院公布《关于审理生态环境损害赔偿案件的若干规定(试行)》(法释〔2019〕8号,已修改),对生态环境损害赔偿案件的程序规则进行了初步规定。鉴于绝大多数生态环境损害政府索赔案件经过磋商程序即告终结,并未进入司法程序,[27] 本节对磋商程序也将一并进行介绍。

1. 赔偿权利人

国务院授权的省级、市地级政府(包括直辖市所辖的区县级政府)作为本行政区

---

[27] 如2018~2021年,磋商不成转入诉讼的案件有144件,占全部政府索赔案件(1.13万件)的比重约1.3%;2023年磋商不成转入诉讼的案件有120件,占比约0.8%。参见各年度《中国环境资源审判》白皮书。

域内生态环境损害赔偿权利人,可以根据有关职责分工,指定有关部门或机构负责生态环境损害赔偿的具体工作;涉及多个部门或机构的,可以指定由生态环境损害赔偿制度改革工作牵头部门负责具体工作(以下统称赔偿权利人)。

2. 磋商程序

赔偿权利人经过损害调查,发现符合《生态环境损害赔偿管理规定》《关于深入推进生态环境损害赔偿制度改革若干具体问题的意见》规定的索赔条件的,应当及时启动磋商程序。磋商期限原则上不超过90日,自向赔偿义务人送达磋商书面通知之日起算。磋商会议原则上不超过3次。案情重大复杂的,经赔偿权利人指定的部门或机构负责人同意,可以适当增加会议次数。

经过磋商达成一致的,双方签署赔偿协议。赔偿协议应当包含协议双方基本信息,生态环境损害事实、相关证据和法律依据,协议双方对鉴定评估结论、修复目标、修复方案等的意见,履行赔偿责任的方式及期限,修复效果评估的方式及期限,违约责任的承担和其他有必要明确的内容等。

3. 司法确认

经磋商达成赔偿协议的,赔偿权利人与赔偿义务人可以共同向具有管辖权的人民法院申请司法确认。经人民法院审查未予司法确认的,应当根据裁判文书核实有关情况后重新磋商一次。

经司法确认的赔偿协议,赔偿义务人不履行或不完全履行的,赔偿权利人可以向人民法院申请强制执行。法院受理司法确认申请后,应当公告协议内容,公告期间不少于30日。公告期满后,人民法院经审查认为协议的内容不违反法律法规强制性规定且不损害国家利益、社会公共利益的,裁定确认协议有效。裁定书应当写明案件的基本事实和协议内容,并向社会公开。

对未经司法确认的赔偿协议,赔偿义务人不履行或不完全履行的,赔偿权利人可以向法院提起违约之诉。[28] 对于不履行或者不完全履行义务的赔偿义务人,由人民法院依法将其列入失信被执行人名单。

4. 诉讼

赔偿义务人拒绝磋商或者磋商未达成一致的,赔偿权利人应当及时向法院提起诉讼。关于诉讼管辖、举证责任、责任承担等问题,与社会组织提起公益诉讼基本相同,这也是本书将生态环境损害赔偿诉讼归类于环境民事公益诉讼的原因所在。

---

[28] 如最高人民法院公布的2019年度人民法院环境资源典型案例"山东省生态环境厅诉山东道一新能源科技有限公司合同纠纷案",其典型意义被概括为:"一方当事人拒绝履行或者未全部履行生态环境损害赔偿协议的,既可经由司法确认程序赋予强制执行效力,也可由另一方当事人提起违约之诉予以解决。"参见《山东省生态环境厅诉道一公司合同纠纷案 法院判决未全部支付赔偿款构成违约》,载《中国环境报》2020年5月15日,第8版。

法释〔2019〕8号第17条确立了生态环境损害赔偿诉讼优位于环境民事公益诉讼的规则。在生态环境损害赔偿诉讼案件审理过程中,同一损害生态环境行为又被提起民事公益诉讼,符合起诉条件的,应当由受理生态环境损害赔偿诉讼案件的人民法院受理并由同一审判组织审理。人民法院受理因同一损害生态环境行为提起的生态环境损害赔偿诉讼案件和民事公益诉讼案件的,应先中止民事公益诉讼案件的审理,待生态环境损害赔偿诉讼案件审理完毕后,就民事公益诉讼案件未被涵盖的诉讼请求依法作出裁判。

三、环境行政公益诉讼

环境行政公益诉讼也显现了"实践先行"的轨迹,有些地方检察院早在20世纪90年代就开始了提起环境行政公益诉讼的探索,但总体上看不仅案件数量少,而且很难看到某一地区或者某个检察院持续提起环境行政公益诉讼,大多只有1~2个案件,呈现分散、零星的特点。2015年7月,全国人大常委会授权检察院进行公益诉讼试点工作,并在2017年修改《行政诉讼法》时正式确立了检察机关提起环境行政公益诉讼案件。根据《行政诉讼法》第25条及最高人民法院、最高人民检察院《关于检察公益诉讼案件适用法律若干问题的解释》,检察机关提起环境行政公益诉讼的程序规则主要包括诉前程序和诉讼程序。

(一)诉前程序

检察机关提起环境行政公益诉讼需要履行诉前程序,应当先行向相关行政机关提出检察建议,督促其纠正违法行政行为或者依法履行职责。行政机关应当在收到检察建议书后的2个月内依法办理,并将办理情况及时书面回复检察机关。出现国家利益或者社会公共利益损害继续扩大等紧急情形的,行政机关应当在15日内书面回复。

(二)诉讼程序

经过诉前程序,行政机关拒不纠正违法行为或者不履行法定职责,国家和社会公共利益仍处于受侵害状态的,检察机关可以提起行政公益诉讼,其诉讼请求包括撤销或者部分撤销违法行政行为、在一定期限内履行法定职责、确认行政行为违法或者无效等。

1. 诉讼管辖

基层人民检察院提起的第一审行政公益诉讼案件,由被诉行政机关所在地基层人民法院管辖。

2. 裁判形式

在行政公益诉讼案件审理过程中,被告纠正违法行为或者依法履行职责而使人民检察院的诉讼请求全部实现,人民检察院撤回起诉的,人民法院应当裁定准许;人民检察院变更诉讼请求,请求确认原行政行为违法的,人民法院应当判决确认违法。

人民法院区分下列情形作出行政公益诉讼判决:(1)判决确认违法或者确认无效,并可以同时判决责令行政机关采取补救措施;(2)判决撤销或者部分撤销,并可以判决重新作出行政行为;(3)判决在一定期限内履行法定职责;(4)判决变更处罚决定;(5)判决驳回原告诉讼请求。

延伸阅读 张某明、毛某明、张某故意损毁名胜古迹案和江西省上饶市人民检察院诉张某明、毛某明、张某生态破坏民事公益诉讼案

2017年4月前后,张某明、毛某明、张某三人约定前往三清山风景名胜区攀爬"巨蟒出山"岩柱体(又称巨蟒峰)。4月15日凌晨,三人携带电钻、岩钉、铁锤、绳索等工具开始攀爬。攀爬过程中张某明在有危险的地方打岩钉,毛某明、张某沿着张某明布好的岩钉和绳索攀爬,三人互相协作、互相配合,共同攀爬至巨蟒峰顶部。经现场勘查,张某明在巨蟒峰上打入岩钉26个。经专家评估,此次"巨蟒峰案的价值损失评估值"不应低于该事件对巨蟒峰非使用价值造成损失的最低阈值1190万元。

2018年8月21日,上饶市人民检察院向该市中级人民法院提起刑事公诉。同时,该检察院认为刑事诉讼不足以弥补社会公共利益损失,经江西省人民检察院批准,并进行诉前公告,于8月29日提起民事公益诉讼。

刑事公诉:2019年12月,一审判决三人构成故意损毁名胜古迹罪,张某明被判处有期徒刑1年,并处罚金10万元;毛某明被判处有期徒刑6个月,缓刑1年,并处罚金5万元;张某免予刑事处罚。张某明不服一审判决提起上诉,2020年5月,二审裁定驳回上诉,维持原判。

民事公益诉讼:2019年12月,一审认为,三人行为侵害了社会公众享有的对世界自然遗产的环境权益,构成共同侵权,需连带赔偿环境资源损失计600万元、支付专家费15万元,并在全国性媒体上刊登公告,向社会公众赔礼道歉。张某明和张某不服一审判决提起上诉。2020年5月,二审认为,对自然资源的破坏即是对生态环境的破坏,三人行为造成不可修复的永久性伤害,损害了社会公共利益,构成共同侵权,裁定驳回上诉,维持原判。至此,本案终于画上了句号。

该案是全国首例因故意损毁自然遗迹而被追究刑事责任的案件,也是全国首例检察机关针对损毁自然遗迹提起的生态破坏民事公益诉讼案。其生效刑事裁判明确了认定故意损毁名胜古迹"情节严重",以及专家意见可以作为刑事诉讼证据的裁判规

则;其生效民事裁判充分展现了环境资源审判职能"三合一"机制的作用,在依法按照刑事、民事诉讼程序分别审理的基础上,依法统筹考虑行为人的法律责任,确保认定刑事责任与民事责任准确、均衡,为依法保护自然生态提供了示范。

思 考 题

1. 在上述案例中,上饶市人民检察院提起民事公益诉讼的法律依据是什么?法院判决600万元生态环境修复费用的计算依据是什么?专家意见在上述案例损害评估中发挥了何种作用?
2. 如何理解"五位一体"的环境司法专门化?
3. 环境私益诉讼、环境公益诉讼与生态环境损害赔偿诉讼是什么关系?